초등 국어 문해력

- 독해 3원리가 적용된 지문 써머리 학습
- 초등 교과 수업의 이해를 돕는 풍부한 글감 학습
- 문해력 향상을 위한 초등 필수 어휘 학습

2 단계 실력편

초등 3·4학년

이투스북

똑똑 초등 국어 문해력 시리즈 (6종)

3가지 독해 원리를 바탕으로 문해력을 기르는 훈련을 해 보세요.

똑똑 초등 국어 문해력 시리즈 독해 3원리

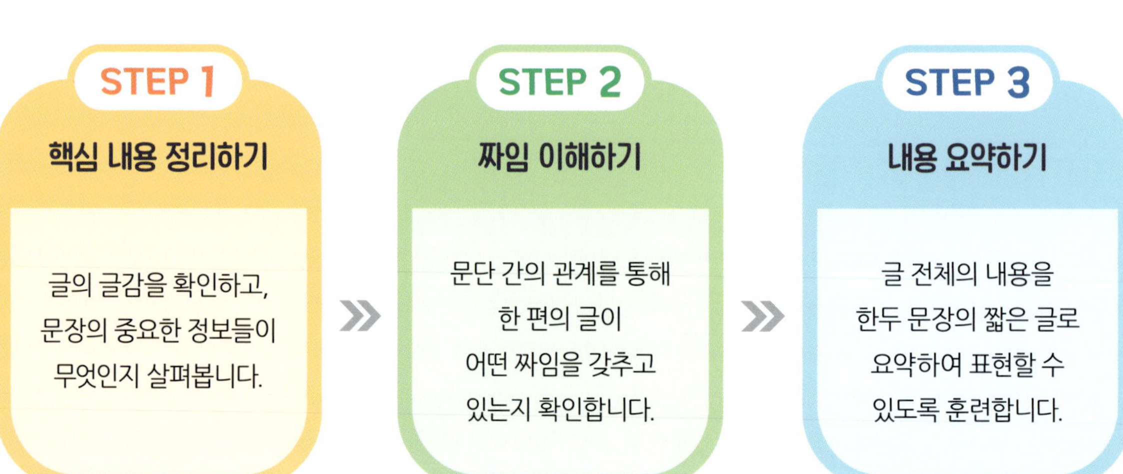

초등 국어 문해력

2단계 | 실력편

초등 3·4학년

STAFF

발행인 문정석
퍼블리싱 총괄 남형주
기획 · 개발 조비호 김한길 신영한 박수빈 김성준 육인선 민소희 권민경
디자인 · 마케팅 김정인 김라니 강윤정
제작 · 유통 박종택 서준성

똑똑 초등 국어 문해력 2단계 실력편   202209 제1판 1쇄

펴낸곳   이투스에듀(주) 서울시 서초구 남부순환로 2547
전화   1599-3225
등록번호   제2007-000035호
ISBN   979-11-389-1049-1 [53700]

초등 국어 문해력

똑독이의 학교 시험은…

친구들 만날 생각에 신이 나서 학교까지 뛰어간 똑독이.
'아, 오늘 국어 단원 평가 보는 날이구나.'
'어쩔 수 없지. 영어도, 수학도 아닌 국어인데, 뭘.'
문제를 몇 번을 읽어도 무엇을 물어보는지 모르겠다.
한참을 고민하며 몇 글자 끄적이다가 결국엔 연필을 내려놓았다.
단원 평가가 끝나고 선생님이 똑독이를 부르셨다.
"똑독이는 글자도 잘 읽고 대답도 잘하는데,
글의 의미를 파악하고 어떤 답을 요구하는지 잘 몰랐나 보구나."
'열심히 풀려고 했는데, 무슨 말인지 알 수가 없더라고요.'

똑독이와 같은 학생에게 필요한 것이 바로 문해력입니다.

문해력은 '글을 읽고 내용을 정확히 이해하고 판단하는 능력'을 말합니다.
문해력을 갖추려면, 낱말의 의미를 익히고 문장과 문단의 내용을 바탕으로
전체 글의 내용을 정확하게 이해하는 연습을 반복해야 합니다.
똑독 초등 국어 문해력 시리즈는
어휘 학습, 문장 독해, 문단 독해, 지문 독해에 대한 해법과
자신의 생각을 표현하는 능력을 길러 주는 문해력 향상 훈련서입니다.

구성과 특징

글을 읽는 방법을 익히고 배우는

똑독 초등 국어 문해력 실력편

부록 독해 원리를 이해해요

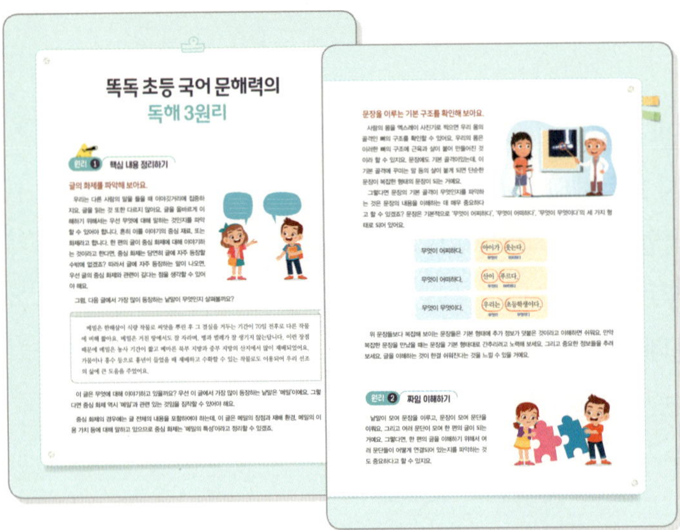

● 똑독 초등 국어 문해력의 독해 3원리

글과 문장의 정보를 이해하는 '핵심 내용 정리하기', 글의 구조를 파악하는 '짜임 이해하기', 이해한 내용을 종합적으로 간추리는 '내용 요약하기'의 3단계 독해 원리를 알기 쉽게 이해할 수 있어요.

1~6 주차 독해 원리를 적용해요

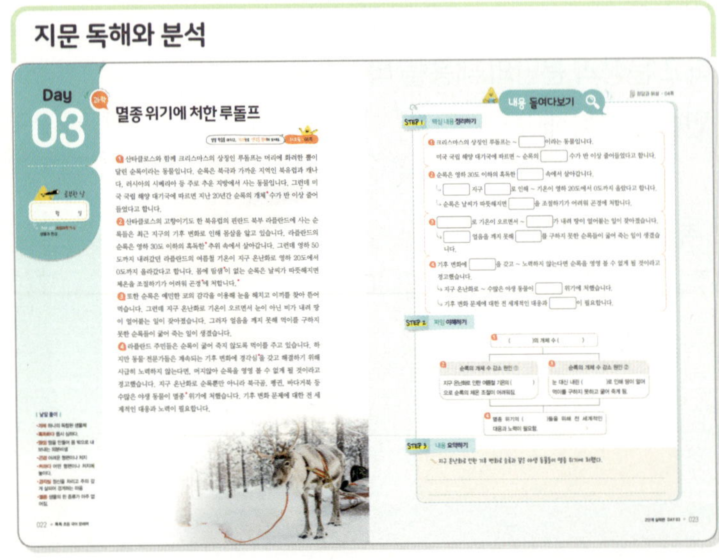

① 지문 독해

인문, 사회, 과학, 예체능, 언어 등 다양한 분야의 재미있고 유익한 정보들을 읽을 수 있어요.

② 내용 들여다보기

독해 3원리에 따라 지문의 내용을 단계별로 완벽하게 분석하고 정리하는 연습을 반복적으로 할 수 있어요.

학교 시험이나 수능에서 출제되는 원리와 유형에 따라 문제를 구성하였어요. 문제 풀이를 통해 이해력과 사고력, 문제 해결 능력을 기를 수 있어요.

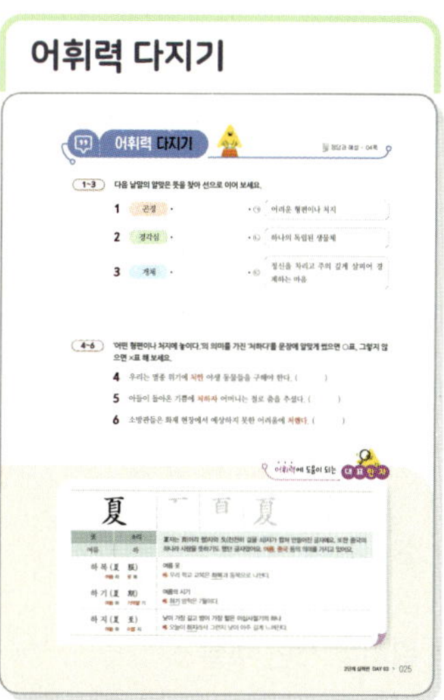

- 앞에서 지문을 읽으면서 학습한 낱말의 의미와 쓰임을 재미있는 문제를 통해 확인할 수 있어요.
- 지문 속 낱말을 이루는 필수 기초 한자들도 함께 익힐 수 있어요.

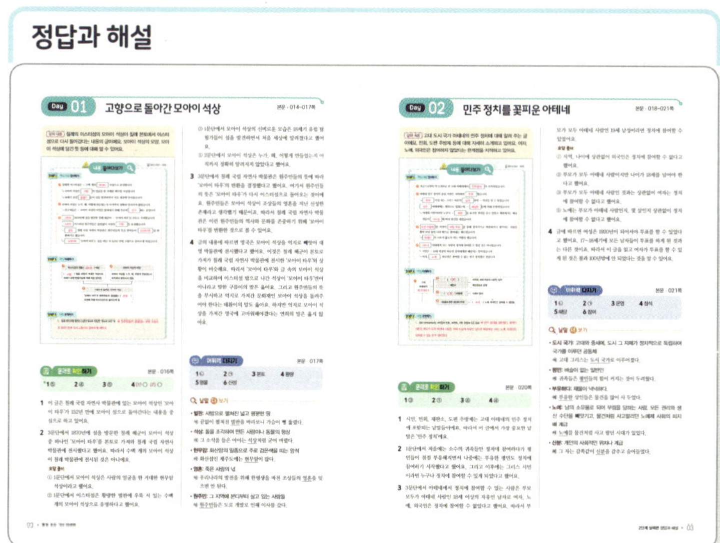

- '내용 들여다보기'의 답안을 한눈에 확인할 수 있어요.
- '문제로 확인하기'와 '어휘력 다지기'의 정답을 확인하고 정답인 이유를 알기 쉽게 이해할 수 있어요.

워크북 — 자기 주도형 심화 학습 노트

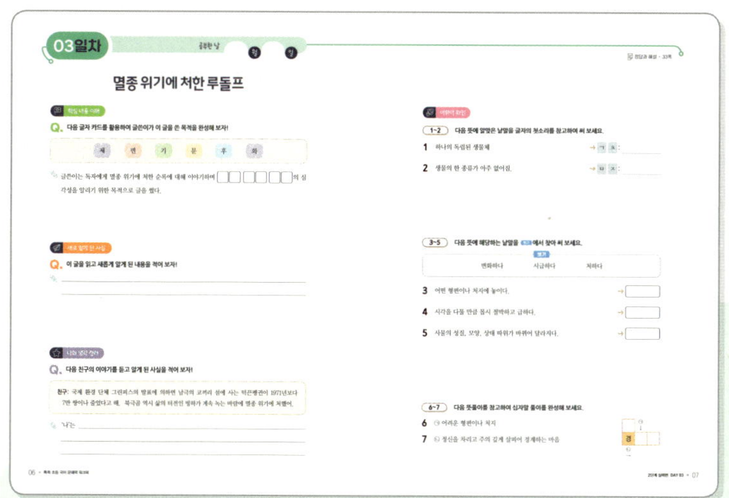

- 일차별 지문에 대한 핵심 내용을 정리하고, 새로 알게 된 사실과, 자신의 생각을 노트에 정리해 보세요.
- 재미있는 문제 풀이로 자신의 어휘력을 테스트해 보세요.

이 책의 차례

1주

공부한 날

Day 01	**인문** I 고향으로 돌아간 모아이 석상	014쪽	월 일
Day 02	**사회** I 민주 정치를 꽃피운 아테네	018쪽	월 일
Day 03	**과학** I 멸종 위기에 처한 루돌프	022쪽	월 일
Day 04	**예체능** I 스페인 건축가 가우디의 건축물	026쪽	월 일
Day 05	**언어** I 우리말의 표준어와 방언	030쪽	월 일

· **쉬어가기** I 알쏭달쏭 배경지식

2주

Day 06	**인문** I 올림픽을 상징하는 불꽃, 성화	036쪽	월 일
Day 07	**사회** I 춘천 레고 랜드와 중도 유적	040쪽	월 일
Day 08	**과학** I 달의 흙에서 싹틔운 지구 씨앗	044쪽	월 일
Day 09	**예체능** I 백악관을 방문한 우리나라 가수	048쪽	월 일
Day 10	**언어** I 인공 지능의 도덕적 판단	052쪽	월 일

· **쉬어가기** I 알쏭달쏭 배경지식

3주

Day 11	**인문** I 이순신 장군과 한산도 대첩	058쪽	월 일
Day 12	**사회** I 줄어드는 인구 수	062쪽	월 일
Day 13	**과학** I 청량음료가 치아에 미치는 영향	066쪽	월 일
Day 14	**예체능** I 가상 인간의 인기와 활약	070쪽	월 일
Day 15	**언어** I 아름답고 재미있는 순우리말	074쪽	월 일

· **쉬어가기** I 알쏭달쏭 배경지식

4주 

공부한 날

Day 16	**인문** ┃ 상상의 동물 해치	080쪽	월 일
Day 17	**사회** ┃ 가격이 달라져요	084쪽	월 일
Day 18	**과학** ┃ 하늘을 나는 드론	088쪽	월 일
Day 19	**예체능** ┃ 얼음 위의 경기, 컬링	092쪽	월 일
Day 20	**언어** ┃ 조상의 지혜가 담긴 한옥	096쪽	월 일

· **쉬어가기** ┃ 알쏭달쏭 배경지식

5주

Day 21	**인문** ┃ 소중한 인권을 지켜요	102쪽	월 일
Day 22	**사회** ┃ 지도에 담긴 약속	106쪽	월 일
Day 23	**과학** ┃ 로봇, 우주로 향한 꿈	110쪽	월 일
Day 24	**예체능** ┃ 우리나라 전통 놀이, 윷놀이	114쪽	월 일
Day 25	**언어** ┃ 또 하나의 언어, 그림말	118쪽	월 일

· **쉬어가기** ┃ 알쏭달쏭 배경지식

6주

Day 26	**인문** ┃ 온라인 대화 시 지켜야 할 예절	124쪽	월 일
Day 27	**사회** ┃ 봉수와 파발로 소식을 전해요	128쪽	월 일
Day 28	**과학** ┃ 생활 속 작용 반작용 법칙	132쪽	월 일
Day 29	**예체능** ┃ 솟대의 꿈	136쪽	월 일
Day 30	**언어** ┃ 숨쉬는 옹기	140쪽	월 일

· **쉬어가기** ┃ 알쏭달쏭 배경지식

정답과 해설

워크북 ┃ 자기 주도형 심화 학습 노트

똑독 초등 국어 문해력의
독해 3원리

원리 1 핵심 내용 정리하기

글의 화제를 파악해 보아요.

우리는 다른 사람의 말을 들을 때 이야깃거리에 집중하지요. 글을 읽는 것 또한 다르지 않아요. 글을 올바르게 이해하기 위해서는 우선 무엇에 대해 말하는 것인지를 파악할 수 있어야 합니다. 흔히 이를 이야기의 중심 재료, 또는 화제라고 합니다. 한 편의 글이 중심 화제에 대해 이야기하는 것이라고 한다면, 중심 화제는 당연히 글에 자주 등장할 수밖에 없겠죠? 따라서 글에 자주 등장하는 말이 나오면, 우선 글의 중심 화제와 관련이 깊다는 점을 생각할 수 있어야 해요.

그럼, 다음 글에서 가장 많이 등장하는 낱말이 무엇인지 살펴볼까요?

메밀은 한해살이 식량 작물로 씨앗을 뿌린 후 그 결실을 거두는 기간이 70일 전후로 다른 작물에 비해 짧아요. 메밀은 거친 땅에서도 잘 자라며, 병과 벌레가 잘 생기지 않는답니다. 이런 장점 때문에 메밀은 농사 기간이 짧고 메마른 북부 지방과 중부 지방의 산지에서 많이 재배되었어요. 가뭄이나 홍수 등으로 흉년이 들었을 때 재배하고 수확할 수 있는 작물로도 이용되어 우리 선조의 삶에 큰 도움을 주었어요.

이 글은 무엇에 대해 이야기하고 있을까요? 우선 이 글에서 가장 많이 등장하는 낱말은 '메밀'이에요. 그렇다면 중심 화제 역시 '메밀'과 관련 있는 것임을 짐작할 수 있어야 해요.

중심 화제의 경우에는 글 전체의 내용을 포함하여야 하는데, 이 글은 메밀의 장점과 재배 환경, 메밀의 이용 가치 등에 대해 말하고 있으므로 중심 화제는 '메밀의 특성'이라고 정리할 수 있겠죠.

문장을 이루는 기본 구조를 확인해 보아요.

사람의 몸을 엑스레이 사진기로 찍으면 우리 몸의 골격인 뼈의 구조를 확인할 수 있어요. 우리의 몸은 이러한 뼈의 구조에 근육과 살이 붙어 만들어진 것이라 할 수 있지요. 문장에도 기본 골격이있는데, 이 기본 골격에 꾸미는 말 등의 살이 붙게 되면 단순한 문장이 복잡한 형태의 문장이 되는 거예요.

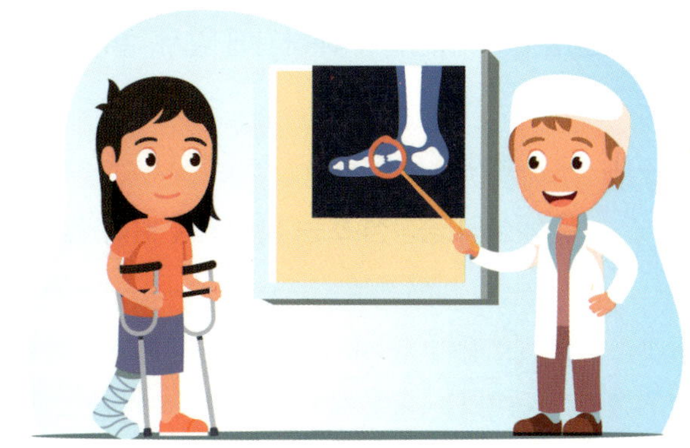

그렇다면 문장의 기본 골격이 무엇인지를 파악하는 것은 문장의 내용을 이해하는 데 매우 중요하다고 할 수 있겠죠? 문장은 기본적으로 '무엇이 어찌하다', '무엇이 어떠하다', '무엇이 무엇이다'의 세 가지 형태로 되어 있어요.

위 문장들보다 복잡해 보이는 문장들은 기본 형태에 추가 정보가 덧붙은 것이라고 이해하면 쉬워요. 만약 복잡한 문장을 만났을 때는 문장을 기본 형태대로 간추리려고 노력해 보세요. 그리고 중요한 정보들을 추려 보세요. 글을 이해하는 것이 한결 쉬워진다는 것을 느낄 수 있을 거예요.

원리 ❷ 짜임 이해하기

낱말이 모여 문장을 이루고, 문장이 모여 문단을 이뤄요. 그리고 여러 문단이 모여 한 편의 글이 되는 거예요. 그렇다면, 한 편의 글을 이해하기 위해서 여러 문단들이 어떻게 연결되어 있는지를 파악하는 것도 중요하다고 할 수 있지요.

글의 설명 방식을 이해해 보아요.

우선 문단의 짜임을 이해하기에 앞서, 설명하는 글에서 주로 사용하는 설명 방식에 대해 살펴보기로 해요.

1) 대상을 비교하는 글

두 대상의 공통점 또는 차이점을 밝혀 설명하는 글을 말해요.

> 호랑이와 사자의 특징을 비교해 볼까요? 호랑이와 사자는 모두 고양잇과 동물이고 육식 동물이라는 공통점이 있어요. 하지만 호랑이는 혼자 생활하는 반면, 사자는 무리를 지어 생활한다는 차이점이 있지요.

2) 대상을 나누어 설명하는 글

어떤 무리를 공통점을 기준으로 나누어 설명하는 글을 말해요.

> 철새는 계절에 따라 서식지를 이동하는 새를 말해요. 철새는 우리나라에 찾아오는 계절에 따라 크게 여름 철새, 겨울 철새, 나그네새로 나눌 수 있어요.

하나의 대상을 그것을 이루는 부분들로 나누어 설명하는 글도 있어요.

> 예부터 우리나라 땅 전체를 팔도강산이라 불러왔어요. 팔도는 조선 시대에 나눈 행정 구역으로, 1413년 태종 때 우리나라를 함경도, 평안도, 황해도와 경기도, 강원도, 충청도, 전라도, 경상도로 구분했어요.

3) 예를 들어 설명하는 글

어떤 사실이나 현상을 구체적 예를 들어 설명하는 글을 말해요.

> 은행은 돈을 빌려간 사람이 나중에 돈을 갚지 않을 것을 걱정해 돈을 빌리는 사람에게 '담보'를 요구하기도 해요. 예를 들어, 어떤 사람이 은행으로부터 백만 원의 돈을 빌리면서 그의 자동차를 담보로 맡겼다고 해 봅시다. 은행은 돈을 갚기로 약속한 날까지 돈을 빌려간 사람이 갚지 않을 경우 담보인 자동차를 팔아 빌린 돈을 대신하려고 할 거예요.

4) 시간의 흐름에 따라 설명하는 글

사건이 벌어진 순서에 따라 설명하는 글을 말해요.

> [사건❶] 첩의 자식이라는 이유로 재주를 인정받지 못한 홍길동은 집을 떠나 도적의 우두머리가 됩니다.
> [사건❷] 홍길동은 부패한 관리들의 재산을 털어 가난한 사람을 돕습니다.
> [사건❸] 한편 나라에서는 홍길동을 잡기 위해 모든 수단을 동원하게 됩니다.
> [사건❹] 결국 홍길동은 몸을 피해 바다를 건너가 율도국의 왕이 되었습니다.

글의 흐름을 나타내는 말에 주목해 보아요.

글의 곳곳에는 이와 같은 설명 방법 또는 짜임을 드러내는 표현이 숨어 있기도 해요. 글의 앞부분에 '비교해 볼까요?', '나누어 볼 수 있어요' 등의 표현이 사용되었다면, 그 글은 공통점과 차이점을 비교하는 글이거나 대상을 나누어 설명하는 글임을 짐작할 수 있어야 해요.

이어 주는 말의 역할을 생각해 보아요.

문단의 짜임을 생각할 때 눈여겨보아야 하는 것 중에 하나가 '이어 주는 말'이에요. 앞 문단과 뒤 문단이 반대되는 내용이라면, '그러나, 하지만' 등의 이어 주는 말이 쓰일 수 있어요. 앞 문단에서 설명한 내용에 덧붙여 뒤 문단에 새로운 내용을 더할 때에는 이어주는 말로 '그리고, 게다가, 또한' 등의 표현이 쓰일 수 있지요.

원리 ③ 내용 요약하기

우리의 몸은 음식을 먹고 소화 과정을 통해 그 영양분을 자신의 것으로 만들어요. 글을 읽는 것 또한 다르지 않아요. 우리는 글을 읽고 나서, 그 내용을 자신의 것으로 소화할 수 있어야 해요. 이 과정을 '요약하기'라고 불러요.

글의 내용을 요약하기 위해서는 각 문단의 핵심 내용부터 정리하는 것이 좋아요. 그리고 나서 문단과 문단이 어떻게 연결되고 이어지는지 그 짜임을 이해해야 해요. 이와 같은 과정으로 내용을 잘 간추려 한두 문장으로 짧게 표현하면 돼요.

똑똑 초등 국어 문해력의
써머리 학습법과 효과

step 1   핵심 내용 정리하기

지문에서 중요한 정보를 담은 문장들만을 뽑아 글의 흐름이 보이도록 정리했어요.

- 지문을 참고하여 빈칸을 채워 가며 핵심 내용만을 다시 한번 읽어 보세요.
- 지문의 흐름을 나타내는 말, 이어 주는 말 등을 중심으로 내용의 흐름을 한눈에 확인해 보세요.

핵심 내용 정리하기

❶ 1592년 4월에 일본이 조선을 침입하며 [ ]이 시작되었습니다.
  ↳ [ ]이 쳐들어온 지 20일 만에 ~ [ ]은 위태로운 상황이 되었습니다.
  ↳ 그럼에도 불구하고 남쪽 바다에서는 [ ] 장군이 잇따라 [ ]를 올렸습니다.
❷ 1592년 7월, 일본 [ ]은 70여 척의 함선을 이끌고 거제도 앞바다에 나타났습니다.
  ↳ 이순신 장군은 일본 수군을 한산도 앞바다로 끌어들이기 위해 [ ]을 세웁니다.
❸ 조선 수군은 먼저 다섯 척의 배를 이용해 ~ 적선을 한산도 앞바다로 유인했습니다.
  ↳ 이순신 장군은 ~ 학의 [ ]처럼 펼치며 일본 수군을 둘러쌌습니다.
  ↳ 이것이 바로 한산도 대첩의 '[ ]' 전법'입니다.
❹ 한산도에서의 큰 승리는 ~ 조선의 상황을 뒤바꾸는 [ ]이 되었습니다.
  ↳ 한산도 대첩은 ~ 오늘날까지 세계적인 [ ] 중 하나로 평가받고 있습니다.

step 2   짜임 이해하기

문단과 문단의 관계와 구성을 이해할 수 있게 구조도로 나타냈어요.

- 빈칸을 채워 가며 각 문단의 소주제를 확인해 보세요.
- 각 문단의 기능과 역할을 중심으로 전체 구조를 이해해 보세요.

짜임 이해하기

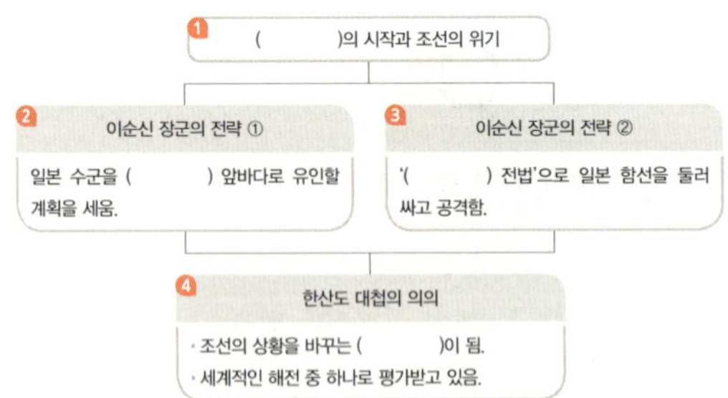

step 3   내용 요약하기

지문 전체의 내용을 짧은 한두 문장으로 간추려 써 볼 수 있도록 했어요.

- 지문의 내용을 자신만의 말로 짧게 간추려서 요약 내용을 완성해 보세요.

내용 요약하기

✎ 임진왜란의 3대 대첩 중 하나인 한산도 대첩은

오늘날까지 세계적인 해전 중 하나로 평가받고 있다.

1주

Day 01	인문	고향으로 돌아간 모아이 석상
Day 02	사회	민주 정치를 꽃피운 아테네
Day 03	과학	멸종 위기에 처한 루돌프
Day 04	예체능	스페인 건축가 가우디의 건축물
Day 05	언어	우리말의 표준어와 방언

고향으로 돌아간 모아이 석상

일일 학습을 마치고, 워크북으로 생각을 정리해 보세요. 워크북 · 02쪽

공부한 날

월   일

관련 교과 **초등사회 6-2**
통일 한국의 미래와 지구촌의 평화

1 남아메리카 칠레의 이스터섬은 황량한 벌판에 우뚝 서 있는 수백 개의 모아이 석상으로 유명합니다. 이스터섬의 명물인 모아이 석상은 사람의 얼굴을 한 거대한 현무암 석상입니다. 이 석상들은 바다 방향이 아닌 섬의 중앙을 바라보고 줄지어 서 있습니다. 모아이 석상의 신비로운 모습은 18세기 유럽 탐험가들이 섬을 발견하면서 처음 세상에 알려졌습니다.

2 모아이 석상은 누가, 왜, 어떻게 만들었는지 아직까지 정확히 알려지지 않았습니다. 약 1천 년 전에 만들어졌을 것으로 추정할 뿐입니다. 연구자들은 당시의 기술로 이 거대한 석상을 어떻게 만들고, 옮겼는지 등 모아이 석상의 비밀을 밝혀내기 위해 꾸준히 연구하는 중입니다.

3 그런데 1870년에 섬을 방문한 칠레 해군이 모아이 석상 중 하나인 '모아이 타우'를 본토로 가져왔습니다. 그리고 이 석상을 칠레 국립 자연사 박물관에 전시했습니다. 그러자 이스터섬 원주민들은 끊임없이 석상의 반환을 요청했습니다. 이스터섬 원주민들은 모아이 석상을 조상들의 영혼을 지닌 신성한 존재로 여기기 때문입니다. 결국 칠레 국립 자연사 박물관은 원주민들의 뜻을 받아들여 '모아이 타우'를 반환하기로 했습니다. 그리하여 '모아이 타우'는 섬을 떠난 지 152년 만에 고향으로 돌아오게 되었습니다.

▌낱말 풀이 ▌

• **황량** 거칠고 피폐하여 쓸쓸함.
• **명물** 어떤 지방의 이름난 특색 있는 사물.
• **추정** 미루어 생각하여 판별하여 결정함.
• **본토** 주가 되는 국토를 섬이나 속국에 상대하여 이르는 말.
• **반환** 빌리거나 차지했던 것을 되돌려 줌.
• **신성** 함부로 가까이할 수 없을 만큼 고결하고 거룩함.

▲ 이스터섬의 모아이 석상

내용 들여다보기

STEP 1 핵심 내용 정리하기

1 칠레의 이스터섬은 ~ 수백 개의 [   ] 석상으로 유명합니다.

↳ 모아이 석상은 [   ]의 얼굴을 한 거대한 현무암 석상입니다.

↳ 18세기 유럽 [   ]들이 섬을 발견하면서 처음 세상에 알려졌습니다.

2 모아이 석상은 누가, 왜, 어떻게 만들었는지 아직까지 정확히 알려지지 않았습니다.

↳ 연구자들은 ~ 모아이 석상의 비밀을 밝혀내기 위해 꾸준히 [   ]하는 중입니다.

3 [   ] 1870년에 섬을 방문한 칠레 해군이 ~ '모아이 타우'를 본토로 가져왔습니다.

[   ] 이스터섬 원주민들은 끊임없이 석상의 [   ]을 요청했습니다.

↳ [   ] 칠레 국립 자연사 박물관은 원주민들의 뜻을 받아들여 '[   ]'를 반환하기로 했습니다.

↳ [   ] '모아이 타우'는 섬을 떠난 지 152년 만에 고향으로 돌아오게 되었습니다.

STEP 2 짜임 이해하기

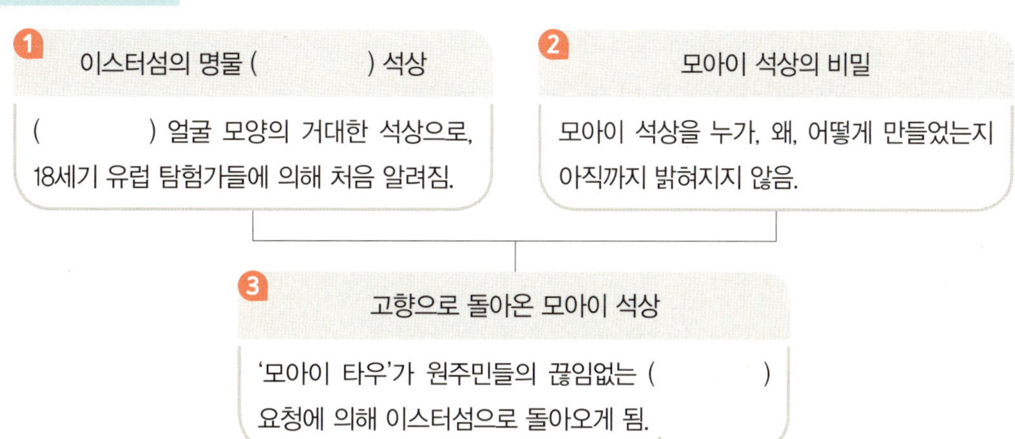

STEP 3 내용 요약하기

✎ 칠레 이스터섬 밖으로 나갔던 모아이 석상인 '모아이 타우'가 __________

____

화제 파악 **1** 이 글을 통해 알리고자 하는 내용은 무엇인가요? (   )

① 이스터섬의 위치

② 모아이 석상을 만든 까닭

③ 원주민들이 모아이 석상을 신성하게 여기는 이유

④ 이스터섬의 모아이 석상을 섬 밖으로 가져간 인물

⑤ 섬을 떠났던 모아이 석상이 다시 섬으로 돌아온다는 소식

내용 이해 **2** 이 글의 내용으로 알맞지 <u>않은</u> 것은 무엇인가요? (   )

① 모아이 석상은 현무암으로 만들어졌다.

② 이스터섬에는 수백 개의 모아이 석상이 모여 있다.

③ 모아이 석상은 18세기에 유럽 탐험가들에 의해 세상에 알려졌다.

④ 수백 개의 모아이 석상은 지금까지도 칠레 박물관에 전시되어 있다.

⑤ 모아이 석상을 누가, 왜, 어떻게 만들었는지 아직까지 밝혀지지 않았다.

내용 추론 **3** 칠레 국립 자연사 박물관이 '모아이 타우'를 반환한 이유는 무엇일까요? (   )

① 칠레 해군의 요청에 따르기 위해서

② 더 좋은 박물관에 전시하기 위해서

③ 유럽 탐험가들에게 소개하기 위해서

④ 모아이 석상을 좀 더 연구하기 위해서

⑤ 원주민들의 역사와 문화를 존중하기 위해서

상황에 적용 **4** 이 글을 읽은 친구 중 다음 글에 대해 바르게 이해한 친구를 모두 찾아 ○표 해 보세요.

> 영국의 대영 박물관에 전시되어 있는 모아이 석상은 1868년에 이스터섬에서 약탈해 온 것이다. 이스터섬 원주민들은 모아이 석상의 반환을 영국에 계속 요청하고 있지만, 아직까지 이루어지지 않고 있다.

[1] 태환: 다른 나라에서 함부로 약탈해 간 문화재는 하루빨리 돌려주어야 해.

(   )

[2] 구름: 이스터섬 밖으로 나간 모아이 석상은 '모아이 타우'만 있는 게 아니구나.

(   )

[3] 연희: 이스터섬 원주민들은 영국의 대영 박물관에서 문화재를 잘 관리해 주고 있으니 고마워해야겠어.

(   )

1~2 다음 낱말의 알맞은 뜻을 찾아 선으로 이어 보세요.

1 반환 •

• ㉠ 미루어 생각하여 판별하여 결정함.

2 추정 •

• ㉡ 빌리거나 차지했던 것을 되돌려 줌.

3~6 다음 문장의 빈칸에 알맞은 낱말을 **보기** 에서 찾아 써 보세요.

보기

| 황량 | 명물 | 신성 | 본토 |

3 제주도는 □□□ 와/과 한참 떨어져 있다.
주가 되는 국토

4 버스에서 내린 곳은 주위에 건물 하나 없는 □□□ 한 벌판이었다.
거칠고 피폐하여 쓸쓸함.

5 제주의 감귤은 지역의 □□□ (으)로 예전에는 임금에게 올려지던 음식이다.
어떤 지방의 이름난 특색 있는 사물

6 마을 사람들은 언덕 위 검은 바위를 □□□ 하게 여겨 함부로 대하지 않는다.
함부로 가까이할 수 없을 만큼 고결하고 거룩함.

어휘력에 도움이 되는 **대 표 한 자** 

| 神 | 二 示 神 | |

뜻	소리	神자는 示(보일 시)자와 번개가 내리치는 모습을 그린 申(펼 신)자를 합쳐서 만든 글자예요. 옛사람들은 번개를 신과 연관 지어 생각했어요. **귀신**이나 **신령**, **정신** 등의 의미를 가지고 있어요.
귀신	신	

정 신 (精 神) 정할 정　귀신 신	사물을 느끼고 생각하며 판단하는 능력 예 요란한 음악 소리에 **정신**이 없었다.
신 화 (神 話) 귀신 신　말씀 화	신이나 영웅 등에 관한 신성한 이야기 예 단군 **신화**에는 곰과 호랑이가 나온다.

민주 정치를 꽃피운 아테네

관련 교과 **초등사회 6-1**
우리나라의 정치 발전

❶ 지금으로부터 약 2,000년 전 고대 아테네에서 민주 정치가 시작되었습니다. 당시 그리스는 크고 작은 도시 국가들로 이루어져 있었습니다. 아테네도 그런 도시 국가 중 하나였습니다. 아테네는 처음에 소수의 귀족들만 정치에 참여˙할 수 있었습니다. 하지만 평민들이 부유해지면서, 부유한 평민도 정치에 참여하기 시작하다가 나중에는 그리스 시민이라면 누구나 정치에 참여할 수 있게 되었습니다.

❷ 아테네 민주 정치의 중심 기관은 시의회인 민회였습니다. 18세 이상 되는 그리스 자유인 남자라면 누구나 민회에 참석˙하여 의견을 낼 수 있었습니다. 또한 아테네에는 재판소도 있었는데, 재판소는 아테네 시민 중에서 뽑힌 배심원˙들에 의해 운영˙되었습니다. 아테네 시민이라면 누구나 법이 지켜지지 않았다고 생각될 때, 재판을 요구할 권리를 갖고 있었고 재판에서는 배심원들이 다수결˙에 따라 판결을 내렸습니다.

❸ 아테네에는 도편 추방제가 있었습니다. '도편 추방제'란 시민이 비밀 투표를 통해 정치적으로 위험하다고 생각되는 사람을 뽑아 10년 동안 나라 밖으로 쫓아내는 제도였습니다. 도자기 조각에 위험한 사람의 이름을 써 내는 비밀 투표였기 때문에 '오스트라키스모스(도자기 조각)'라고 불렀습니다. 도편 추방제는 독재자˙가 나오지 않도록 막는 역할을 했습니다.

❹ 그러나 아테네의 모든 사람이 정치에 참여할 수 있던 것은 아니었습니다. 시민이면 누구나 정치에 참여할 수 있다고 했지만, 시민은 부모가 모두 아테네 사람인 18세 이상의 자유인 남자에게만 해당˙되는 말이었습니다. 여자, 노예, 외국인은 참여할 수 없는 민주 정치였던 것입니다.

▌ 낱말 풀이 ▐

• **참여** 어떤 일에 끼어들어 관계함.

• **참석** 모임이나 회의 따위의 자리에 참여함.

• **배심원** 일반 국민(시민) 가운데 뽑히어 재판에 참여하고 사실 관계에 대하여 판단을 내리는 사람

• **운영** 조직이나 기구, 사업체 따위를 운용하고 경영함.

• **다수결** 회의에서 많은 사람의 의견에 따라 안건의 옳고 그름을 결정하는 일

• **독재자** 모든 일을 독단적으로 판단하여 처리하는 사람

• **해당** 어떤 범위나 조건에 바로 들어맞게 됨.

내용 들여다보기

STEP 1 핵심 내용 정리하기

❶ 지금으로부터 약 2,000년 전 고대 아테네에서 [   ]가 시작되었습니다.

❷ 아테네 민주 정치의 중심 기관은 시의회인 [   ]였습니다.

↳ [   ] 이상 되는 그리스 자유인 [   ]라면 ~ 의견을 낼 수 있었습니다.

[   ] 아테네에는 재판소도 있었는데, ~ [   ]들에 의해 운영되었습니다.

↳ 아테네 시민이라면 누구나 ~ [   ]을 요구할 권리를 갖고 있었고 재판에서는 배심원들이 [   ]에 따라 판결을 내렸습니다.

❸ '[   ]'란 시민이 [   ]를 통해 정치적으로 위험하다고 생각되는 사람을 뽑아 10년 동안 나라 밖으로 쫓아내는 제도였습니다.

↳ [   ]가 나오지 않도록 막는 역할을 했습니다.

❹ [   ] 아테네의 모든 사람이 정치에 참여할 수 있던 것은 아니었습니다.

↳ 시민은 ~ 18세 이상의 자유인 남자에게만 해당되는 말이었습니다.

↳ 여자, [   ], 외국인은 참여할 수 없는 민주 정치였던 것입니다.

STEP 2 짜임 이해하기

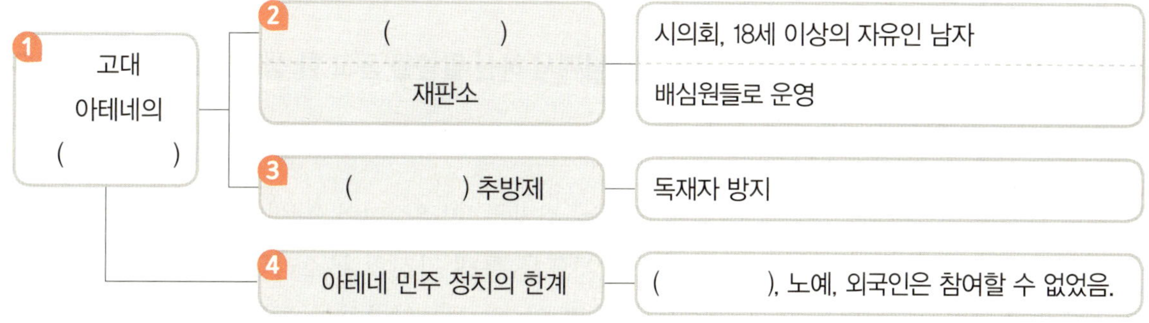

STEP 3 내용 요약하기

✏ 고대 아테네에서는 시민들이 민회, 재판소, 도편 추방제 등을 통해 ________________

화제 파악

1 이 글에서 가장 중요한 낱말은 무엇인가요? (　　　)

① 시민　　　　　② 민회　　　　　③ 민주 정치
④ 재판소　　　　⑤ 도편 추방제

내용 이해

2 이 글의 내용과 <u>다른</u> 것은 무엇인가요? (　　　)

① 재산이 많더라도 평민은 정치에 참여할 수 없었다.
② 여자, 노예, 외국인은 정치에 참여할 수 없는 민주 정치였다.
③ 재판은 시민들 중 뽑힌 배심원들이 다수결에 의해 판결을 내렸다.
④ 아테네 시민 중 18세 이상 자유인 남자는 정치에 참여할 수 있었다.
⑤ 도편 추방제가 있어 정치적으로 위험한 사람은 10년 동안 나라 밖으로 나가야
　 했다.

내용 추론

3 고대 아테네에서 정치에 참여할 수 있었던 사람은 누구인가요? (　　　)

① 아테네에 사는 22세 외국인
② 부모가 모두 아테네 사람인 15세 남자
③ 부모가 모두 아테네 사람인 18세 여자
④ 부모가 모두 아테네 사람인 19세 남자
⑤ 부모 중 한 명만 아테네 사람인 21세 노예

상황에 적용

4 이 글을 읽은 학생이 다음 선생님께서 하신 말씀을 듣고 한 생각으로 알맞은 것은 무
엇인가요? (　　　)

> **선생님**: 민주주의 사회에서는 선거를 '민주주의의 꽃'이라고 불러요. 모든
> 국민이 선거에 참여하여 투표를 통해 자신의 목소리를 내는 것이죠. 그
> 런데 신분과 재산을 따지지 않고 모든 남자들이 투표를 하게 된 것은
> 17~18세기인 것에 비해 여자는 1920년이 지나서야 투표할 수 있었어요.

① 예전에 여자들은 남자와 같은 권리를 가졌구나.
② 17세기에는 남자와 여자 모두 투표를 할 수 있었겠구나.
③ 남자 노예는 1920년이 지나서야 투표를 할 수 있었겠구나.
④ 여자가 투표할 수 있게 된 것은 불과 100년밖에 안 되었구나.
⑤ 옛날에는 재산이 많거나 신분이 높은 사람만 투표할 수 있었구나.

💬 어휘력 다지기

1~2 다음 낱말의 알맞은 뜻을 찾아 선으로 이어 보세요.

1 다수결 •

• ㉠ 모든 일을 독단적으로 판단하여 처리하는 사람

2 독재자 •

• ㉡ 회의에서 많은 사람의 의견에 따라 안건의 옳고 그름을 결정하는 일

3~6 다음 문장의 빈칸에 알맞은 낱말을 보기 에서 찾아 써 보세요.

보기

| 해당 | 참석 | 참여 | 운영 |

3 큰아버지는 국어 학원을 [ ] 하신다.
조직이나 기구를 관리하고 운용함.

4 나는 사촌 언니의 결혼식에 [ ] 했다.
모임이나 회의 따위의 자리에 참여함.

5 48개월 미만 무료입장은 동생에게만 [ ] 되는 말이다.
어떤 범위나 조건 따위에 바로 들어맞음.

6 이번 지역 체육 대회는 동네 사람이 모두 [ ] 한 큰 행사였다.
어떤 일에 끼어들어 관계함.

어휘력에 도움이 되는  대 표 한 자

| 會 | 亼 | 侖 | 會 | | |

뜻	소리	會자는 뚜껑과 받침 사이에 음식이 그려진 모습을 본떠 만든 글자예요. 이것은 음식을 보관하는 찬합을 그린 것으로 **모이다, 만나다** 등의 의미를 가지고 있어요.
모일	회	

회 의 (會 議)	여럿이 모여 의논함. 또는 그런 모임
모일 회 · 의논할 의	예 교실에서 지켜야 할 규칙을 정하기 위해 학급 **회의**를 열었다.
사 회 (社 會)	같은 무리끼리 모여 이루는 집단
모일 사 · 모일 회	예 국민은 **사회**의 한 구성원으로서 책임과 의무를 다해야 한다.

멸종 위기에 처한 루돌프

❶ 산타클로스와 함께 크리스마스의 상징인 루돌프는 머리에 화려한 뿔이 달린 순록이라는 동물입니다. 순록은 북극과 가까운 지역인 북유럽과 캐나다, 러시아의 시베리아 등 주로 추운 지방에서 사는 동물입니다. 그런데 미국 국립 해양 대기국에 따르면 지난 20년간 순록의 개체˚ 수가 반 이상 줄어들었다고 합니다.

❷ 산타클로스의 고향이기도 한 북유럽의 핀란드 북부 라플란드에 사는 순록들은 최근 지구의 기후 변화로 인해 몸살을 앓고 있습니다. 라플란드의 순록은 영하 30도 이하의 혹독한˚ 추위 속에서 살아갑니다. 그런데 영하 50도까지 내려갔던 라플란드의 여름철 기온이 지구 온난화로 영하 20도에서 0도까지 올라갔다고 합니다. 몸에 땀샘˚이 없는 순록은 날씨가 따뜻해지면 체온을 조절하기가 어려워 곤경˚에 처합니다.˚

❸ 또한 순록은 예민한 코의 감각을 이용해 눈을 헤치고 이끼를 찾아 뜯어먹습니다. 그런데 지구 온난화로 기온이 오르면서 눈이 아닌 비가 내려 땅이 얼어붙는 일이 잦아졌습니다. 그러자 얼음을 깨지 못해 먹이를 구하지 못한 순록들이 굶어 죽는 일이 생겼습니다.

❹ 라플란드 주민들은 순록이 굶어 죽지 않도록 먹이를 주고 있습니다. 하지만 동물 전문가들은 계속되는 기후 변화에 경각심˚을 갖고 해결하기 위해 시급히 노력하지 않는다면, 머지않아 순록을 영영 볼 수 없게 될 것이라고 경고했습니다. 지구 온난화로 순록뿐만 아니라 북극곰, 펭귄, 바다거북 등 수많은 야생 동물이 멸종˚ 위기에 처했습니다. 기후 변화 문제에 대한 전 세계적인 대응과 노력이 필요합니다.

┃ 낱말 풀이 ┃

• **개체** 하나의 독립된 생물체
• **혹독하다** 몹시 심하다.
• **땀샘** 땀을 만들어 몸 밖으로 내보내는 외분비샘
• **곤경** 어려운 형편이나 처지
• **처하다** 어떤 형편이나 처지에 놓이다.
• **경각심** 정신을 차리고 주의 깊게 살피어 경계하는 마음
• **멸종** 생물의 한 종류가 아주 없어짐.

내용 들여다보기

STEP 1   핵심 내용 정리하기

① 크리스마스의 상징인 루돌프는 ~ [　　　] 이라는 동물입니다.

    미국 국립 해양 대기국에 따르면 ~ 순록의 [　　　] 수가 반 이상 줄어들었다고 합니다.

② 순록은 영하 30도 이하의 혹독한 [　　　] 속에서 살아갑니다.

    ↳ [　　　] 지구 [　　　]로 인해 ~ 기온이 영하 20도에서 0도까지 올랐다고 합니다.

    ↳ 순록은 날씨가 따뜻해지면 [　　　]을 조절하기가 어려워 곤경에 처합니다.

③ [　　　]로 기온이 오르면서 ~ [　　　]가 내려 땅이 얼어붙는 일이 잦아졌습니다.

    ↳ [　　　] 얼음을 깨지 못해 [　　　]를 구하지 못한 순록들이 굶어 죽는 일이 생겼습니다.

④ 기후 변화에 [　　　]을 갖고 ~ 노력하지 않는다면 순록을 영영 볼 수 없게 될 것이라고 경고했습니다.

    ↳ 지구 온난화로 ~ 수많은 야생 동물이 [　　　] 위기에 처했습니다.

    ↳ 기후 변화 문제에 대한 전 세계적인 대응과 [　　　]이 필요합니다.

STEP 2   짜임 이해하기

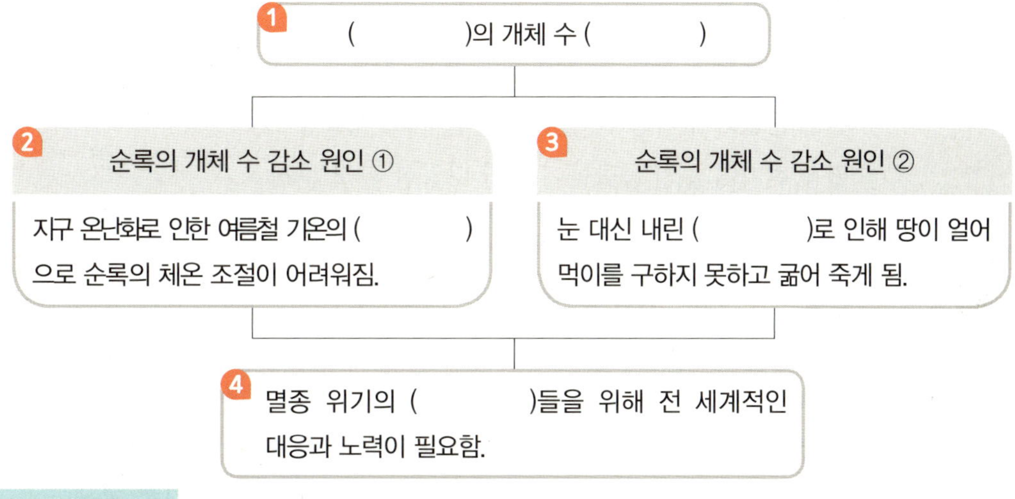

STEP 3   내용 요약하기

✏️ 지구 온난화로 인한 기후 변화로 순록과 같은 야생 동물들이 멸종 위기에 처했다. ___________

주제 파악

1 이 글에서 가장 중요한 내용은 무엇인가요? (   )

① 순록들의 서식지가 바뀌었다.

② 순록들의 먹이가 매우 부족하다.

③ 순록들이 혹독한 추위를 견디지 못하고 있다.

④ 기후 변화로 인해 순록들의 개체 수가 감소하고 있다.

⑤ 순록이 더 이상 산타클로스의 썰매를 끌지 못하게 되었다.

내용 이해

2 다음 중 순록이 굶주리는 까닭에 대해 바르게 말한 친구는 누구인지 써 보세요.

> **호정**: 핀란드의 기후가 춥게 변해서 순록이 점점 살기 힘들어지나 봐.
> **재경**: 눈이 내리지 않고 자꾸 비가 내려 땅이 얼어서 이끼를 찾기 어렵지.
> **민정**: 지구촌 곳곳의 동물들이 멸종 위기에 처했어. 빨리 대책을 마련해야 해.

(   )

구조 이해

3 이 글의 뒷부분에 이어질 수 있는 내용으로 알맞지 <u>않은</u> 것은 무엇인가요? (   )

① 한 해에 버려지는 반려동물의 수

② 기후 변화가 인간에게 미치는 영향

③ 각 나라에서 실시하고 있는 기후 변화 대책

④ 지구 온난화의 가장 큰 원인인 온실 가스 배출량

⑤ 멸종 위기에 놓인 동물들이 처한 다양한 환경 문제

상황에 적용

4 이 글을 읽고 다음과 같은 행사를 여는 목적을 찾아 ○표 해 보세요.

> 행복구는 '지구의 날'을 맞아 탄소 발자국 줄이기 환경 실천 운동을 진행한다. 누구든지 쓰레기 줄이기, 분리 배출하기, 물건 다시 사용하기 등의 주제를 선택해 실천하는 모습을 촬영하고, 이를 온라인 사회 관계망에 올리면 행사에 참여할 수 있다.

[1] 행사가 열리는 지역의 홍보를 위해 (   )

[2] 세계 경제에 대한 경각심을 일깨우기 위해 (   )

[3] 환경을 위해 직접 실천할 수 있는 일들을 널리 알리기 위해 (   )

어휘력 다지기

1~3 다음 낱말의 알맞은 뜻을 찾아 선으로 이어 보세요.

1 곤경 •　　　• ㉠ 어려운 형편이나 처지

2 경각심 •　　　• ㉡ 하나의 독립된 생물체

3 개체 •　　　• ㉢ 정신을 차리고 주의 깊게 살피어 경계하는 마음

4~6 '어떤 형편이나 처지에 놓이다.'의 의미를 가진 '처하다'를 문장에 알맞게 썼으면 ○표, 그렇지 않으면 ✕표 해 보세요.

4 우리는 멸종 위기에 처한 야생 동물들을 구해야 한다. (　　　　)

5 아들이 돌아온 기쁨에 처하자 어머니는 절로 춤을 추셨다. (　　　　)

6 소방관들은 화재 현장에서 예상하지 못한 어려움에 처했다. (　　　　)

어휘력에 도움이 되는 **대표 한자** 

夏	一 百 夏

뜻	소리	夏자는 頁(머리 혈)자와 夊(천천히 걸을 쇠)자가 합쳐 만들어진 글자예요. 또한 중국의 하나라 사람을 뜻하기도 했던 글자였어요. **여름, 중국** 등의 의미를 가지고 있어요.
여름	하	

하 복 (夏 服) 여름 하　옷 복	여름 옷 예 우리 학교 교복은 **하복**과 동복으로 나뉜다.
하 기 (夏 期) 여름 하　기약할 기	여름의 시기 예 **하기** 방학은 7월이다.
하 지 (夏 至) 여름 하　이를 지	낮이 가장 길고 밤이 가장 짧은 이십사절기의 하나 예 오늘이 **하지**라서 그런지 낮이 아주 길게 느껴진다.

스페인 건축가 가우디의 건축물

일일 학습을 마치고, 워크북으로 생각을 정리해 보세요. **워크북 · 08쪽**

공부한 날

월   일

관련 교과 **초등사회 6-2**
세계 여러 나라의 자연과 문화

❶ 1852년에 스페인에서 태어나 바르셀로나에서 활동한 안토니오 가우디는 스페인 역사상 가장 위대한 건축가로 손꼽힙니다. 그는 벽과 천장의 곡선*의 아름다움을 살리고, 섬세한 장식, 다채로운 색채*를 사용한 건축물을 건축한 사람으로 유명합니다. 건축물에 대한 그의 열정은 오늘날까지 그가 만든 여러 작품과 건축물들을 통해 우리에게 전해지고 있습니다.

❷ 가우디는 나무, 하늘, 바람, 땅, 동물 등 자연의 모양과 기능, 구조들을 건축물에 반영*하여 설계*했습니다. 때로는 식물과 곤충의 형태를 본떠 건축물을 만들기도 했습니다. 그래서 그의 건축물에는 직선보다 조화를 이룬 곡선들이 많으며, 자연과 우주의 모습을 본뜬 독특한 모양과 색채가 표현되어 있습니다.

❸ 실제로 스페인 바르셀로나에 가 보면 가우디의 여러 훌륭한 건축물들을 직접 볼 수 있습니다. 현재 가우디의 건축물 중 카사 밀라, 구엘 공원, 카사 비센스, 사그라다 파밀리아 성당 등은 그 역사와 가치를 인정받아 유네스코 세계 문화유산으로 지정되었습니다.

❹ 그중 사그라다 파밀리아 성당은 1882년에 짓기 시작했는데 140년이 지난 오늘날까지도 여전히 공사가 진행 중입니다. 가우디는 마지막 순간까지도 성당 건축에 모든 열정을 쏟으며* 완벽한 작품을 만들고자 약 40여년 동안 몰두했지만, 결국 미완

▲ 사그라다 파밀리아 성당

성*으로 남고 말았습니다. 이 성당은 완공되지 못했음에도 불구하고 가우디의 건축물 중 최고의 걸작*으로 평가되고 있습니다.

❙ 낱말 풀이 ❙

* **곡선** 모나지 아니하고 부드럽게 굽은 선
* **색채** 물체가 빛을 받을 때 빛의 파장에 따라 그 거죽에 나타나는 특유한 빛
* **반영** 다른 것에 영향을 받아 어떤 현상이 나타남.
* **설계** 건축이나 기계 등을 제작할 때 그 목적에 따라 실제적인 계획을 세워 도면 등에 나타내는 일
* **쏟다** 마음이나 정신 따위를 어떤 대상이나 일에 기울이다.
* **미완성** 아직 덜 됨.
* **걸작** 매우 훌륭한 작품

내용 들여다보기

STEP 1 핵심 내용 정리하기

① 안토니오 가우디는 스페인 역사상 가장 위대한 [   ]로 손꼽힙니다.

그는 벽과 천장의 [   ]의 아름다움을 살리고, 섬세한 장식, [   ] 색채를 사용한 건축물을 건축한 사람으로 유명합니다.

② 가우디는 ~ [   ]의 모양과 기능, 구조들을 건축물에 반영하여 [   ]했습니다.

↳ [   ] 그의 건축물에는 ~ [   ]들이 많으며, 자연과 [   ]의 모습을 본떠 독특한 모양과 색채가 표현되어 있습니다.

③ 현재 가우디의 건축물 중 카사 밀라 ~ 사그라다 파밀리아 성당 등은 그 [   ]와 가치를 인정받아 [   ] 세계 문화유산으로 지정되었습니다.

④ [   ] 사그라다 파밀리아 성당은 ~ 오늘날까지도 여전히 공사가 진행 중입니다.

↳ 가우디는 ~ 완벽한 작품을 만들고자 약 40여 년 동안 몰두했지만, [   ] 미완성으로 남고 밀었습니다.

↳ 가우디의 건축물 중 최고의 [   ]으로 평가되고 있습니다.

STEP 2 짜임 이해하기

① 스페인 건축가 안토니오 가우디의 (   )

② 가우디 건축물의 특징
(   )의 모양과 기능, 구조들을 반영해 설계함.

③ 가우디 건축물의 가치
(   ) 세계 문화유산으로 지정됨.

④ 사그라다 파밀리아 성당
(   )임에도 최고의 걸작으로 평가됨.

STEP 3 내용 요약하기

✎ 스페인 역사상 가장 위대한 건축가인 안토니오 가우디의 많은 건축물들은 ....

그중 사그라다 파밀리아 성당은 ....

....

1 이 글에서 가장 중요한 내용은 무엇인가요? (　　　　)

① 사그라다 파밀리아 성당의 완공 시기
② 자연과 우주의 모습을 띤 건축물 종류
③ 건축가 가우디가 만든 건축물의 위대성
④ 스페인 바르셀로나의 유명한 건축물과 관광지
⑤ 유네스코 세계 문화유산으로 지정된 세계의 건축물

2 이 글의 내용으로 알맞으면 ○표, 알맞지 않으면 ✕표 하세요.

[1] 가우디는 스페인 바르셀로나에서 활동했다. 　　　　　　　　　　　(　　　　)
[2] 사그라다 파밀리아 성당은 140년 만에 완공되었다. 　　　　　　　(　　　　)
[3] 가우디는 식물과 곤충의 형태를 건축물에 반영했다. 　　　　　　　(　　　　)
[4] 가우디의 건축물 중 구엘 공원은 현재 남아 있지 않다. 　　　　　　(　　　　)

3 이 글에서 답을 찾을 수 있는 질문은 무엇인가요? (　　　　)

① 가우디의 어린 시절은 어떠하였나요?
② 가우디가 가장 먼저 건축한 건물은 무엇인가요?
③ 구엘 공원은 유네스코 세계 문화유산에 지정되었나요?
④ 사그라다 파밀리아 성당이 완공되는 날은 언제인가요?
⑤ 한국에서 바르셀로나까지 가는 방법에는 무엇이 있나요?

4 다음 빈칸에 들어갈 알맞은 말을 이 글에서 찾아 써 보세요.

> (　　　　)는 세계 문화유산을 지정하는 국제 연합 기구입니다. 보호되어야 할 가치 있는 유물이나 유적을 인류의 공동 재산으로 여겨 특별히 보존하고 관리합니다. 우리나라에는 수원 화성, 경주 불국사와 석굴암, 서울 종묘, 고창·화순·강화의 고인돌 유적, 경주 역사 유적 지구, 팔만대장경이 세계 문화유산으로 등재되어 있습니다.

답 ________________________________

어휘력 다지기

1~2 다음 낱말의 알맞은 뜻을 찾아 선으로 이어 보세요.

1 걸작 •
• ㉠ 아직 덜 됨.

2 미완성 •
• ㉡ 매우 훌륭한 작품

3 보기와 같은 뜻의 '쏟다'가 쓰인 문장을 찾아 ○표 해 보세요.

─ 보기 ─

가우디는 성당 건축에 모든 열정을 쏟았다.

[1] 깜짝 놀란 친구는 들고 있던 우유를 쏟고 말았다. ( )

[2] 먹구름이 한바탕 소나기를 쏟고 나자 하늘은 다시 맑아졌다. ( )

[3] 죽어 가는 화초에 온갖 정성을 쏟았더니 조금씩 살아나기 시작했다. ( )

4 다음 중 보기의 밑줄 친 낱말과 바꾸어 쓸 수 있는 낱말을 찾아 보세요. ( )

─ 보기 ─

이 그림은 아름다운 색채가 조화를 이루는 것이 특징이다.

① 빛깔 ② 감각 ③ 성질 ④ 향기 ⑤ 물감

어휘력에 도움이 되는 **대표한자**

直

十 → 盲 → 直

뜻	소리
곧을	직

直자는 目(눈 목)자와 十(열 십)자, ㄴ(숨을 은)자가 합쳐져 만들어졌어요. **곧다** 또는 **바르다**라는 의미를 가지고 있어요. 때로는 **가격**이라는 의미로도 쓰여요.

정 직 (正 直)
바를 정 곧을 직
거짓이나 꾸밈이 없이 성품이 바르고 곧음.
예 사람은 언제나 **정직**해야 한다.

수 직 (垂 直)
드리울 수 곧을 직
똑바로 드리운 모양
예 발아래에는 **수직**의 낭떠러지가 있었다.

솔 직 (率 直)
거느릴 솔 곧을 직
거짓으로 꾸미거나 숨김이 없이 바르고 곧음.
예 지금까지의 일을 **솔직**하게 모두 말해 보아라.

우리말의 표준어와 방언

공부한 날

월   일

관련 교과 **초등국어 4-1**
자랑스러운 한글

1 우리말에는 표준어와 방언이 있습니다. 표준어는 한 나라에서 공용어로 쓰는 규범*으로서의 언어입니다. 우리나라에서는 교양* 있는 사람들이 두루* 쓰는 현대 서울말을 표준어로 정하였습니다. 주로 서울에서 많이 쓰이지만, 서울말이 모두 표준어는 아닙니다. 반면에 방언은 어떤 지역이나 지방에서만 쓰이는 표준어가 아닌 말입니다. 방언은 '비표준어' 또는 '사투리'라고도 부릅니다.

2 표준어는 '국어', '사랑', '어머니'처럼 표준 국어 대사전에 실려 있는 낱말들로 주로 공식적*인 상황이나 신문, 책, 방송 등의 매체*에서 사용됩니다. 방언은 지역마다 다르며 각각 특색 있는 말의 높낮이와 낱말을 사용합니다. 전라도에는 '뽀시래기(부스러기)', '솔찬히(제법)' 등이 있고, 경상도에는 '행님(형님)', '얼라(어린아이)' 등이 있습니다. 충청도에서는 '탑시기(먼지)', '뼈꾹질(딸꾹질)', '갈기럽다(가렵다)' 등이 쓰이고, 강원도에서는 '하르벙이(할아버지)', '하뇨하다(한가하다)' 등이 쓰이고 있습니다. 제주도 방언은 특히 다양한데 '도새기(돼지)', '멘도롱하다(따뜻하다)', '어멍(어머니)' 등이 있습니다.

3 표준어는 우리나라 사람 모두가 쓰는 말이므로 지역과 관계없이 의사소통을 원활하게 하고, 지식이나 정보를 전달하는 데 적합합니다. 방언은 사용하는 사람들끼리 친근감*을 느끼게 하고, 각 지역의 특성과 전통을 이해하는 데 도움을 줍니다. 때때로 표준말을 쓰면 교양이 있다고 생각하고, 방언을 쓰면 업신여기는 사람들이 있습니다. 하지만 표준어와 방언은 모두 소중한 우리 문화유산이므로 체계적*으로 모아 정리하고 지켜 나가려는 노력이 필요합니다.

│ 낱말 풀이 │

- **규범** 인간이 행동하거나 판단할 때에 마땅히 따르고 지켜야 할 가치 판단의 기준
- **교양** 학문, 지식, 사회생활을 바탕으로 이루어지는 품위
- **두루** 빠짐없이 골고루
- **공식적** 국가적으로 규정되었거나 사회적으로 인정되는 것
- **매체** 어떤 작용을 한쪽에서 다른 쪽으로 전달하는 물체. 또는 그런 수단
- **친근감** 사귀어 지내는 사이가 아주 가까운 느낌
- **체계적** 일정한 원리에 따라서 낱낱의 부분이 짜임새 있게 조직되어 통일된 전체를 이루는 것

내용 들여다보기

STEP 1 핵심 내용 정리하기

① [   ]에는 표준어와 방언이 있습니다.

↳ [   ]는 한 나라에서 [   ]로 쓰는 규범으로서의 언어입니다.

↳ 반면에 [   ]은 어떤 지역이나 지방에서만 쓰이는 표준어가 아닌 말입니다.

② 표준어는 ~ 주로 [   ]인 상황이나 신문, 책, 방송 등의 매체에서 사용됩니다.

방언은 지역마다 다르며 각각 특색 있는 말의 [   ]와 [   ]을 사용합니다.

↳ 전라도, 경상도, 충청도, 강원도, 제주도 방언 등

③ 표준어는 ~ [   ]을 원활하게 하고, 지식이나 [   ]를 전달하는 데 적합합니다.

방언은 사용하는 사람들끼리 [   ]을 느끼게 하고, 각 지역의 특성과 [   ]을 이해하는 데 도움을 줍니다.

표준어와 방언은 모두 소중한 우리 [   ]이므로 체계적으로 모아 정리하고 지켜 나가려는 노력이 필요합니다.

STEP 2 짜임 이해하기

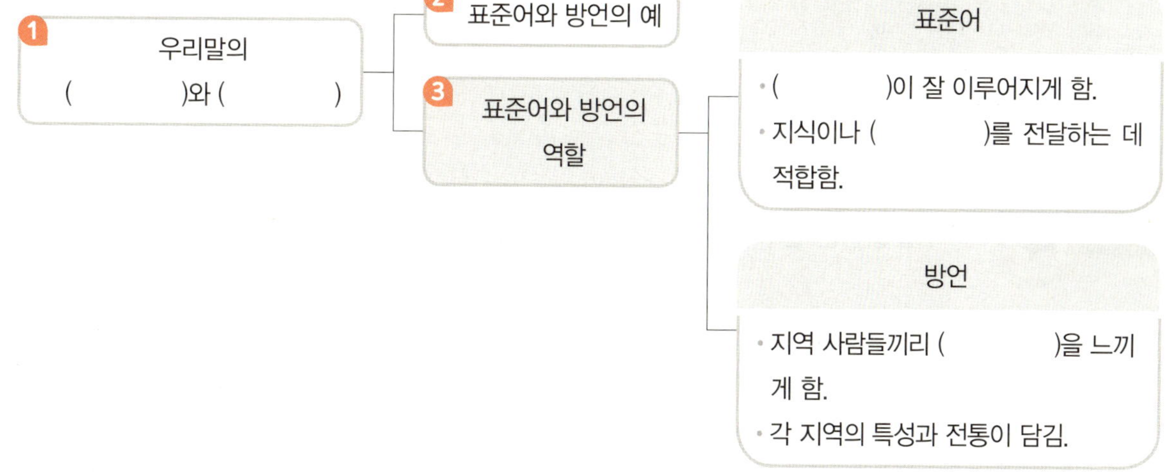

STEP 3 내용 요약하기

✎ 우리말에는 공식적으로 쓰이는 표준어와 어떤 지방에서만 쓰이는 방언이 있다.

주제 파악 **1** 이 글에서 가장 중요한 내용은 무엇인가요? (   )

① 표준어와 방언의 특징

② 방언과 사투리의 같은 점

③ 방언보다 표준어가 뛰어난 까닭

④ 우리가 표준어만 써야 하는 까닭

⑤ 각 지역마다 잘 알려진 방언의 종류

내용 추론 **2** 이 글의 내용을 바르게 이해한 친구는 누구인가요? (   )

① 민경: 서울에서 쓰는 말은 무조건 표준어야.

② 수진: 어느 지역에서는 방언을 전혀 사용하지 않아.

③ 지수: 우리말에서는 표준어보다 방언이 훨씬 더 중요해.

④ 한겸: 많은 사람들이 보는 방송 매체에서는 표준어를 쓰는 것이 좋아.

⑤ 재희: 다른 지역 사람들이 알아듣기 힘들기 때문에 방언은 쓰지 말아야 해.

내용 이해 **3** 다음 방언의 뜻과 방언이 쓰이는 지역을 글에서 찾아 써 보세요.

방언	하르벙이	갈기럽다	멘도롱하다	행님	솔찬히
뜻					
지역					

상황에 적용 **4** 이 글을 읽은 친구가  보기 를 읽고 떠올린 표준어의 역할로 알맞은 것은 무엇인가요?

(   )

◀ 보기 ▶

공식적인 상황이나 방송에서도 방언을 사용하는 경우가 많아지고 있다. 하지만 공식적인 상황에서 그 지방에서만 사용하는 방언을 쓰면 상대가 무슨 말을 하고자 하는지 이해할 수 없어 불편을 겪을 수 있다.

① 지식이나 정보를 얻기 쉽다.

② 의사소통이 잘 이루어지게 한다.

③ 우리말의 소중함을 느낄 수 있다.

④ 사람들끼리 친근감을 느끼게 한다.

⑤ 각 지역의 특성과 전통을 이해하는 데 도움이 된다.

1 다음 중 낱말의 뜻이 알맞지 <u>않은</u> 것은 무엇인가요? (   )

① 두루: 빠짐없이 골고루

② 친근감: 사귀어 지내는 사이가 아주 먼 느낌

③ 교양: 학문, 지식, 사회생활을 바탕으로 이루어지는 품위

④ 매체: 어떤 작용을 한쪽에서 다른 쪽으로 전달하는 물체. 또는 그런 수단

⑤ 규범: 인간이 행동하거나 판단할 때에 마땅히 따르고 지켜야 할 가치 판단의 기준

2~3 다음 문장의 빈칸에 알맞은 낱말을 보기 에서 찾아 써 보세요.

보기

| 공식적 | 체계적 |

2 복잡하기만 한 책 내용을 [   ]으로 정리했다.

낱낱의 부분이 짜임새 있게 조직되어 전체를 이루는 것

3 사라져 가는 식물에 대한 [   ]인 연구가 필요하다.

국가적으로 규정되었거나 사회적으로 인정된 것

어휘력에 도움이 되는 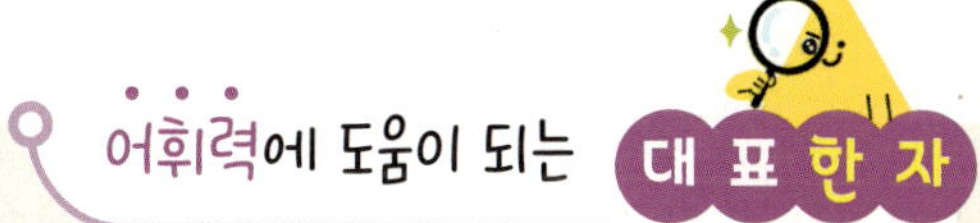 대표 한자

方	一 𠂆 方	

뜻	소리	方자는 소가 끄는 쟁기를 그린 것으로, 방향을 조절하는 손잡이와 쟁기의 줄을 함께 표현한 것이에요. **네모**나 **방위**, **방향**, **두루**라는 의미를 가지고 있어요.
모	방	

방 향 (方 向)
모 방   향할 향
어떤 곳을 향한 쪽
예 때로는 별자리가 **방향**을 알려 준다.

방 법 (方 法)
모 방   법 법
일이나 연구 등을 해 나가는 길이나 수단
예 우리가 할 수 있는 모든 **방법**을 생각해 보자.

방 식 (方 式)
모 방   법 식
일정한 방법이나 형식
예 나라마다 사람들의 생활 **방식**은 제각각이다.

외국에 유출된 우리나라 문화재도 있을까?

문화재청 국립 문화 연구소에 따르면 현재 외국에 유출된 우리나라 문화재가 아주 많다고 해요. 특히 일본과 미국에 많이 유출되었고, 유출된 대표적인 문화재로는 이천 5층 석탑, 몽유도원도, 외규장각 도서 등이 있어요. 외국으로 문화재가 유출되는 것의 문제점은 그 과정이 정당하지 않기 때문이에요. 따라서 유출한 국가는 본래 소유의 국가로 반환하는 게 마땅해요. 우리 문화재를 환수하기 위해서는 정부와 민간이 힘을 합쳐 노력해야 해요. 따라서 우리도 문화재를 반환하는 데 많은 관심을 가지도록 해요.

지구가 점점 뜨거워지고 있다고요?

과학자들은 지구 온난화로 2100년의 기온이 1.9도에서 5.2도까지 오를 수 있다고 예측하고 있어요. 이처럼 지구의 온도가 급격히 올라가면 폭염과 가뭄으로 도시들이 사막처럼 변해 사람이 살 수 없게 돼요. 그리고 식량 부족으로 심각한 기아에 시달리게 되고, 해수면 상승으로 우리가 사는 곳이 물에 잠기게 돼요. 우리는 지구 온난화를 해결하기 위해 일회용품, 플라스틱, 화석 연료의 사용을 줄이고 식량을 낭비하지 않는 등의 노력을 일상생활에서 실천할 수 있어요. 우리의 작은 노력이 큰 힘이 될 거예요.

소멸 위기 언어로 지정된 제주어?

2010년 유네스코는 제주어 즉, 제주도 사투리를 소멸 위기 5단계 중 4단계인 '아주 심각하게 위기에 처한 언어'로 분류했다고 해요. 제주어에는 훈민정음 창제 당시에 사용되었던 어휘가 많이 남아 있어, 한국어의 원형과 제작 원리를 보여 주는 언어로 그 가치를 인정받았어요. 뿐만 아니라 한 문화권의 언어에는 그 문화의 오랜 역사적 흔적이 담겨 있으니 제주의 문화를 담고 있는 제주어가 소멸 언어가 되어서는 안 되겠죠? 우리 모두 아름다운 제주어에 관심을 갖도록 해요. '제주도 사투리 좀말로 귀하고 아름다운 보물이우다.'

2주

Day 06	인문	올림픽을 상징하는 불꽃, 성화
Day 07	사회	춘천 레고 랜드와 중도 유적
Day 08	과학	달의 흙에서 싹틔운 지구 씨앗
Day 09	예체능	백악관을 방문한 우리나라 가수들
Day 10	융합	인공 지능의 도덕적 판단

올림픽을 상징하는 불꽃, 성화

일일 학습을 마치고, 워크북으로 생각을 정리해 보세요. 워크북 • 12쪽

공부한 날

월   일

관련 교과 **초등사회 6-2**
통일 한국의 미래와 지구촌의 평화

1 4년마다 열리는 올림픽은 전 세계 지구인이 참여하는 가장 큰 종합 스포츠 대회입니다. 국제 올림픽 위원회(IOC)에서 맡아 4년에 한 번씩 개최하는 올림픽에는 시작과 끝을 알리는 중요한 불꽃이 있는데 바로 성화입니다.

2 성화는 올림픽이 처음 열린 고대 그리스 신전에서 시작되었습니다. 성화는 거울과 태양열을 이용해 불씨를 만든 것입니다. 이렇게 만들어 낸 성화는 그리스에서부터 시작해 그리스 전 지역을 돈 뒤, 올림픽이 개최되는 나라의 성화대까지 이어 달리기를 통해 옮겨진 후 경기가 끝날 때까지 타오릅니다. 그렇다면 그리스에서 성화를 가져오는 이유는 무엇일까요?

3 올림픽은 고대 그리스의 최고신인 제우스를 위해 4년에 한 번씩 열었던 올림피아 제전에서 유래되었습니다. 그리고 성화는 인간에게 불을 선물해 준 신 프로메테우스를 기리기 위해 밝혀졌습니다. 프로메테우스는 제우스의 뜻을 거스르고 인간에게 불을 주어 3천 년 동안 바위에 묶여 독수리에게 간을 쪼아 먹히는 벌을 받은 신입니다. 이러한 프로메테우스의 뜻을 기리기 위해 올림픽에서는 오늘날까지 그리스에서 불을 가져와 올림픽이 개최되는 나라의 성화대에 불을 옮기는 것입니다.

4 성화를 들고 이어 달리는 행사는 1936년 제11회 베를린 올림픽에서 처음 등장했습니다. 최근에는 각 나라의 문화유산과 기술 등을 적용하여 이색적인 방법으로 성화를 옮기기도 하였습니다. 우리나라에서 열린 2018년 평창 동계 올림픽에서는 로봇과 해녀가 함께 바다에서 성화를 옮겼으며, 2022년 베이징 올림픽에서는 로봇과 자율 주행 차량이 성화봉을 주고받는 장면을 연출하기도 했습니다.

┃ 낱말 풀이 ┃

• **개최** 모임이나 회의 따위를 주최하여 엶.

• **신전** 신을 모시는 장소

• **유래** 사물이나 일이 생겨남. 또는 그 사물이나 일이 생겨난 바

• **기리다** 뛰어난 업적이나 바람직한 정신, 위대한 사람 따위를 칭찬하고 기억하다.

• **거스르다** 남의 말이나 가르침, 명령 따위와 어긋나는 태도를 취하다.

• **주행** 주로 동력으로 움직이는 자동차나 열차 따위가 달림.

내용 들여다보기

STEP 1 핵심 내용 정리하기

① 4년마다 열리는 [   ]은 전 세계 지구인이 참여하는 ~ 종합 스포츠 대회입니다.

올림픽에는 시작과 끝을 알리는 중요한 불꽃이 있는데 바로 [   ]입니다.

② 성화는 올림픽이 처음 열린 고대 [   ] 신전에서 시작되었습니다.

↳ 성화는 그리스에서부터 시작해 ~ 올림픽이 [   ]되는 나라의 [   ]까지 이어 달리기를 통해 옮겨진 후 경기가 끝날 때까지 타오릅니다.

③ 성화는 인간에게 불을 선물해 준 신 프로메테우스를 기리기 위해 밝혀졌습니다.

↳ 프로메테우스의 뜻을 기리기 위해 올림픽에서는 오늘날까지 [   ]에서 불을 가져와 올림픽이 개최되는 나라의 성화대에 불을 옮기는 것입니다.

④ 성화를 들고 이어 달리는 행사는 1936년 ~ [   ] 올림픽에서 처음 등장했습니다.

↳ [   ] 각 나라의 문화유산과 기술 등을 적용하여 이색적인 방법으로 성화를 옮기기도 하였습니다.

↳ 2018년 평창 동계 올림픽의 로봇과 해녀, 2022년 베이징 올림픽의 로봇과 자율 주행 차량

STEP 2 짜임 이해하기

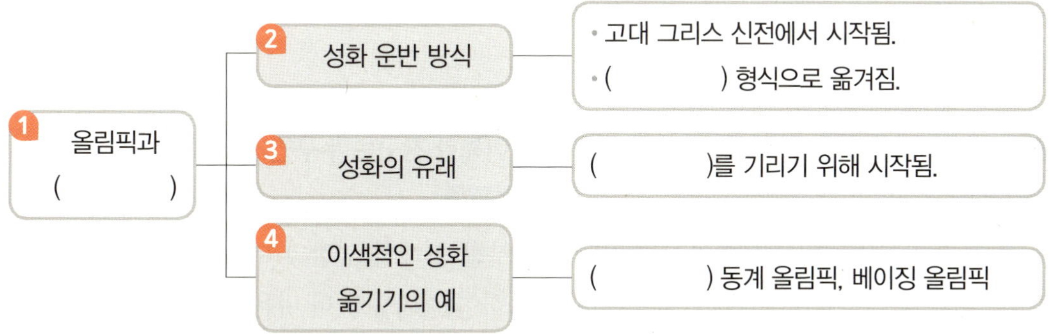

STEP 3 내용 요약하기

✏️ 올림픽의 시작과 끝을 알리는 성화는 _______________________________

____

최근에는 해녀와 로봇, 자율 주행 차량이 등장하는 색다른 성화 봉송도 시도되었다.

문제로 확인하기

화제 파악

1 이 글의 중심 화제를 찾아 써 보세요.

답 _______________________________

내용 이해

2 올림픽에 성화가 생겨난 까닭은 무엇인가요? (   )

① 이어 달리기를 하기 위해서

② 올림픽이 4년에 한 번씩 열리기 때문에

③ 올림픽 경기장을 환하게 밝히기 위해서

④ 프로메테우스가 가혹한 벌을 받지 않게 하기 위해서

⑤ 인간에게 불을 준 신인 프로메테우스를 기리기 위해서

내용 추론

3 이 글을 통해 알 수 있는 내용이 <u>아닌</u> 것은 무엇인가요? (   )

① 올림픽은 올림피아 제전에서 유래되었다.

② 올림픽은 전 세계 가장 큰 종합 스포츠 대회이다.

③ 성화를 옮기다 불이 꺼지면 보조 성화로 다시 불을 지핀다.

④ 국제 올림픽 위원회(IOC)는 올림픽을 맡아 개최하는 기구이다.

⑤ 평창 동계 올림픽에서는 로봇과 해녀가 바다에서 성화를 옮겼다.

비판과 평가

4 이 글을 읽은 친구 중 보기 에 대해 <u>잘못</u> 이해한 친구는 누구인가요? (   )

> **보기**
>
> '올림픽 정신'이란 정정당당한 승부를 통해서 인간의 마음과 몸을 자라게 하고, 문화와 국적 등의 차이를 극복하여 평화롭고 더 나은 세계를 만드는 것입니다. 그래서 올림픽에 참가한 선수들은 규칙을 어기고 상대를 이기려 하기보다는, 깨끗한 승부를 통해 자신을 이겨 내고자 노력합니다.

① 태규: 올림픽 경기는 이기고 지는 것이 가장 중요해.

② 미선: 올림픽을 통해 많은 나라가 더욱 가까워질 거야.

③ 윤서: 올림픽의 목적은 평화로운 세계를 만드는 데 있어.

④ 예린: 올림픽에 참가하는 선수들은 정정당당하게 승부를 겨루어야 해.

⑤ 문환: 올림픽을 통해 선수들이 자신의 한계를 극복하려 노력하는 모습이 멋있어.

어휘력 다지기

1~2 다음 빈칸에 알맞은 낱말을 찾아 선으로 이어 보세요.

1 누나의 비위를 (   ). ·

· ㉠ 기리다

2 선생님의 은혜를 (   ). ·

· ㉡ 거스르다

3~6 다음 뜻풀이에 어울리는 낱말을 보기 에서 찾아 써 보세요.

보기

개최	신전	유래	주행

3 신을 모시는 장소 → ________

4 사물이나 일이 생겨남. → ________

5 모임이나 회의 따위를 주최하여 엶. → ________

6 주로 동력으로 움직이는 자동차나 열차 따위가 달림. → ________

어휘력에 도움이 되는 **대표한자** 

競	효	竞	競		

뜻	소리	競자는 두 개의 立(설 립)자와 兄(맏 형)자가 합쳐져 만들어진 글자예요. 兄자가 노예를 상징하는데, 競자는 노예 두 명을 함께 그린 모습이에요. 겨루다, 다투다라는 의미를 가지고 있어요.
다툴	경	

경 쟁 (競 爭) 다툴 경 다툴 쟁	서로 이기거나 더 큰 이익을 얻으려고 겨룸. 예 우리 모두 정정당당하게 **경쟁**하자.
경 합 (競 合) 다툴 경 합할 합	거의 비등하게 서로 실력이나 승부를 겨룸. 예 무술인들의 **경합**은 보는 사람들을 긴장하게 한다.
경 연 (競 演) 다툴 경 펼 연	연극이나 음악 따위의 연기를 다툼. 예 이번 주 일요일에 노래 **경연** 대회가 열린다.

춘천 레고 랜드와 중도 유적

❶ 2011년, 강원도는 춘천시 중도에 만들기 장난감 레고를 주제로 한 세계적인 놀이공원 레고 랜드를 설립하는 계획을 발표했습니다. 레고 랜드는 덴마크와 영국, 미국, 말레이시아, 독일, 일본에도 세워진 세계적인 놀이공원입니다.

❷ 이 소식을 들은 시민 단체는 강원도에 강하게 반대했습니다. 중도는 오래전부터 역사적 가치를 인정받아 고고학자들이 큰 관심을 가지고 연구하는 곳이었기 때문입니다. 그런데 레고 랜드를 공사 중이었던 2014년에 중도에서 선사 시대부터 삼국 시대에 이르는 수많은 유물과 유적이 발견되었습니다. 더욱이 이곳은 신석기 시대부터 조선 시대까지의 유적이 층층이 쌓여 있는 매우 소중한 유적지로 밝혀졌습니다. 춘천 시민을 비롯한 시민 단체는 적극적으로 레고 랜드 개발에 반발하기 시작했습니다. 그러나 중도에 세계적인 놀이공원이 들어오면 많은 관광객이 찾아오고 일자리도 새로 생기며 중도뿐만 아니라 춘천시가 얻게 되는 경제적 이익이 매우 컸습니다.

❸ 강원도와 시민 단체는 보존과 개발의 두 가지 문제를 해결하기 위해 노력했습니다. 결국 강원도는 유적을 옮겨 보존하기로 하였습니다. 또한 강원도는 중도 유적 공원을 만들고 전시관을 세워 출토된 문화재를 전시하는 등 유적 보존과 지역 개발이 조화를 이룰 수 있게 최선을 다할 것을 약속했습니다. 그리하여 2022년 5월, 춘천 중도에 레고 랜드가 문을 열었습니다. 많은 사람들은 강원도가 유적을 보존하겠다는 약속을 잘 지키는지 눈여겨보고 있습니다.

┃ 낱말 풀이 ┃

• **고고학자** 유물과 유적을 통하여 옛 인류의 생활, 문화 따위를 연구하는 학문을 연구하는 사람

• **유물** 선대의 인류가 후대에 남긴 물건

• **유적** 역사적인 일이 벌어졌던 곳이나 건물의 터 등이 남아 있는 자취

• **층층이** 여러 층으로 겹겹이 쌓인 모양

• **보존** 잘 보호하고 간수하여 남김.

• **출토** 땅속에 묻혀 있던 물건이 밖으로 나옴. 또는 그것을 파냄.

• **조화** 서로 잘 어울림.

STEP 1 핵심 내용 정리하기

❶ 2011년, 강원도는 춘천시 ☐☐☐☐ 에 ~ 레고 랜드를 설립하는 계획을 발표했습니다.

↳ 레고 랜드는 덴마크와 영국, ~ 일본에도 세워진 세계적인 놀이공원입니다.

❷ ☐☐☐☐ 레고 랜드를 공사 중이었던 2014년에 중도에서 ~ 수많은 ☐☐☐☐ 과 ☐☐☐☐ 이 발견되었습니다.

↳ ☐☐☐☐ 시민을 비롯한 시민 단체는 ~ 개발에 ☐☐☐☐ 하기 시작했습니다.

☐☐☐☐ 중도에 세계적인 놀이공원이 들어오면 ~ 춘천시가 얻게 되는 ☐☐☐☐ 이익이 매우 컸습니다.

❸ 강원도와 시민 단체는 ☐☐☐☐ 과 ☐☐☐☐ 의 ~ 문제를 해결하기 위해 노력했습니다.

↳ ☐☐☐☐ 강원도는 ☐☐☐☐ 을 옮겨 보존하기로 하였습니다.

↳ 또한 강원도는 ~ 유적 보존과 지역 개발이 ☐☐☐☐ 를 이룰 수 있게 최선을 다할 것을 약속했습니다.

STEP 2 짜임 이해하기

❶ 춘천의 (　　　　) 설립 계획 발표

❷ 중도의 (　　　　)와 레고 랜드 설립의 가치

중도의 (　　　　) 가치
수많은 유물과 유적이 발견된 유적지

레고 랜드의 (　　　　) 가치
관광객 유치와 일자리 창출

❸ 강원도의 문제 해결 방법
중도 유적의 보존과 지역 개발의 (　　　　)를 위해 노력할 것을 약속함.

STEP 3 내용 요약하기

✎ 강원도는 ____

____

2022년 5월에 레고 랜드의 문을 열었다.

주제 파악

1 이 글의 주제는 무엇인가요? (   )

① 강원도의 중요성

② 춘천의 역사적 가치

③ 레고 랜드의 경제적 가치

④ 놀이공원의 효과적인 이용 방법

⑤ 레고 랜드로 생긴 개발과 보존의 문제

내용 이해

2 이 글의 내용과 일치하지 <u>않는</u> 것은 무엇인가요? (   )

① 중도는 오래전부터 역사적 가치를 인정받은 곳이다.

② 강원도는 춘천시 중도에 레고 랜드를 개발하려고 한다.

③ 강원도는 보존과 개발 문제를 모두 해결하려고 노력했다.

④ 중도는 각 시대별 유적이 층층이 쌓여 있는 매우 소중한 유적지이다.

⑤ 춘천시는 레고 랜드가 생기면 교통 문제가 발생할 것을 예상하고 있었다.

구조 이해

3 중도의 문화유산을 보존하기 위해 우리가 할 수 있는 일이 무엇인지에 대한 내용을 이 글의 뒷부분에 넣는다고 할 때 적절한 내용은 무엇인가요? (   )

① 레고 랜드를 적극적으로 이용한다.

② 레고 랜드에 어떤 놀이 시설이 있는지 알아본다.

③ 춘천시의 관광객과 일자리가 얼마나 늘었는지 알아본다.

④ 레고 랜드가 문을 열었으니 더 이상 유적 개발에 힘쓰지 않는다.

⑤ 강원도가 약속한 대로 중도의 유적이 잘 보존되고 있는지 확인한다.

비판과 평가

4 이 글을 읽은 친구 중 보기 와 같은 생각을 하고 있는 친구는 누구인가요? (   )

> ─ 보기 ─
>
> "우리나라에 세계적인 놀이공원이 생긴다는 것은 정말 기쁜 일이야. 레고 랜드가 문을 열었으니 외국인들도 많이 찾아오는 관광지가 될 거야."

① 지혁: 유적은 한번 훼손되면 절대 되돌릴 수 없어.

② 소현: 경제적 이익보다 유적의 보존이 무엇보다 중요해.

③ 시우: 놀이공원이 문을 열면 춘천에 많은 일자리가 생길 거야.

④ 원정: 유적을 보존하기 위해서 놀이공원의 개발은 멈추어야 해.

⑤ 지안: 중도의 유적은 매우 소중한 유적이므로 반드시 보존되어야 해.

1~3 다음 낱말의 알맞은 뜻을 찾아 선으로 이어 보세요.

1 유물 •

• ㉠ 서로 잘 어울림.

2 유적 •

• ㉡ 선대의 인류가 후대에 남긴 물건

3 조화 •

• ㉢ 역사적인 일이 벌어졌던 곳이나 건물의 터 등이 남아 있는 자취

4~6 다음 낱말의 뜻을 참고하여 문장에 알맞은 낱말을 찾아 ○표 해 보세요.

- 보존: 잘 보호하고 간수하여 남김.
- 층층이: 여러 층으로 겹겹이 쌓인 모양
- 출토: 땅속에 묻혀 있던 물건이 밖으로 나옴. 또는 그것을 파냄.

4 책꽂이에 책이 (층층이 / 적극적으로) 쌓여 있었다.

5 문화재청에서는 문화재를 (보존 / 유적)하는 일을 한다.

6 건물을 짓다가 신석기 시대의 토기가 (개발 / 출토)되었다.

어휘력에 도움이 되는  **대 표 한 자**

遺   辶 辶 遺

뜻	소리	遺자는 辶(쉬엄쉬엄 갈 착)자와 貴(귀할 귀)자가 합쳐져 만들어진 글자예요. **남기다, 끼치다, 버리다**라는 의미를 가지고 있어요.
남길	유	

유 언 (遺 言)
남길 유 말씀 언

죽음에 이르러 말을 남김. 또는 그 말
예 나는 할아버지의 <u>유언</u>을 꼭 따르려 한다.

유 기 (遺 棄)
남길 유 버릴 기

내버리고 돌아보지 않음.
예 우리 마을 뒷동산에는 <u>유기</u>된 개들이 종종 발견된다.

유 감 (遺 憾)
남길 유 섭섭할 감

마음에 차지 아니하여 섭섭하거나 불만스럽게 남아 있는 느낌
예 나에게 <u>유감</u>이 있다면 속 시원히 말해 주세요.

달의 흙에서 싹틔운 지구 씨앗

공부한 날

월   일

관련 교과 초등과학 5-2
생물과 환경

1 화성을 배경으로 한 영화 『마션』은 식물학자이자 우주인인 마크가 무리에서 낙오되어 화성에 혼자 남아 살아가는 이야기입니다. 마크는 구조[•]될 때까지 살아남기 위해 화성에서 감자를 키워 스스로 식량을 만듭니다. 이 영화를 본 사람들은 '과연 지구가 아닌 곳에서 식물을 키울 수 있을까?' 하는 호기심을 가졌을 것입니다. 이런 과학적 호기심은 실제 실험으로 이어졌습니다. 미국 플로리다 대학 연구진이 달에서 가져온 흙에 애기장대 씨앗을 심었습니다. 그러자 놀랍게도 그 흙에서 싹이 났습니다. 이 실험은 연구진들뿐만 아니라 전 세계를 놀라게 했습니다. 정말 영화 같은 일이 일어난 것입니다.

2 달에서 가져와 실험에 사용된 흙은 1969년에 인류 역사상 최초로 달에 착륙[•]한 아폴로 11, 12, 17호가 가져온 흙입니다. 연구진들은 달의 흙을 보관하고 있는 미국 항공 우주국(NASA)에 흙을 사용할 수 있게 해 달라고 요청했습니다. 그리하여 약 11년 만에 어렵게 흙을 사용해도 된다는 허락[•]을 받았고, 달에서 가져온 흙 중 12그램의 흙을 실험에 사용했습니다. 연구진들은 아주 작은 화분 12개에 각각 0.9그램의 흙을 5밀리미터 깊이로 넣은 뒤 애기장대 씨앗을 3~5개씩 심었습니다. 그러자 씨앗을 심은 뒤 이틀 뒤부터 싹을 틔우기[•] 시작했습니다.

3 그러나 시간이 지나면서 애기장대의 성장 속도는 점차 느려졌습니다. 뿌리는 더 뻗지 못했고 잎은 작고, 붉은 반점[•]이 나타나기도 했습니다. 연구진들은 애기장대가 달에서 가져온 흙에 적응하지 못했기 때문에 이런 결과가 나타났다고 짐작했습니다. 비록 애기장대는 무럭무럭 자라지 못했지만 이번 실험을 통해 달에서도 식물을 재배할 수 있다는 가능성[•]을 엿볼 수 있었습니다.

낱말 풀이

- **구조** 재난 따위를 당하여 어려운 처지에 빠진 사람을 구하여 줌.
- **착륙** 비행기 따위가 공중에서 활주로나 판판한 곳에 내림.
- **허락** 청하는 일을 하도록 들어줌.
- **틔우다** 싹이나 움 따위를 트게 하다.
- **반점** 동식물 따위의 몸에 박혀 있는 얼룩얼룩한 점
- **가능성** 앞으로 실현될 수 있는 성질이나 정도

  ## 내용 들여다보기

STEP 1 핵심 내용 정리하기

1 [　　　]을 배경으로 한 영화 『마션』은 ~ 화성에 혼자 남아 살아가는 이야기입니다.

↳ 마크는 ~ 화성에서 감자를 키워 스스로 식량을 만듭니다.

이런 과학적 호기심은 실제 [　　　]으로 이어졌습니다.

↳ 연구진이 달에서 가져온 흙에 [　　　] 씨앗을 심었습니다.

↳ [　　　] 놀랍게도 그 흙에서 [　　　]이 났습니다.

2 [　　　]에서 가져와 실험에 사용된 흙은 1969년에 인류 역사상 최초로 달에 착륙한

[　　　] 11, 12, 17호가 가져온 흙입니다.

↳ [　　　]들은 아주 작은 화분 12개에 ~ 애기장대 씨앗을 3~5개씩 심었습니다.

↳ [　　　] 씨앗을 심은 뒤 이틀 뒤부터 [　　　]을 틔우기 시작했습니다.

3 [　　　] 시간이 지나면서 애기장대의 [　　　] 속도는 점차 느려졌습니다.

↳ [　　　] 애기장대는 무럭무럭 자라지 못했지만 ~ 달에서도 식물을 재배할 수 있다는

[　　　]을 엿볼 수 있었습니다.

STEP 2 짜임 이해하기

1 과학적 (　　　　)에서 시작된 실험

'과연 지구가 아닌 곳에서 식물을 키울 수 있을까?'

2 실험의 결과

달에서 가져온 흙에 심은 애기장대 씨앗에서 싹이 남.

3 실험의 의의

달에서 식물을 재배할 수 있다는 (　　　　) 을 확인함.

STEP 3 내용 요약하기

미국 플로리다 대학 연구진이 달에서 가져온 흙에 심은 애기장대 씨앗에서

주제 파악 **1** 이 글의 주제는 무엇인가요? (　　　)

① 과학적 호기심은 실제로 이루어질 수 있을까?

② 달의 흙에서도 지구의 식물이 자랄 수 있을까?

③ 화성을 배경으로 한 영화 『마션』은 어떤 내용일까?

④ 미국 항공 우주국에 있는 달의 흙은 어디에서 왔을까?

⑤ 애기장대가 달에서 가져온 흙에 적응하지 못한 까닭은 무엇일까?

내용 이해 **2** 이 글의 내용으로 알맞은 것에 ○표, 알맞지 <u>않은</u> 것에 ×표 해 보세요.

[1] 미국 항공 우주국은 달의 흙 사용을 빠르게 허락해 주었다. (　　　)

[2] 달의 흙은 인류 역사상 최초로 달에 착륙한 우주선이 가져왔다. (　　　)

[3] 달의 흙에서 자란 애기장대는 뿌리는 넓게 뻗었지만 잎은 작았다. (　　　)

내용 추론 **3** 다음 글을 읽고 애기장대의 성장이 어떠할지 알맞게 짐작한 것에 ○표 해 보세요.

> 연구진은 달의 흙에서 키운 애기장대를 수확해 유전자를 분석했다. 그 결과 염분, 금속, 활성 산소 등의 영향을 받은 식물에서 볼 수 있는 유전자를 발견했다. 활성 산소는 식물 노화의 원인으로 알려져 있다.

[1] 오래 싱싱할 것이다. (　　　)

[2] 빠르게 시들 것이다. (　　　)

상황에 적용 **4** 이 글을 읽고 에 대해 보인 반응으로 알맞지 <u>않은</u> 것은 무엇인가요? (　　　)

> **보기**
>
> 2012년에 화성에 도착한 탐사 로봇 큐리오시티는 다양한 화성의 정보를 지구로 보내 주고 있습니다. 화성의 표면에 물이 흐른 흔적이 있는지 발견하고, 생명체에 필요한 성분들을 찾는 등 많은 일을 하고 있습니다.

① 미래에는 우주에 인공 위성을 띄울 수 있을 거야.

② 미래에는 지구인이 화성에 가서 살 수도 있을 거야.

③ 미래에는 우주에서 자란 채소를 시장에서 살 수 있을 거야.

④ 미래에는 해외 여행을 가는 것처럼 우주 여행도 할 수 있을 거야.

⑤ 미래에는 사람이 살 수 있을 만한 다른 행성을 찾을 수 있을 거야.

1~3 다음 밑줄 친 낱말을 맞춤법에 맞게 고쳐 써 보세요.

1 그곳에 친구와 함께 가도 좋다는 <u>헐악</u>이 떨어졌다. → __________

2 화분에 물을 열심히 주자 씨앗은 며칠 만에 싹을 <u>티웠다</u>. → __________

3 아폴로 11호는 인류 역사상 최초로 달에 <u>착육한</u> 우주선이다. → __________

4~6 다음 문장의 빈칸에 알맞은 낱말을 **보기** 에서 찾아 써 보세요.

> **보기**
>
> • 가능성: 앞으로 실현될 수 있는 성질이나 정도
> • 반점: 동식물 따위의 몸에 박혀 있는 얼룩얼룩한 점
> • 구조: 재난 따위를 당하여 어려운 처지에 빠진 사람을 구하여 줌.

4 노력하지 않으면 성공할 [   ]이/가 낮아진다.

5 옥상에 갇힌 사람들을 서둘러 [   ]해야 한다.

6 날개에 주황색 [   ]이/가 있는 풍뎅이가 풀잎에 앉아 있다.

어휘력에 도움이 되는 **대표 한자**

成	厂 厂 成

뜻	소리	成자는 戊(창 모)자와 丁(못 정)자가 합쳐져 만들어진 글자예요. 본래는 적을 굴복시킨
이룰	성	다는 평정하다라는 뜻으로 만들어졌어요. 이루다, 완성되다라는 의미를 가지고 있어요.

성 장 (成 長)
이룰 성 길 장
생물이 자라서 점점 커짐.
예 한창 <u>성장</u>하는 어린이들은 골고루 먹어야 한다.

찬 성 (贊 成)
도울 찬 이룰 성
옳다고 동의함.
예 내 의견에 <u>찬성</u>하는 사람은 손을 들어 보세요.

성 공 (成 功)
이룰 성 공 공
목적하는 바를 이룸.
예 실패는 <u>성공</u>의 어머니이다.

백악관을 방문한 우리나라 가수들

일일 학습을 마치고, 위크북으로 생각을 정리해 보세요. 위크북 · 18쪽

공부한 날

월   일

관련 교과 초등도덕 5-1
인권을 존중하며 함께 사는 우리

❶ 우리나라의 세계적인 인기 가수들이 백악관˙을 방문해 미국 대통령과 만났습니다. 우리나라 가수로서는 처음으로 미국 백악관의 초청˙을 받은 것입니다.

❷ 그들은 아시아 사람들에 대한 범죄 및 차별에 관련한 이야기를 나누었습니다. 세계적인 전염병이 아시아 사람들 때문이라고 생각하여 미국에서는 아시아 사람들에 대한 증오와 이로 인한 범죄˙가 많이 발생했기 때문입니다. 아시아 사람이라는 이유만으로 공격당하는 일이 급증한 것입니다. 미국 대통령은 아시아 사람들에 대한 범죄를 막자는 내용을 담은 법안˙에 서명˙하며, 인종 차별을 반대하고 나섰습니다.

❸ 미국 대통령을 만난 우리나라 가수들은 저마다 인종 차별에 대한 생각을 당당하게 말했습니다. "옳고 그름이 아닌 다름을 인정하는 것으로부터 평등은 시작된다.", "아시아 사람들에 대한 범죄가 해결되기를 바란다."라고 말했습니다. 또한 여러 나라의 기자들에게도 아시아 사람들에 대한 범죄가 사라져야 한다고 강조했습니다.

❹ 우리나라 인기 가수들의 백악관 방문은 전 세계 사람들의 큰 이목을 끌었고, 아시아 사람들에 대한 범죄에 경각심˙을 불러일으키는 계기가 되었습니다. 여러 매체들은 미국에서 아시아 사람들에 대한 잘못된 생각을 알리며 바로잡을 것을 바라는 우리나라 인기 가수들의 목소리가 긍정적인 분위기를 만들고 있다고 알렸습니다. 우리나라 인기 가수들의 백악관 방문은 앞으로 아시아 사람들에 대한 잘못된 생각과 인종 차별의 문제가 사라지려면 전 세계 사람들의 노력이 필요하다는 사실을 다시 한번 일깨운 행사였습니다.

┃ 낱말 풀이 ┃

• **백악관** 미국 워싱턴에 있는, 미국 대통령이 살도록 마련한 집

• **초청** 사람을 청하여 부름.

• **범죄** 법규를 어기고 저지른 잘못

• **법안** 법률의 안건이나 초안

• **서명** 자기의 이름을 써넣음. 또는 써넣은 것

• **경각심** 정신을 차리고 주의 깊게 살피어 경계하는 마음

내용 들여다보기

STEP 1 핵심 내용 정리하기

❶ 우리나라의 세계적인 인기 [   ]이 백악관을 방문해 미국 [   ]과 만났습니다.

❷ 그들은 [   ] 사람들에 대한 범죄 및 [   ]에 관련한 이야기를 나누었습니다.
↳ 미국에서는 아시아 사람들에 대한 ~ 범죄가 많이 발생했기 때문입니다.

❸ 미국 대통령을 만난 우리나라 가수들은 ~ 생각을 [   ] 말했습니다.
↳ "옳고 그름이 아닌 [   ]을 인정하는 것으로부터 [   ]은 시작된다."
↳ "아시아 사람들에 대한 범죄가 [   ]되기를 바란다."

❹ 우리나라 인기 가수들의 백악관 방문은 전 세계 사람들의 큰 [   ]을 끌었고, 아시아 사람들에 대한 범죄에 [   ]을 불러일으키는 계기가 되었습니다.
↳ 아시아 사람들에 대한 잘못된 생각과 [   ] 차별의 문제가 사라지려면 전 세계 사람들의 [   ]이 필요하다는 사실을 다시 한번 일깨운 행사였습니다.

STEP 2 짜임 이해하기

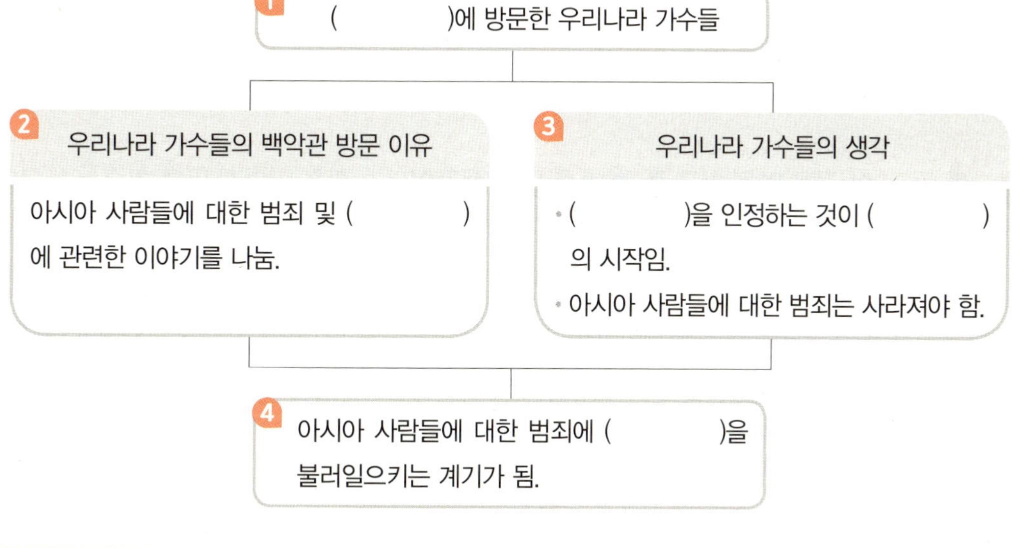

STEP 3 내용 요약하기

✎ 백악관에 초청된 우리나라 인기 가수들은 ____________________________

____

____

주제 파악 **1** 이 글의 주제는 무엇인가요? (   )

① 아시아의 문화를 보전해야 한다.
② 세계적인 전염병을 예방해야 한다.
③ 아시아 사람에 대한 범죄를 멈추어야 한다.
④ 우리나라의 대중 문화를 세계에 알려야 한다.
⑤ 우리나라 인기 가수들의 예술성을 인정해야 한다.

내용 이해 **2** 다음 빈칸에 알맞은 말을 순서대로 써 보세요.

> 우리나라 가수들은 옳고 그름이 아닌 [1] [   ] 을/를 인정하는 것으로 부터 [2] [   ] 은/는 시작된다고 말하였다.

내용 이해 **3** 이 글의 내용으로 알맞지 <u>않은</u> 것은 무엇인가요? (   )

① 미국 대통령은 아시아 사람들에 대한 인종 차별에 반대하였다.
② 백악관 방문으로 우리나라 인기 가수들의 인기는 더욱 높아졌다.
③ 우리나라 인기 가수들의 백악관 방문에 전 세계 사람들이 큰 관심을 가졌다.
④ 세계적인 전염병이 생긴 뒤에 미국에서 아시아 사람에 대한 범죄가 늘어났다.
⑤ 우리나라 인기 가수들은 아시아 사람에 대한 범죄가 사라져야 한다고 생각했다.

비판과 평가 **4** 이 글을 읽은 친구 중 보기 를 읽고 생각이나 느낌을 알맞게 말한 친구는 누구인지 써 보세요.

◀ 보기 ▶

> 인종 차별은 외국에서만 일어나는 것이 아니다. 우리나라에서도 다른 인종의 사람들에 대한 차별이 일어난다. 평화와 인권을 보호하기 위해 인종 차별을 하지 않도록 노력해야 한다.

> **상혁:** 우리나라에 일하러 온 외국인 노동자는 차별해도 상관없어.
> **보라:** 우리나라에서는 외국인을 보기 어려우니 인종 차별이 일어나기 힘들어.
> **호정:** 다른 나라뿐만 아니라 우리나라에서 일어나는 인종 차별 문제에도 많은 관심을 가져야 해.

(   )

1~3 다음 뜻풀이에 어울리는 낱말을 보기에서 찾아 기호를 써 보세요.

보기

ㄱ 범죄   ㄴ 법안   ㄷ 초청

1 사람을 청하여 부름. ──────────────────── (   )

2 법률의 안건이나 초안 ──────────────────── (   )

3 법규를 어기고 저지른 잘못 ──────────────── (   )

4~6 다음 문장의 빈칸에 알맞은 낱말을 보기에서 찾아 써 보세요.

보기

서명   경각심   백악관

4 친구들끼리 우리의 우정을 다짐하는 글을 쓰고 [   ]을/를 했다.
　　　　　　　　　　　　　　　　　　　　　　자기 이름을 써 넣음.

5 플라스틱 쓰레기에 [   ]을/를 가지고 환경 보호에 앞장서야 한다.
　　정신을 차리고 주의 깊게 살펴 경계하는 마음

6 미국 대통령이 업무를 하는 곳인 [   ]은/는 미국 워싱턴 D.C.에 있다.
　　　　미국 워싱턴에 있는 대통령의 집

어휘력에 도움이 되는 **대표 한자**

別

口　另　別

뜻	소리	
다를	별	別자는 另(헤어질 령)자와 刀(칼 도)자가 합쳐져 만들어진 글자예요. 另자는 冎(뼈 발라낼 과)자에서 유래한 것으로 뼈와 살을 발라낸다는 뜻이 있어요. **나누다, 헤어지다**라는 의미를 가지고 있어요.

차 별 (差 別)
다를 차　다를 별
둘 이상의 대상을 각각 등급이나 수준 따위의 차이를 두어서 구별함.
예 마틴 루터 킹 목사는 인종 **차별**을 반대했다.

이 별 (離 別)
떠날 이　다를 별
서로 갈리어 떨어짐.
예 **이별**할 시간이 다가오자 눈물이 흐르기 시작했다.

인공 지능의 도덕적 판단

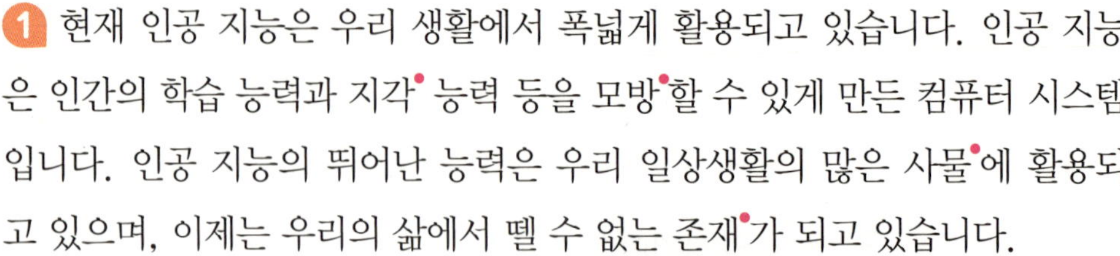

공부한 날

월   일

관련 교과 **초등도덕 6**
공정한 생활

❶ 현재 인공 지능은 우리 생활에서 폭넓게 활용되고 있습니다. 인공 지능은 인간의 학습 능력과 지각 능력 등을 모방할 수 있게 만든 컴퓨터 시스템입니다. 인공 지능의 뛰어난 능력은 우리 일상생활의 많은 사물에 활용되고 있으며, 이제는 우리의 삶에서 뗄 수 없는 존재가 되고 있습니다.

❷ 인공 지능은 컴퓨터 프로그램을 통해 스스로 학습하고 깨우쳐서 행동하지만 행동 과정에서 때때로 어려운 판단을 해야 하는 상황에 직면하기도 합니다. '트롤리 딜레마'는 인공 지능이 '도덕적 판단도 할 수 있는가?'를 묻는 유명한 실험입니다. 만약 자율 주행 자동차인 트롤리가 달리는 중

▲ 트롤리 딜레마 실험

에 제동 장치가 고장이 나 멈출 수 없는 상황이라고 생각해 봅시다. 횡단보도를 건너는 여러 사람을 다치게 하거나, 운전대를 틀어 운전자 한 명만 다치게 하는 두 가지 선택 중 하나를 선택해야 할 경우라면 트롤리는 어떤 결정을 해야 할까요? 대부분의 사람들은 여러 명을 살리는 선택을 하는 쪽으로 인공 지능이 발전해야 한다고 말합니다. 여러 사람의 생명이 운전자 한 사람의 생명보다 값지다고 생각하기 때문입니다. 하지만 한 사람의 생명이 여러 사람의 생명을 위해 희생되는 것이 과연 옳은 일일까요? 이런 선택을 하는 자동차를 사고 싶은 가요? 이러한 가치 선택과 같은 도덕적 문제는 인간조차도 쉽게 결정할 수 없습니다.

❸ 인공 지능은 우리의 일상생활에 많은 편리를 가져다주고 있지만, 이처럼 해결해야 할 문제들도 많이 남아 있습니다. 따라서 우리는 인공 지능의 긍정적인 기능은 적극적으로 활용하고, 도덕적 판단이 필요한 문제는 사회 구성원들의 지혜를 모아 해결해 나가야 합니다.

┃ 낱말 풀이 ┃

• **지각** 감각 기관을 통하여 대상을 인식함. 또는 그런 작용

• **모방** 다른 것을 본뜨거나 본받음.

• **사물** 일과 물건을 아울러 이르는 말

• **존재** 현실에 실제로 있음.

• **깨우치다** 깨달아 알게 하다.

• **딜레마** 선택해야 할 길은 두 가지 중 하나로 정해져 있는데, 그 어느 쪽을 선택해도 바람직하지 못한 결과가 나오게 되는 곤란한 상황

• **자율** 남의 지배나 구속을 받지 아니하고 자기 스스로의 원칙에 따라 어떤 일을 하는 일

• **제동** 기계나 자동차 따위의 운동을 멈추게 함.

내용 들여다보기

STEP 1   핵심 내용 정리하기

1 [　　　]은 우리 생활에서 폭넓게 활용되고 있습니다.

↳ 인공 지능은 [　　　]의 학습 능력과 지각 능력 등을 [　　　]할 수 있게 만든 컴퓨터 시스템입니다.

2 인공 지능은 ~ 어려운 [　　　]을 해야 하는 상황을 맞닥뜨리기도 합니다.

'[　　　] 딜레마'는 인공 지능이 '도덕적 [　　　]도 할 수 있는가?'를 묻는 유명한 실험입니다.

↳ [　　　] 선택과 같은 도덕적 문제는 인간조차도 쉽게 결정할 수 없습니다.

3 인공 지능은 ~ [　　　]를 가져다주고 있지만, [　　　] 해결해야 할 문제들도 많이 남아 있습니다.

↳ [　　　] 우리는 인공 지능의 [　　　] 기능은 적극적으로 활용하고, 도덕적 판단이 필요한 문제는 사회 구성원들의 지혜를 모아 해결해 나가야 합니다.

STEP 2   짜임 이해하기

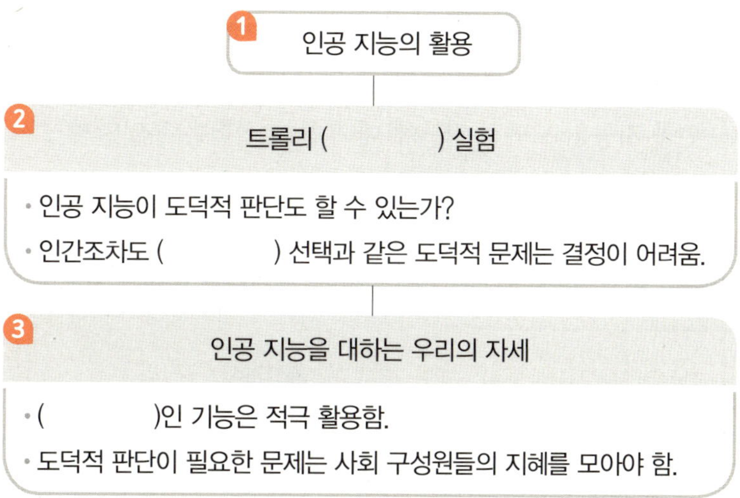

STEP 3   내용 요약하기

✎ 인공 지능은 우리의 일상생활에 편리함을 가져다주지만, ________________________

____

____

화제 파악 1 이 글의 화제는 무엇인가요? (   )

① 컴퓨터　　　　② 인공 지능　　　　③ 자율 주행
④ 제동 장치　　　⑤ 학습 능력

내용 이해 2 이 글의 내용과 일치하지 <u>않는</u> 것은 무엇인가요? (   )

① 인공 지능은 스스로 배우고 깨우친다.
② 인공 지능은 우리 일상생활에 많이 활용되고 있다.
③ 여러 명의 생명을 살리려면 한 명의 생명을 희생해도 된다.
④ 트롤리 딜레마는 인공 지능의 도덕적 판단에 대한 유명한 실험이다.
⑤ 도덕적 판단이 필요한 문제는 사회 구성원들의 지혜를 모아 해결해야 한다.

내용 추론 3 이 글을 읽고 답을 찾을 수 있는 질문은 무엇인가요? (   )

① 인공 지능이 개발된 시기는 언제인가?
② 가정에서 인공 지능은 어떤 역할을 할까?
③ 자율 주행 자동차인 트롤리는 어떤 선택을 했을까?
④ 우리 가정에서 인공 지능이 활용되는 물건은 무엇일까?
⑤ 인공 지능의 도덕적 판단에 대해 묻는 실험은 무엇일까?

비판과 평가 4 이 글을 읽고 보기 에 대해 가질 수 있는 생각으로 알맞은 것은 무엇인가요?

(   )

> **보기**
>
> '딥페이크'란 인공 지능 기술을 이용해 어떤 인물의 얼굴 등을 다른 얼굴에 합성해 만든 편집물을 말한다. 그런데 이 기술은 가짜 얼굴이나 가짜 뉴스를 만드는 데 사용되는 문제가 있다.

① 인공 지능이 사람의 모든 일을 대신 해 줄 것이다.
② 기술이 발전하면서 우리 삶은 더욱 편해지고 있다.
③ 인공 지능의 능력은 곧 인간의 능력을 넘어설 것이다.
④ 인공 지능은 아직 불완전하기 때문에 절대 사용해서는 안 된다.
⑤ 인공 지능 기술이 바르게 사용되지 못할 수 있으므로 대책이 필요하다.

어휘력 다지기

1 다음 빈칸에 알맞은 낱말을 보기 에서 찾아 써 보세요.

보기

| 사물 | 제동 | 존재 |

→ 자율 주행 자동차는 [   ]의 위치를 파악하고 위험한 상황에 맞닥뜨리면 스스로 [   ] 장치를 실행한다.

2~5 다음 뜻풀이에 어울리는 낱말을 보기 에서 찾아 써 보세요.

보기

| 깨우치다 | 딜레마 | 모방 | 자율 |

2 깨달아 알게 하다. →＿＿＿＿

3 다른 것을 본뜨거나 본받음. →＿＿＿＿

4 남의 지배나 구속을 받지 아니하고 자기 스스로의 원칙에 따라 어떤 일을 하는 일 →＿＿＿＿

5 선택해야 할 길은 두 가지 중 하나로 정해져 있는데, 그 어느 쪽을 선택해도 바람직하지 못한 결과가 나오게 되는 곤란한 상황 →＿＿＿＿

어휘력에 도움이 되는 **대표 한자**

判

冫 半 判

뜻	소리
판가름할	판

判자는 半(반 반)자와 刂(칼 도)자가 합쳐져 만들어진 글자예요. 半자는 소머리에 八(여덟 팔)자를 그려 넣은 것으로 나누다라는 뜻이 있어요. **판단하다, 구별하다**라는 의미를 가지고 있어요.

판 단 (判 斷)
판가름할 판   끊을 단
사물을 인식하여 논리나 기준 등에 따라 판정을 내림.
예 어느 과목부터 공부할지 **판단**이 서지를 않는다.

비 판 (批 判)
비평할 비   판가름할 판
현상이나 사물의 옳고 그름을 판단하여 밝히거나 잘못된 점을 지적함.
예 모둠장은 실천을 하지 않아서 **비판**을 받았다.

재 판 (裁 判)
마를 재   판가름할 판
옳고 그름을 따져 판단함.
예 변호사는 **재판**을 미룰 것을 요구했다.

올림픽을 상징하는 깃발은 무엇일까?

오륜기는 근대 올림픽을 상징하는 깃발로 올림픽기라고도 해요. 하얀 바탕에 다섯 개의 고리가 겹쳐 그려진 오륜기에서 다섯 개의 고리는 유럽, 아시아, 아프리카, 오세아니아, 아메리카 다섯 대륙을 의미해요. 그리고 바탕색인 흰색과 고리색인 파랑, 노랑, 검정, 초록, 빨강은 세계 여러 나라 국기에 가장 많이 쓰이는 색을 의미한답니다. 전 세계의 화합과 평화를 위해 개최되는 올림픽의 시작을 알리는 오륜기 정말 의미 있지 않나요?

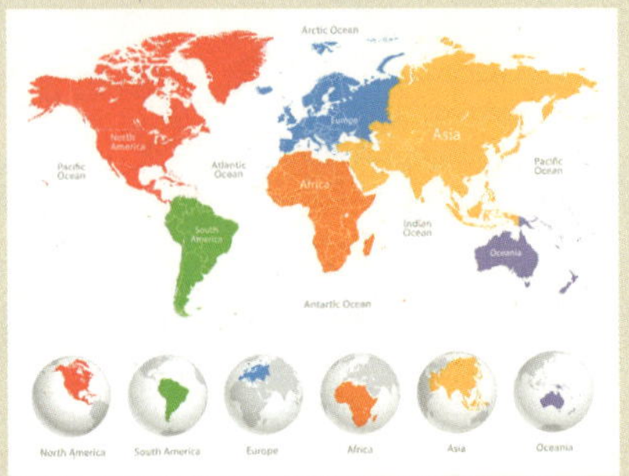

우리나라 최초의 달 탐사선은 무엇일까?

2022년 8월 5일 우리나라 최초의 달 탐사선인 '다누리'가 목표로 한 전이궤도에 성공적으로 진입했어요. 다누리는 순우리말인 '달'과 '누리다'의 '누리'로 이루어진 이름이에요. 다누리는 앞으로 약 4개월 반이 지나서야 달 주변을 도는 궤도에 들어서게 되고, 최종적으로 12월 31일에 달 상공 100㎞에 진입할 예정이에요. 순조로운 과정으로 내년부터 다누리가 달 탐사 임무를 시작하게 되면 우리나라는 러시아·미국·일본·유럽·중국·인도에 이어 달 탐사선을 보낸 7번째 국가가 돼요. 정말 자랑스러워요.

일상 속 인공 지능 사례에는 무엇이 있을까?

고객의 질문에 대신 답해 주는 '챗봇', 휴대폰에 들어 있는 음성 인식 기능인 '빅스비', '시리'는 이제 우리에게 아주 익숙한 인공 지능의 사례예요. 뿐만 아니라 인공 지능을 통해 사이버 범죄를 막고, 농사에서 작물의 성장 환경을 조절하며, 마스크 착용 확인 등 전염병 관리도 할 수 있어요. 이처럼 어느새 인공 지능은 우리 일상에 깊숙이 파고들었어요. 하지만 편리함이 커지는 만큼 해결해야 할 문제도 많아진다는 것을 잊지 말고 좋은 기능은 적극적으로 활용하고 해결해야 할 문제는 적극 해결해 나가야겠죠?

3주

Day 11 인문 이순신 장군과 한산도 대첩

Day 12 사회 줄어드는 인구 수

Day 13 과학 청량음료가 치아에 미치는 영향

Day 14 예체능 가상 인간의 인기와 활약

Day 15 언어 아름답고 재미있는 순우리말

이순신 장군과 한산도 대첩

❶ 1592년 4월에 일본이 조선을 침입하며 임진왜란이 시작되었습니다. 일본이 쳐들어온 지 20일 만에 한양이 함락°되고, 선조 임금은 의주로 피난°을 떠나야 했을 정도로 조선은 위태로운 상황이 되었습니다. 그럼에도 불구하고 남쪽 바다에서는 이순신 장군이 잇따라 승전고°를 울렸습니다.

❷ 1592년 7월, 일본 수군°은 70여 척의 함선을 이끌고 거제도 앞바다에 나타났습니다. 이 소식을 들은 이순신 장군은 일본 수군을 한산도 앞바다로 끌어들이기 위해 전략을 세웁니다. 물길이 좁고 숨은 바위가 많은 거제도 앞바다보다 넓은 한산도 앞바다가 조선의 큰 배로 싸우기에 유리했기 때문입니다. 또한 그곳은 적을 포위°하기에도 좋은 곳이었습니다.

❸ 조선 수군은 먼저 다섯 척의 배를 이용해 일본 함선을 공격한 뒤 도망치며 적선을 한산도 앞바다로 유인했습니다. 공격을 받은 일본 수군은 거센 공격을 퍼부으며 쫓아왔습니다. 결국 일본 수군이 한산도 앞바다까지 따라 들어오자 이순신 장군은 함선을 좌우 진영으로 보내 학의 날개처럼 펼치며 일본 수군을 둘러쌌습니다. 이것이 바로 한산도 대첩°의 '학익진 전법°'입니다. 그리고 조선 수군은 일본 수군을 둘러싸고 공격을 시작했습니다. 조선 수군에 둘러싸인 일본 수군은 갈 곳을 잃고 어찌할 줄 모르다가 결국 전쟁에서 지고 말았습니다.

❹ 한산도에서의 큰 승리는 기울어 가던 조선의 상황을 뒤바꾸는 원동력°이 되었습니다. 한산도 대첩은 임진왜란의 3대 대첩으로 꼽힐 뿐만 아니라 대한민국의 3대 대첩으로도 불립니다. 한산도 대첩은 이순신 장군의 뛰어난 전략으로 오늘날까지 세계적인 해전 중 하나로 평가받고 있습니다.

| 낱말 풀이 |

- **함락** 적의 성, 요새, 진지 따위를 공격하여 무너뜨림.
- **피난** 재난을 피하여 멀리 옮겨 감.
- **승전고** 싸움에 이겼을 때 울리는 북
- **수군** 주로 바다에서 공격과 방어의 임무를 수행하는 군대
- **포위** 주위를 에워쌈.
- **대첩** 크게 이김. 또는 큰 승리
- **전법** 전쟁이나 경기 따위에서 상대와 싸우는 방법
- **원동력** 어떤 움직임의 근본이 되는 힘

내용 들여다보기

STEP 1 핵심 내용 정리하기

1 1592년 4월에 일본이 조선을 침입하며 [　　　] 이 시작되었습니다.

↳ [　　　] 이 쳐들어온 지 20일 만에 ~ [　　　] 은 위태로운 상황이 되었습니다.

↳ 그럼에도 불구하고 남쪽 바다에서는 [　　　] 장군이 잇따라 [　　　] 를 울렸습니다.

2 1592년 7월, 일본 [　　　] 은 70여 척의 함선을 이끌고 거제도 앞바다에 나타났습니다.

↳ 이순신 장군은 일본 수군을 한산도 앞바다로 끌어들이기 위해 [　　　] 을 세웁니다.

3 조선 수군은 먼저 다섯 척의 배를 이용해 ~ 적선을 한산도 앞바다로 유인했습니다.

↳ 이순신 장군은 ~ 학의 [　　　] 처럼 펼치며 일본 수군을 둘러쌌습니다.

↳ 이것이 바로 한산도 대첩의 '[　　　] 전법'입니다.

4 한산도에서의 큰 승리는 ~ 조선의 상황을 뒤바꾸는 [　　　] 이 되었습니다.

↳ 한산도 대첩은 ~ 오늘날까지 세계적인 [　　　] 중 하나로 평가받고 있습니다.

STEP 2 짜임 이해하기

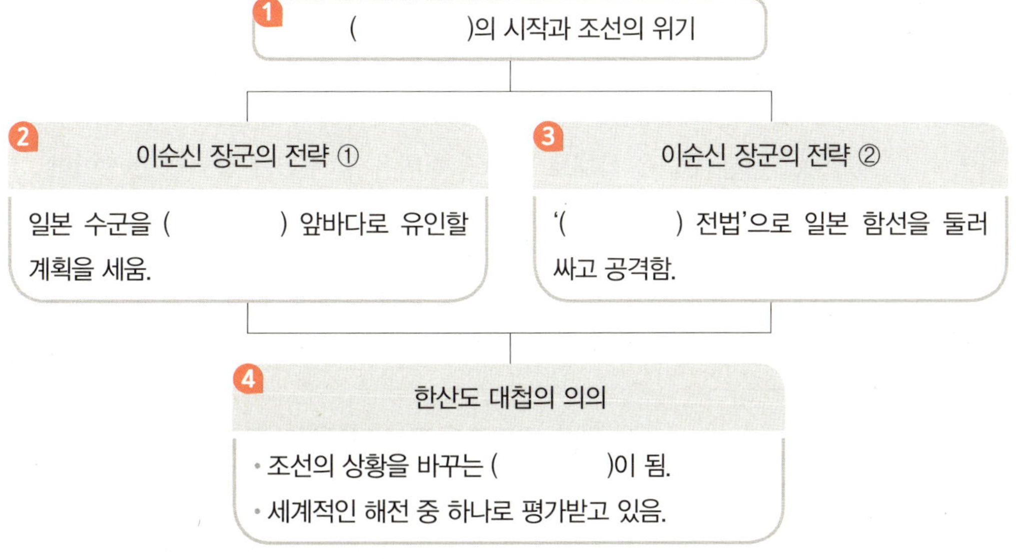

STEP 3 내용 요약하기

✎ 임진왜란의 3대 대첩 중 하나인 한산도 대첩은 __________

__________ 오늘날까지 세계적인 해전 중 하나로 평가받고 있다.

주제 파악 1 이 글을 쓴 목적은 무엇인가요? (　　　　　)

① 임진왜란이 왜 일어났는지 알아보기 위해
② 한산도 대첩과 학익진 전법에 대해 알아보기 위해
③ 한산도 대첩에서 활약한 배에 대해서 알아보기 위해
④ 임진왜란에서 활약한 조선 수군의 업적을 기리기 위해
⑤ 이순신 장군이 어떻게 거북선을 만들었는지 알아보기 위해

내용 이해 2 이순신 장군이 일본 수군을 한산도 앞바다로 유인한 까닭은 무엇인가요? (　　　　　)

① 거제도 앞바다의 물길을 잘 모르기 때문에
② 일본 수군이 조선의 배를 포위할 수 없기 때문에
③ 한산도 앞바다는 물길이 좁고 숨은 바위가 많기 때문에
④ 70여 척이 넘는 일본 수군의 배들을 뿔뿔이 흩어지게 하기 위해
⑤ 조선의 배가 커서 넓은 한산도 앞바다가 싸우기에 유리하기 때문에

내용 이해 3 한산도 대첩에 대해 **잘못** 이야기한 친구는 누구인가요? (　　　　　)

① 선미: 한산도 대첩은 임진왜란의 3대 대첩 중 하나야.
② 민정: 오늘날까지 세계적인 해전 중 하나로 평가받고 있어.
③ 대우: 한산도 대첩은 이순신 장군이 마지막으로 참전한 싸움이야.
④ 기웅: 일본 수군을 상대로 학익진 전법을 펼쳐 크게 승리한 전쟁이야.
⑤ 재경: 전쟁에서 기울어 가던 조선의 상황을 뒤바꾸는 원동력이 되었어.

상황에 적용 4  다음 글을 읽고 알 수 있는 것에 ○표 해 보세요.

> **〈이순신 장군이 만든 거북선의 특징〉**
> • 용머리에서도 대포를 쏠 수 있었다.
> • 덮개 위에 칼이나 뾰족한 철심을 박아 적이 기어오르지 못하게 했다.
> • 바닥의 각도가 다른 배들보다 깊어 쉽게 물살을 가르고 나갈 수 있었다.
> • 배 위에 거북이 등 모양의 덮개를 씌워 왜적의 화살이나 총의 공격을 막을 수 있었다.

[1] 이순신 장군의 지혜 　　　　　　　　　　　　　　　（　　　　）

[2] 이순신 장군의 효심 　　　　　　　　　　　　　　　（　　　　）

어휘력 다지기

1~3 다음 문장의 밑줄 친 부분을 낱말로 바꾸어 써 보세요.

1 오랑캐가 무서운 속도로 <u>성을 공격하여</u> 무너뜨렸다. → __________

2 지진이 일어나자 사람들은 <u>재난을 피하여</u> 멀리 옮겨 갔다. → __________

3 전쟁에서 승리한 장군은 <u>싸움에 이겼을 때 울리는 북</u>을 쳤다. → __________

4~6 다음 문장의 빈칸에 알맞은 낱말을 보기 에서 찾아 써 보세요.

보기
- 포위: 주위를 에워쌈.
- 원동력: 어떤 움직임의 근본이 되는 힘
- 수군: 주로 바다에서 공격과 방어의 임무를 수행하는 군대

4 [   ]의 전쟁터는 바다이다.

5 때로는 따뜻한 말 한마디가 살아가는 [   ]이/가 된다.

6 감시 로봇은 몰래 건물에 들어온 남자를 신속하게 [   ]했다.

어휘력에 도움이 되는 **대표한자**

船

뜻	소리	船자는 舟(배 주)자와 沿(물 따라갈 연)자가 합쳐져 만들어진 글자예요. 沿자는 물이 늪으로 흐르는 모습을 그린 것으로, 船자는 배가 물을 따라 흘러간다는 뜻이에요. 배, 선박이라는 의미를 가지고 있어요.
배	선	

함 선 (艦 船) 큰배 함 배 선	군함, 선박 따위를 통틀어 이르는 말 예 거대한 **함선**이 출몰하였다.
선 박 (船 舶) 배 선 배 박	사람이나 짐 따위를 싣고 물 위로 떠다니도록 나무나 쇠 등으로 만든 물건 예 저 멀리 **선박** 두 척이 다가오는 것이 보인다.
만 선 (滿 船) 찰 만 배 선	사람이나 짐 따위를 가득히 실음. 예 유람선은 이미 **만선**이 되었다.

줄어드는 인구 수

일일 학습을 마치고, 워크북으로 생각을 정리해 보세요. 워크북 · 24쪽

관련 교과 **초등사회 3-2**
시대마다 다른 삶의 모습

1 얼마 전 우리나라 통계청에서 발표한 '2021년 출생·사망 통계'에 따르면 2021년에 태어난 아이의 수는 작년에 비해 4.3퍼센트나 줄었습니다. 이것은 지금까지 결과 중 가장 낮은 수치입니다. 이처럼 출생아의 수가 줄어드는 원인은 무엇일까요? 먼저 젊은 세대가 결혼하는 나이가 점점 늦어지고 있습니다. 또한 아이를 낳지 않거나 적게 낳는 사람이 많아지고 있는 추세입니다. 아이를 적게 낳아 출산율이 감소하는 현상을 '저출산'이라고 합니다.

2 출생아 수가 줄어든다는 의미는 전체 인구 수가 줄어든다는 의미이기도 합니다. 최근 출생아 수가 급격히 줄면서 인구 감소 속도 역시 빨라지고 있습니다. 또한 의학 기술의 발달과 생활 수준의 향상으로 평균 수명이 늘어나면서 전체 인구에서 65세 이상의 인구가 차지하는 비율도 높아졌습니다. 이 같은 사회 현상을 '고령화'라고 합니다.

3 저출산 고령화 사회가 되면 여러 가지 문제가 발생합니다. 먼저, 열심히 일하는 만 15~64세의 인구가 줄어들며 세금을 내는 사람의 비중이 줄어서 국가의 재정 수입이 줄어듭니다. 다음으로 일할 수 있는 인구가 줄어 경제 성장 속도도 느려질 수 있습니다.

4 이러한 현상을 늦추고 대비하려면 국가와 사회의 노력이 필요합니다. 먼저 젊은 사람들이 결혼하고 아이를 낳을 수 있도록 비용을 더 많이 지원하고 육아 휴직 등의 제도가 더 활발해져야 합니다. 또한 아이를 낳은 여성들이 다시 일할 수 있도록 법과 제도를 더 체계적으로 뒷받침해 주어야 합니다. 우리 사회가 저출산 고령화 사회에 알맞은 정책을 마련하여 사람들이 아이를 낳고 키울 수 있는 환경을 만들어야 합니다.

| 낱말 풀이 |

• **수치** 계산하여 얻은 값
• **출산율** 아기를 낳는 비율
• **재정** 돈에 관한 여러 가지 일
• **대비** 앞으로 일어날지도 모르는 어떠한 일에 대응하기 위하여 미리 준비함.
• **제도** 관습이나 도덕, 법률 따위의 규범이나 사회 구조의 체계

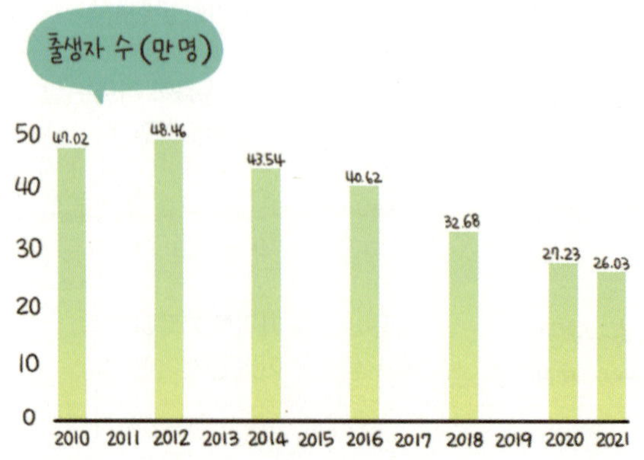

내용 들여다보기

STEP 1 핵심 내용 정리하기

❶ 2021년에 태어난 아이의 수는 작년에 비해 4.3퍼센트나 [   ].

↳ 아이를 적게 낳아 [   ]이 감소하는 현상을 '[   ]'이라고 합니다.

❷ 출생아 수가 줄어든다는 의미는 전체 [   ]가 줄어든다는 의미이기도 합니다.

↳ 최근 출생아 수가 급격히 줄면서 인구 [   ] 속도 역시 빨라지고 있습니다.

↳ [   ] 이상의 인구가 차지하는 비율도 높아졌습니다.

↳ 이 같은 사회 현상을 '[   ]'라고 합니다.

❸ 저출산 고령화 사회가 되면 여러 가지 [   ]가 발생합니다.

↳ 세금을 내는 사람의 비중이 줄어서 국가의 재정 수입이 [   ].

↳ [   ] 일할 수 있는 인구가 줄어 경제 [   ] 속도도 느려질 수 있습니다.

❹ 이러한 현상을 늦추고 [   ]하려면 국가와 사회의 [   ]이 필요합니다.

↳ 알맞은 [   ]을 마련하여 ~ 아이를 낳고 키울 수 있는 환경을 만들어야 합니다.

STEP 2 짜임 이해하기

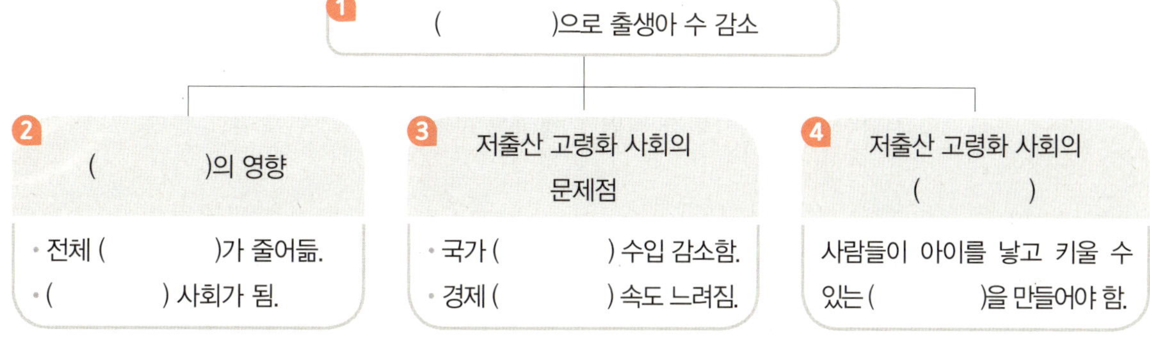

STEP 3 내용 요약하기

✎ 통계청 자료에 따르면 ____

국가와 사회는 ____

주제 파악 **1** 이 글의 주제는 무엇인가요? (　　　　)

① 통계청 출생률 자료
② 고령 인구의 취업률
③ 젊은 사람들의 결혼 시기
④ 출생아 수와 인구 감소 현상
⑤ 고령화 사회를 대비하기 위해 필요한 제도

내용 이해 **2** 출생아 수가 줄어들면 일어날 수 있는 일이 <u>아닌</u> 것은 무엇인가요? (　　　　)

① 경제 성장 속도가 느려진다.
② 나라의 전체 인구 수가 줄어든다.
③ 고령 인구의 경제 활동이 줄어든다.
④ 열심히 일하는 나이의 인구가 줄어든다.
⑤ 경제 활동을 하는 인구가 줄어들면서 국가 재정 수입이 줄어든다.

내용 이해 **3** 이 글을 통해 알 수 있는 내용은 무엇인가요? (　　　　)

① 우리나라 전체 인구 수
② 우리나라 경제 성장 속도
③ 2021년에 태어난 아이의 수
④ 젊은 세대가 결혼하는 평균 나이
⑤ 저출산 고령화 사회가 되면 발생하는 문제들

비판과 평가 **4** 이 글을 읽은 친구 중 다음 질문에 알맞게 대답한 친구를 모두 찾아 ○표 해 보세요.

> 젊은 사람들이 결혼하여 편안하고 안전한 환경에서 아이를 낳고 키울 수 있도록 국가와 사회가 해야 할 일은 무엇인가요?

[1] 준호: 아이를 낳을 때 드는 병원 비용을 지원해 주어야 해요. (　　　　)

[2] 지원: 아이는 집에서 돌보면 되니 유치원을 많이 만들지 않아요. (　　　　)

[3] 재민: 육아를 위해 직장을 쉬는 기간을 최대한 짧게 주어야 해요. (　　　　)

[4] 지수: 늦게까지 아이를 믿고 맡길 수 있는 시설을 많이 만들어요. (　　　　)

어휘력 다지기 

1~3 다음 낱말의 알맞은 뜻을 찾아 선으로 이어 보세요.

1 수치 •

2 출산율 •

3 재정 •

• ㉠ 아이를 낳는 비율

• ㉡ 계산하여 얻은 값

• ㉢ 돈에 관한 여러 가지 일

4~5 다음 밑줄 친 낱말의 뜻으로 알맞은 것을 골라 ○표 해 보세요.

4 교복을 입는 제도가 실시되고 있다.

[1] 관습이나 도덕, 법률 따위의 규범이나 사회 구조의 체계 (　　　)

[2] 국가 또는 지방 공공 단체가 필요한 경비로 사용하기 위하여 국민이나 주민으로부터 강제로 거두어들이는 금전 (　　　)

5 불이 났을 때나 지진이 발생했을 때를 대비하여 재난 훈련을 받았다.

[1] 두 가지의 차이를 밝히기 위하여 서로 맞대어 비교함. (　　　)

[2] 앞으로 일어날지도 모르는 어떠한 일에 대응하기 위하여 미리 준비함. (　　　)

어휘력에 도움이 되는 **대표 한자** 

뜻	소리	出자는 사람의 발이 입구를 벗어나는 모습을 표현한 것이에요. 出자의 갑골문을 보면 움푹 들어간 것 위로 발이 그려져 있어요. **나가다**나 **떠나다**라는 의미를 가지고 있어요.
날	출	

出 生 (出 生) 날 출 / 날 생
세상에 나옴.
예 아기의 **출생**을 알리는 커다란 울음소리가 들렸다.

일 출 (日 出) 해 일 / 날 출
해가 돋음, 해돋이
예 새해 첫 **일출**을 보기 위해 사람들이 몰려들었다.

지 출 (支 出) 지탱할 지 / 날 출
어떤 목적을 위하여 돈을 지급하는 일
예 계획적인 **지출**을 통해 합리적인 소비를 하자.

청량음료가 치아에 미치는 영향

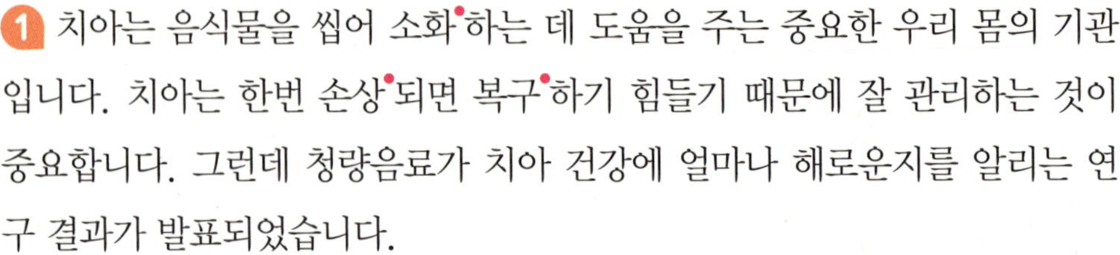

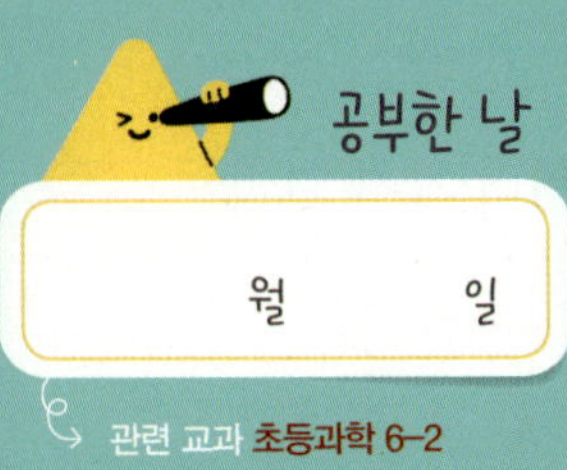

❶ 치아는 음식물을 씹어 소화하는 데 도움을 주는 중요한 우리 몸의 기관입니다. 치아는 한번 손상되면 복구하기 힘들기 때문에 잘 관리하는 것이 중요합니다. 그런데 청량음료가 치아 건강에 얼마나 해로운지를 알리는 연구 결과가 발표되었습니다.

❷ 치아는 다양한 구조로 이루어져 있는데 치아의 가장 바깥쪽을 법랑질이라고 합니다. 국내 연구진은 치아가 청량음료에 노출되었을 때 치아 표면인 법랑질이 부식되고 손상되는 과정을 정확한 수치로 나타내는 데 성공했습니다. 치아 표면의 거칠기와 탄성 계수(압력에 저항하는 정도)의 변화를 현미경으로 관찰한 것입니다. 연구진은 콜라·사이다·오렌지 주스에 각각 치아를 넣고 법랑질의 손상 정도를 시간대별로 측정했습니다. 그랬더니 음료에 담갔던 치아 표면의 거칠기는 10분이 됐을 때 처음보다 5배 정도 더 거

칠어졌고, 탄성 계수는 5분 뒤에 약 $\frac{1}{5}$로 떨어지는 결과를 얻었습니다. 치아에 좋지 않은 성분을 가진 음료는 콜라, 사이다, 주스 순이었습니다.

❸ 치아 한 개의 가치를 값으로 따지면 약 천만 원 정도라고 합니다. 비슷한 크기의 다이아몬드보다 훨씬 비싼 가격입니다. 우리는 이처럼 소중한 치아를 철저하게 관리해야 합니다. 실험을 통해 확인했듯이 청량음료를 너무 많이 마시면 치아에 안 좋은 영향을 미칩니다. 적당한 양의 음료를 마시며, 음료를 마신 뒤에는 입안을 헹구거나 양치를 하는 등 꼼꼼히 관리해야 합니다. 만약 치아에 충치와 같은 문제가 생겼다면 최대한 빨리 치과에 가서 치료를 받는 것이 중요합니다.

│ 낱말 풀이 │

- **소화** 섭취한 음식물을 분해하여 영양분을 흡수하기 쉬운 형태로 변화시키는 일
- **손상** 물체가 깨지거나 상함.
- **복구** 손실 이전의 상태로 회복함.
- **표면** 사물의 가장 바깥쪽. 또는 가장 윗부분
- **부식** 알칼리류, 산류 등에 의해 신체에 손상이 일어남. 또는 그 손상
- **수치** 계산하여 얻은 값
- **압력** 두 물체가 접촉면을 경계로 하여 서로 그 면에 수직으로 누르는 단위 면적에서의 힘의 단위
- **충치** 세균 따위의 영향으로 벌레가 파먹은 것처럼 이가 침식되는 질환

내용 들여다보기

STEP 1 핵심 내용 정리하기

❶ ☐☐☐ 는 음식물을 씹어 ☐☐☐ 하는 데 도움을 주는 중요한 ~ 기관입니다.
↳ ☐☐☐ 청량음료가 치아 ☐☐☐ 에 얼마나 해로운지를 알리는 연구 결과가 발표되었습니다.

❷ 국내 연구진은 치아가 ☐☐☐ 에 노출되었을 때 ~ ☐☐☐ 이 부식되고 손상되는 과정을 정확한 수치로 나타내는 데 성공했습니다.
↳ 치아 표면의 ☐☐☐ 와 탄성 계수의 변화를 ☐☐☐ 으로 관찰한 것입니다.
↳ 치아에 좋지 않은 성분을 가진 음료는 콜라, 사이다, 주스 순이었습니다.

❸ 청량음료를 너무 많이 마시면 치아에 안 좋은 영향을 미칩니다.
↳ 적당한 양의 음료를 마시며, ~ ☐☐☐ 를 하는 등 꼼꼼히 ☐☐☐ 해야 합니다.

STEP 2 짜임 이해하기

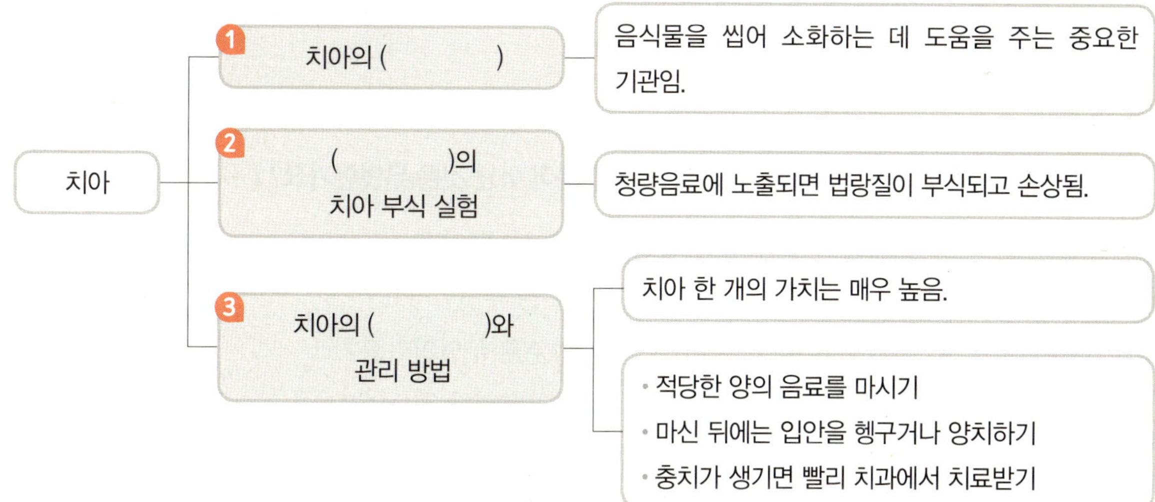

STEP 3 내용 요약하기

✎ 치아는 매우 중요한 기관이므로, 우리는 _______________________________

____

화제 파악

1 이 글의 화제는 무엇인가요? (   )

① 청량음료의 종류
② 치아의 가치와 크기
③ 우리 몸에서 치아의 역할
④ 청량음료가 치아에 미치는 영향
⑤ 콜라, 사이다, 오렌지 주스의 관계

내용 이해

2 이 글에서 설명한 내용과 일치하는 것은 무엇인가요? (   )

① 다이아몬드의 가치가 치아보다 훨씬 높다.
② 음료에 담갔던 치아의 탄성 계수는 5분 뒤에 약 $\frac{1}{5}$ 로 떨어졌다.
③ 청량음료가 소화 기관에 얼마나 해로운지 알리는 연구 결과가 발표되었다.
④ 10분간 음료에 담갔던 치아 법랑질의 표면은 처음보다 10배 더 거칠어졌다.
⑤ 청량음료가 치아에 미치는 영향을 알아보는 실험에서 치아 내부의 변화를 현미경으로 관찰하였다.

내용 추론

3 이 글을 통해 답을 찾을 수 있는 질문이 <u>아닌</u> 것은 무엇인가요? (   )

① 치아는 우리 몸에서 어떤 역할을 하나요?
② 치아의 가장 바깥쪽에 있는 부분은 무엇인가요?
③ 콜라, 사이다, 오렌지 주스의 성분은 무엇인가요?
④ 치아 한 개의 가치를 값으로 따지면 얼마 정도일까요?
⑤ 청량음료를 마신 뒤에 치아를 어떻게 관리해야 할까요?

상황에 적용

4 이 글의 실험 결과에 따르면 어떤 친구의 치아가 가장 많이 썩을까요? (   )

①   ②   ③   ④   ⑤

1 다음 낱말 중 '물체가 깨지거나 상함.'을 뜻하는 낱말은 무엇인가요? (   )

① 치아   ② 손상   ③ 부식   ④ 측정   ⑤ 가치

2 다음 낱말 중 '섭취한 음식물을 분해하여 영양분을 흡수하기 쉬운 형태로 변화시키는 일'을 뜻하는 낱말은 무엇인가요? (   )

① 수치   ② 치료   ③ 소화   ④ 기관   ⑤ 법랑질

3~5 다음 빈칸에 알맞은 낱말을 **보기**에서 찾아 써 보세요.

보기

| 복구 | 압력 | 충치 | 표면 |

3 풍선에 지나친 [   ]을/를 주면 터져 버린다.
두 물체가 수직으로 누르는 단위 면적에서의 힘의 단위

4 책상 [   ]을/를 걸레로 닦았더니 반들반들해졌다.
사물의 가장 바깥쪽

5 파헤쳐진 도로를 [   ]하기 위한 공사가 시작되었다.
손실 이전의 상태로 회복함.

6 사탕을 많이 먹어서 [   ]이/가 생겼는지 이가 아팠다.
벌레가 파먹은 것처럼 이가 침식되는 질환

어휘력에 도움이 되는 **대표한자**

蟲

虫 虫 蟲

뜻	소리	蟲자는 벌레라는 뜻을 가진 虫(벌레 충)자를 여러 자 겹쳐 만든 것이에요. 蟲자는 여러 마리의 벌레를 표현한 글자로, 애벌레, 벌레라는 의미를 가지고 있어요.
벌레	충	

충 치 (蟲 齒)
벌레 충 이 치
세균 따위의 영향으로 벌레가 파먹은 것처럼 이가 침식되는 질환. 또는 그 이
예 **충치**가 생겨서 음식을 먹기 힘들다.

해 충 (害 蟲)
해할 해 벌레 충
사람이나 농작물 따위에 해를 주는 벌레
예 그 섬에는 모기, 파리 같은 **해충**이 많다.

독 충 (毒 蟲)
독 독 벌레 충
독이 있는 벌레
예 풀숲에서 활동할 때는 **독충**에 쏘이지 않게 조심해야 한다.

가상 인간의 인기와 활약

일일 학습을 마치고, 위크북으로 생각을 정리해 보세요. 워크북 · 28쪽

❶ 가상˙ 인간이란 실제로 존재˙하는 인물이 아니라 디지털 세계에만 있는 인물입니다. 인터넷을 기반˙으로 한 가상 공간이 발달하면서 현실과 가상의 세계가 점점 더 구분하기 어려워지고 있습니다. 가상 인간은 실제 사람과 헷갈릴 정도로 인간과 비슷한 모습을 하고 있습니다. 2020년 8월에 처음 등장한 우리나라 가상 인간 '로지'는 누리 소통망 서비스(SNS)에서 많은 인기를 끌고 있습니다. 로지가 활동하는 누리 소통망 서비스를 방문해 보면 진짜 사람 같은 느낌이 들 정도입니다.

❷ 가상 인간은 가상 공간에서 모델, 가수, 방송 판매자, 방송 진행자 등 여러 가지 일을 할 수 있습니다. 광고 모델이 중요한 기업들은 가상 인간 모델을 점점 더 선호합니다. 왜냐하면 인간 모델은 안 좋은 소문이 나거나 사고˙가 발생하는 등의 이유로 인해 기업의 인상˙이 나빠질 수 있기 때문입니다. 하지만 가상 인간은 그럴 염려가 없습니다. 또 가상 인간은 오랜 시간 동안 지치지 않고 맡은 역할을 모두 할 수 있습니다. 그리고 가상 인간은 언제 어디에서든 나타나 맡은 역할을 해낼 수 있습니다. 이처럼 가상 인간은 많은 장점이 있습니다.

❸ 앞으로도 가상 인간은 꾸준하게 활동할 것이며, 방송뿐만 아닌 서비스 영역에서도 활약˙할 예정입니다. 미래에는 디지털 화면 안에서만이 아닌 실제로 눈앞에 나타나서 대화할 수 있는 가상 인간이 등장할 수도 있습니다. 그렇게 된다면 가상 인간은 사람들에게 더욱 친근하게 다가와서 친구가 되어 줄 수도 있을 것입니다.

❙ 낱말 풀이 ❙

• **가상** 실물처럼 보이는 거짓 형상

• **존재** 현실에 실제로 있음. 또는 그런 대상

• **기반** 기초가 되는 바탕

• **사고** 사람에게 해를 입혔거나 말썽을 일으킨 나쁜 짓

• **인상** 어떤 대상에 대하여 마음 속에 새겨지는 느낌

• **활약** 활발히 활동함.

내용 들여다보기 🔍

STEP 1 핵심 내용 정리하기

❶ ☐☐☐ 인간이란 실제로 존재하는 인물이 아니라 ☐☐☐ 세계에만 있는 인물입니다.

↳ 가상 인간은 ～ 헷갈릴 정도로 인간과 ☐☐☐ 모습을 하고 있습니다.

↳ 우리나라 가상 인간 '로지'는 ～ 많은 ☐☐☐를 끌고 있습니다.

❷ 가상 인간은 가상 공간에서 모델, 가수, ～ 방송 진행자 등 여러 가지 일을 할 수 있습니다. 기업들은 가상 인간 모델을 점점 더 선호합니다.

↳ ☐☐☐ 인간 모델은 ～ 사고가 발생하는 등의 이유로 인해 기업의 ☐☐☐이 나빠질 수 있기 때문입니다.

↳ ☐☐☐ 가상 인간은 그럴 염려가 없습니다.

↳ ☐☐☐ 가상 인간은 ～ 맡은 ☐☐☐을 모두 할 수 있습니다.

↳ ☐☐☐ 가상 인간은 언제 어디에서든 나타나 ～ 맡은 역할을 해낼 수 있습니다.

❸ 가상 인간은 ～ ☐☐☐ 영역에서도 활약할 예정입니다.

미래에는 ～ ☐☐☐ 할 수 있는 가상 인간이 등장할 수도 있습니다.

STEP 2 짜임 이해하기

❶ (   ) 인간의 의미와 사례

❷ 가상 인간의 활용과 (   )
- 모델, 가수, 방송 판매자, 방송 진행자 등으로 활동
- 안 좋은 소문이 나거나 사고날 염려가 없음.
- 오랜 시간 지치지 않음.
- 언제 어디서든 나타나 맡은 역할을 해냄.

❸ 가상 인간의 (   )
- (   ) 영역에서도 활약할 예정임.
- (   ) 가능한 가상 인간이 등장할 것임.

STEP 3 내용 요약하기

✎ 최근 인기를 끌고 있는 가상 인간은 ________________________________

____

____

화제 파악 1 이 글의 화제는 무엇인가요? (   )

① 광고 모델 ② 가상 공간
③ 가상 인간 ④ 디지털 화면
⑤ 누리 소통망 서비스

내용 이해 2 가상 인간에 대해 바르게 이해한 내용은 무엇인가요? (   )

① 우리나라에는 가상 인간이 없다.
② 가상 공간 안에서만 활동할 수 있다.
③ 실제 사람의 모습과는 완전히 다르다.
④ 디지털 세계에 있으며 실제로도 존재한다.
⑤ 가상 공간에서 사람처럼 여러 가지 일을 할 수 없다.

내용 추론 3 이 글에 대해 잘못 이해한 친구는 누구인가요? (   )

① 미선: 가상 인간의 단점에 대해서 알 수 있어.
② 수영: 가상 인간이 무엇인지에 대해서 알 수 있어.
③ 장우: 미래의 가상 인간의 활동에 대해서 알 수 있어.
④ 현아: 우리나라에 등장한 가상 인간에 대해서 알 수 있어.
⑤ 재성: 가상 인간과 인간 광고 모델의 차이에 대해서 알 수 있어.

비판과 평가 4 다음 글을 보고 미래 우리 사회에 일어날 수 있는 긍정적인 점과 부정적인 점을 찾아 바르게 연결해 보세요.

> 가상 인간과 실시간 음성 대화를 할 수 있는 기술이 계속 발전하고 있다. 머지않아 가상 인간과 직접 대화하고 감정을 나누는 일이 가능해질 것이다.

(1) 사람을 대신해 친구나 가족 같은 존재가 될 수 있다. •

(2) 가상 인간을 만드는 기술을 이용해 실제 사람인 척할 수 있다. •

• ㉠ 긍정적인 점

• ㉡ 부정적인 점

1~3 다음 문장의 빈칸에 알맞은 낱말을 `보기` 에서 찾아 써 보세요.

보기

| 거짓 | 느낌 | 현실 |

1 가상 | 실물처럼 보이는 [   ] 형상

2 존재 | [   ] 에 실제로 있음. 또는 그런 대상

3 인상 | 어떤 대상에 대하여 마음속에 새겨지는 [   ]

4~6 다음 문장의 괄호 안에 어울리는 낱말을 골라 ○표 해 보세요.

4 그 선수는 올림픽에서 눈부신 (활약 / 과실)을 벌였다.

5 (성과 / 사고)을/를 저질렀다면 책임감을 갖고 해결해야 한다.

6 판소리는 옛날부터 전해져 오는 이야기에 (기반 / 목표)을/를 두고 발전해 왔다.

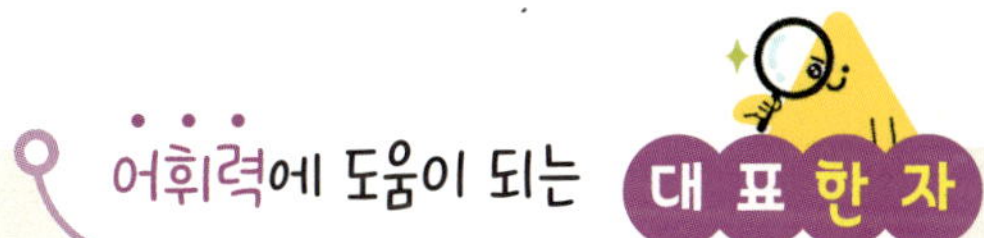

假 亻 作 假

뜻	소리	假자는 人(사람 인)자와 叚(빌 가)자가 결합한 모습으로 무언가를 서로 주고받는 모습을 그렸어요. 이것은 물건을 빌리거나 빌려주는 것을 표현한 것으로 거짓, 가짜라는 의미를 가지고 있어요.
거짓	가	

가 상(假 像)
거짓 가 모양 상
실물처럼 보이는 거짓 형상
예 **가상** 공간에서 쓰는 화폐를 전자 화폐라고 한다.

가 면 (假 面)
거짓 가 낯 면
나무나 종이 등으로 만든 얼굴의 형상
예 그녀는 **가면** 무도회에 참석하기 위해 집을 나섰다.

가 정 (假 定)
거짓 가 정할 정
사실이 아니거나 또는 사실인지 아닌지 분명하지 않은 것을 임시로 정함.
예 여름 방학이 곧 시작될 것이라고 **가정**해 보자.

Day 15 아름답고 재미있는 순우리말

일일 학습을 마치고, 워크북으로 생각을 정리해 보세요. 워크북 · 30쪽

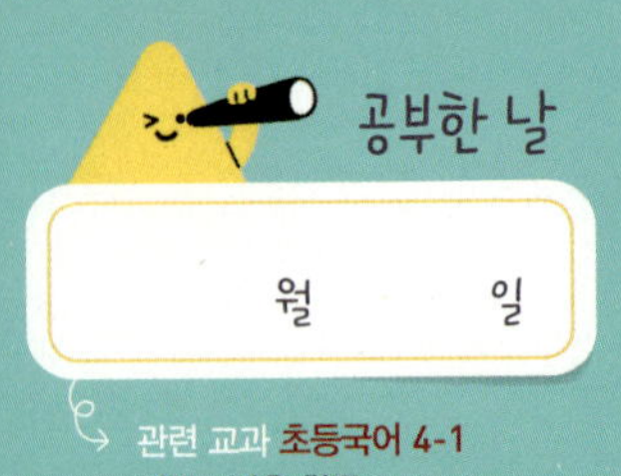

공부한 날

월   일

관련 교과 **초등국어 4-1**
자랑스러운 한글

1 우리에게는 아름답고 창의적인 순우리말이 있습니다. '우리나라 사람의 말'인 순우리말에는 오랜 기간 전해 온 우리나라 사람의 문화와 정서* 등이 녹아 있습니다. 아름답고 재미있는 순우리말들을 알아봅시다.

2 아름다운 순우리말로 곰비임비, 미리내, 시나브로를 소개합니다. '곰비임비'는 '물건이 거듭* 쌓이거나 일이 계속해서 일어남.'을 말합니다. '미리내'는 '강물처럼 길게 퍼져 있는 별 무리'를 말합니다. 미리내는 '은하수'라고도 하며 '은빛 강물'을 뜻하기도 합니다. '시나브로'는 '모르는 사이에 조금씩'이라는 뜻이 있습니다. 어떤 일이 느릿하게 진행되는 것을 '시나브로 한다'라고 표현합니다.

3 재미있는 순우리말로 개미장, 달구치다, 쥐코밥상을 소개합니다. '개미장'은 '장마가 오기 전에 개미들이 줄지어 먹이를 나르는 일'을 말합니다. 개미장이 서면 곧 큰비가 온다고 합니다. '달구치다'는 '무엇을 알아내거나 어떤 일을 재촉*하려고 꼼짝 못 하게 몰아치다.*'라는 뜻입니다. '쥐코밥상'은 '밥 한 그릇과 반찬 한두 가지만으로 간단히 차린* 밥상'을 말합니다. '쥐가 먹기에도 모자라서 코로 냄새만 맡을 정도의 밥상'이라는 뜻이랍니다.

｜ 낱말 풀이 ｜

• **정서** 사람의 마음에 일어나는 여러 가지 감정

• **거듭** 어떤 일을 되풀이하여

• **재촉** 어떤 일을 빨리하도록 조름.

• **몰아치다** 한꺼번에 몰려 닥치다.

• **차리다** 음식 따위를 장만하여 먹을 수 있게 상 위에 벌이다.

내용 들여다보기

STEP 1　핵심 내용 정리하기

1 '우리나라 사람의 말'인 순우리말에는 오랜 기간 전해 온 우리나라 사람의 　　　　와 정서 등이 녹아 있습니다.

2 　　　　　순우리말로 곰비임비, 미리내, 시나브로를 소개합니다.

↳ '　　　　'는 '물건이 거듭 쌓이거나 일이 계속해서 일어남.'을 말합니다.

↳ '　　　　'는 '강물처럼 길게 퍼져 있는 　　　　무리'를 말합니다.

↳ '　　　　'는 '모르는 사이에 　　　　'이라는 뜻이 있습니다.

3 　　　　　순우리말로 개미장, 달구치다, 쥐코밥상을 소개합니다.

↳ '　　　　'은 '장마가 오기 전에 개미들이 줄지어 　　　　를 나르는 일'을 말합니다.

↳ '　　　　'는 '무엇을 알아내거나 어떤 일을 　　　　하려고 꼼짝 못 하게 몰아치는 것'을 말합니다.

↳ '　　　　'은 '밥 한 그릇과 반찬 한두 가지만으로 　　　　차린 밥상'을 말합니다.

STEP 2　짜임 이해하기

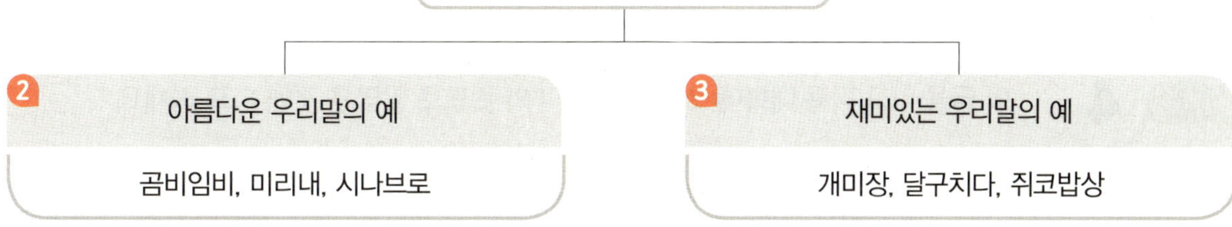

STEP 3　내용 요약하기

✎ 순우리말에는 우리나라 사람의 정서와 문화 등이 녹아 있으며, ______________________________

____

____

주제 파악

1 이 글의 주제는 무엇인가요? (   )

① 아름답고 재미있는 순우리말

② 우리가 잘못 사용하는 외래어

③ 우리나라 언어의 다양한 문제점

④ 순우리말이 사라지지 않게 노력하는 방법

⑤ 현대 사회에 많이 쓰이는 새로 만들어진 말

내용 이해

2 이 글에 나온 순우리말과 뜻이 바르게 짝 지어진 것은 무엇인가요? (   )

① 개미장: 비가 내리다 멈춘다.

② 미리내: 모르는 사이에 조금씩

③ 쥐코밥상: 쥐의 코처럼 생긴 밥상에 차린 음식

④ 곰비임비: 물건이 거듭 쌓이거나 일이 계속 일어나다.

⑤ 시나브로: 어떤 일을 재촉하려고 꼼짝 못 하게 몰아치다.

내용 추론

3 이 글을 읽고 알 수 있는 내용은 무엇인가요? (   )

① 순우리말은 모두 재미있다.

② 외래어가 점점 늘어나고 있다.

③ 순우리말이 점점 사라져 가고 있다.

④ 시대가 변하면 새로운 말이 생겨난다.

⑤ 순우리말에는 우리 문화와 정서가 녹아 있다.

상황에 적용

4 이 글을 읽고 다음 대화에 쓰인 '달구치다'의 뜻으로 알맞은 것에 ○표 하세요.

[1] 용기나 의욕이 솟아나도록 북돋게 하다.   (   )

[2] 무엇을 알아내거나 어떤 일을 재촉하려고 꼼짝 못 하게 몰아치다. (   )

1~2 다음 낱말의 알맞은 뜻을 찾아 선으로 이어 보세요.

1 정서 •

• ㉠ 어떤 일을 되풀이하여

2 거듭 •

• ㉡ 사람의 마음에 일어나는 여러 가지 감정

3~5 다음 빈칸에 알맞은 낱말을 **보기** 에서 찾아 알맞게 고쳐 써 보세요.

― 보기 ―

- 몰아치다: 한꺼번에 몰려 닥치다.
- 재촉하다: 어떤 일을 빨리하도록 조르다.
- 차리다: 음식 따위를 장만하여 먹을 수 있게 상 위에 벌이다.

3 바람이 갑자기 [   ] 간판이 떨어졌다.

4 봄이 오기를 [   ] 비가 하루종일 내렸다.

5 할머니께서 직접 요리하신 반찬으로 밥상을 [   ] 주셨다.

어휘력에 도움이 되는 **대 표 한 자** 

江	氵	氵	江

뜻	소리	江자는 水(물 수)자와 工(장인 공)자가 합쳐져 만들어진 글자예요. 工자는 땅을 단단하게 다지던 도구인 달구를 표현한 것으로 강이라는 의미를 가지고 있어요.
강	강	

강 변 (江 邊) 강강 가변	강물이 흐르는 가에 닿는 땅 예 강변을 따라 자전거 도로가 설치되었다.
한 강 (漢 江) 한나라 한 강강	우리나라 중부를 흐르는 강 예 여름에 한강에 나가 더위를 식혔다.
강 남 (江 南) 강강 남녘 남	강의 남쪽 예 출근길에 강남으로 가는 지하철 안은 발 디딜 틈이 없다.

우리나라의 3대 대첩에는 무엇이 있을까?

'대첩'은 '큰 승리'를 의미하는 말이에요. 우리나라의 3대 대첩에는 살수 대첩, 귀주 대첩, 한산도 대첩이 있어요. 살수 대첩은 612년 을지문덕 장군이 중국의 수나라 30만 대군을 청천강에서 크게 무찌른 전투예요. 귀주 대첩은 1019년 강감찬 장군이 귀주 지역에서 10만 거란군을 크게 무찌른 전투예요. 한산도 대첩은 1592년 임진왜란 때 이순신 장군이 한산도 앞바다에서 일본의 대군을 크게 무찌른 전투랍니다.

메타버스란 무엇일까?

메타버스는 가상을 의미하는 '메타(meta)'와 현실 세계를 의미하는 '유니버스(universe)'를 합친 말로 3차원의 가상 세계를 의미해요. 현실 세계 속의 '나'가 게임 속 아바타처럼 가상 세계 속에서 사회·경제·문화적 활동을 하게 되는 거예요. 메타버스는 단순한 가상 공간이 아닌 실제 '나'가 살아가는 공간이 되는 거죠.

코로나19로 인한 비대면 상황 속에서 메타버스의 영역은 여가, 교육, 공공 부문 등으로 더욱 넓어질 것으로 보여요. 내가 아바타가 된다니 신기하고 재밌어요.

'멜빵'과 '고무'는 외래어일까? 순우리말일까?

외래어는 외국에서 들어온 말로 국어에서 널리 쓰이는 단어를 말해요. 우리가 흔히 쓰는 '멜빵'과 '고무'는 외래어일까요, 순우리말일까요? '멜빵'은 짐 따위를 어깨에 걸어 메는 끈 또는 바지나 치마가 흘러내리지 않도록 어깨에 걸치는 끈을 뜻하는 우리 고유어예요. 그리고 '고무'는 네덜란드어 Gom이 일본식 'gomu'로 변형되어 우리나라에 전해진 외래어예요. 외래어로 착각하는 순우리말, 순우리말 같은 외래어. 사용하는 단어가 순우리말인지 외래어인지 한번 확인해 보는 것도 좋겠죠?

Day 16	인문	상상의 동물 해치
Day 17	사회	가격이 달라져요
Day 18	과학	하늘을 나는 드론
Day 19	예체능	얼음 위의 경기, 컬링
Day 20	융합	조상의 지혜가 담긴 한옥

상상의 동물 해치

일일 학습을 마치고, 워크북으로 생각을 정리해 보세요. 워크북 · 32쪽

공부한 날

월   일

❶ 해치는 옳고 그름˙과 선하고˙ 악함을 판단한다고 전해지는 상상의 동물입니다. '해태'라고도 불립니다. 해치는 몸 전체가 비늘˙로 덮여 있고, 목에는 방울이 달려 있으며, 겨드랑이에는 날개를 닮은 깃털이 있다고 합니다. 또한 해치는 머리에 뿔이 달려 있어서 옳지 못한 일을 하는 사람을 보면 들이받는다고 합니다.

❷ 우리 역사 속에서 해치는 어떤 의미˙를 가지고 있을까요? 우리 조상들은 신라 시대부터 바른 마음으로 바르게 나라를 다스리라는 뜻을 담아 벼슬아치˙들의 옷에 해치를 그려 넣었습니다. 또 조선 시대에는 법을 다루는 벼슬아치들이 머리에 쓰는 관˙을 '해치관'이라고 불렀으며, 가장 높은 벼슬아치의 옷에는 해치를 새겨 넣기도 했습니다. 이는 정의로운 해치를 본받아 바른 마음가짐으로 나랏일을 하여 나라에 억울한 일을 당하는 백성이 없기를 바라는 마음을 담은 것입니다. 지금은 바르게 법을 만들고 행하라는 의미가 담긴 해치상을 국회 의사당과 대검찰청˙ 앞에 세워 해치에 담긴 뜻을 이어가고 있습니다.

❸ 또한 해치에는 불이 나는 것을 막고 나쁜 기운˙을 물러가게 하려는 소망도 담겨 있습니다. 흥선 대원군은 임진왜란 때 불타버린 경복궁을 다시 세우면서 불이 나는 것을 막기 위해 경복궁의 정문인 광화문 앞에 해치상을 놓았습니다. 그리고 서울시는 서울을 잘 지켜 주기를 바라는 마음을 담아 해치를 서울을 대표하는 캐릭터로 지정하였습니다.

▲ 광화문 앞 해치상

낱말 풀이

- **그르다** 어떤 일이 사리에 맞지 아니한 면이 있다.
- **선하다** 올바르고 착하여 도덕적 기준에 맞는 데가 있다.
- **비늘** 물고기나 뱀 따위의 표피를 덮고 있는 얇고 단단하게 생긴 작은 조각
- **의미** 행위나 현상이 지닌 뜻
- **벼슬아치** 관청에 나가서 나랏일을 맡아보는 사람
- **관** 검은 머리카락이나 말총으로 엮어 만든 쓰개
- **대검찰청** 지방 검찰청과 고등 검찰청을 지휘하고 감독하는 관청
- **기운** 눈에는 보이지 않으나 다른 감각으로 느껴지는 현상

내용 들여다보기

STEP 1 핵심 내용 정리하기

❶ [   ]는 옳고 그름과 선함과 악함을 판단한다고 전해지는 상상의 동물입니다.

　↳ [   ] 해치는 머리에 [   ]이 달려 있어서 옳지 못한 일을 하는 사람을 보면 들이받는다고 합니다.

❷ 우리 역사 속에서 해치는 어떤 [   ]를 가지고 있을까요?

　↳ 정의로운 해치를 [   ] 바른 마음가짐으로 나랏일을 하여 나라에 [   ]한 일을 당하는 백성이 없기를 바라는 마음을 담은 것입니다.

　지금은 [   ] 법을 만들고 행하라는 의미가 담긴 해치상을 국회 의사당과 [   ] 앞에 세워 해치에 담긴 뜻을 이어가고 있습니다.

❸ 해치에는 ~ 나쁜 [   ]을 물러가게 하려는 소망도 담겨 있습니다.

　↳ 서울시는 서울을 잘 지켜 주기를 바라는 마음을 담아 해치를 서울을 [   ]하는 캐릭터로 [   ]하였습니다.

STEP 2 짜임 이해하기

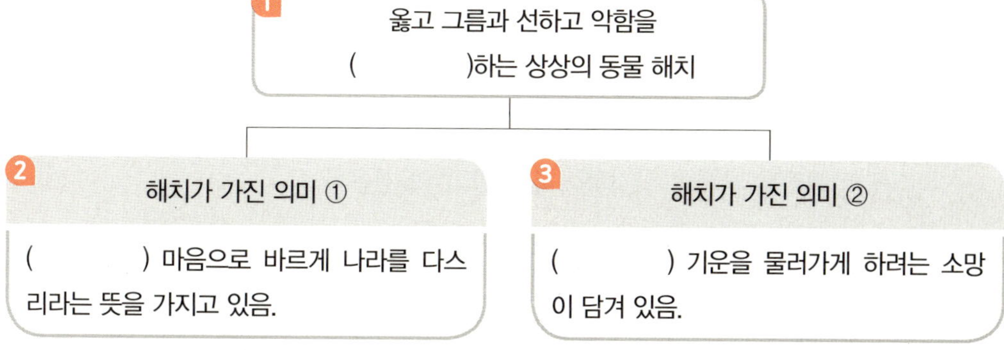

STEP 3 내용 요약하기

✎ 해치는 옳고 그름과 선함과 악함을 판단한다고 전해지는 상상의 동물이다. 오래전부터 지금까지

화제 파악 **1** 이 글에서 가장 중심이 되는 낱말은 무엇인가요? (   )

① 해치
② 경복궁
③ 국회 의사당
④ 상상의 동물의 종류
⑤ 조선 시대의 벼슬아치

내용 이해 **2** 이 글을 읽고 알 수 있는 '해치'에 담긴 두 가지 의미는 무엇인가요? (   )

① 아기를 돌봅니다.
② 농사가 잘되게 합니다.
③ 옳고 그름을 판단합니다.
④ 나쁜 기운을 막아 줍니다.
⑤ 집 안을 깨끗하게 해 줍니다.

내용 추론 **3** 이 글을 읽고 보기 의 빈칸에 알맞은 내용을 찾아 ○표 해 보세요.

> **보기**
>
> **여린:** '파리'라고 하면 '에펠탑'이 떠오르고, '뉴욕'이라고 하면 '자유의 여신상'이 떠오르는데, 이런 것을 '상징물'이라고 해.
>
> **한나:** 그럼 [   ]

(1) 해치는 서울의 상징물이라고 할 수 있겠구나.   (   )

(2) 조선 시대의 상징물은 해치관이라고 할 수 있겠구나.   (   )

상황에 적용 **4** 이 글을 읽은 친구 중 해치의 뜻을 이어받아 '법을 다루는 사람'이 가져야 할 마음가짐에 대해 알맞게 말한 친구는 누구인가요? (   )

① 종구: 법을 아는 사람이 최고야.
② 이슬: 법보다는 사람이 편리한 것이 중요해.
③ 소희: 여러 사람이 같은 생각일 때에는 법을 어겨도 괜찮아.
④ 도훈: 누구보다 먼저 법을 열심히 공부해서 높은 자리에 올라야지.
⑤ 서윤: 옳고 그름을 바르게 가려내어 억울한 사람이 없도록 해야겠어.

1 다음 중 낱말 사이의 관계가 <u>다른</u> 것의 기호를 찾아 써 보세요. ( )

> ㉠ 선함 – 악함 ㉡ 옳음 – 그름 ㉢ 의미 – 뜻

2 다음 낱말의 뜻풀이를 참고하여 문장의 빈칸에 알맞은 낱말을 써 보세요.

> 따뜻한 햇살이 봄의 [ ]을/를 느끼게 합니다.
> 눈에는 보이지 않으나 다른 감각으로 느껴지는 현상

3~6 다음 뜻풀이에 알맞은 낱말을 **보기** 에서 찾아 써 보세요.

보기

관	비늘	대검찰청	벼슬아치

3 지방·고등 검찰청을 지휘하는 관청 → __________

4 관청에 나가서 나랏일을 맡아보는 사람 → __________

5 검은 머리카락이나 말총으로 엮어 만든 쓰개 → __________

6 물고기나 뱀의 표피를 덮고 있는 얇고 단단하게 생긴 작은 조각 → __________

어휘력에 도움이 되는 **대 표 한 자** 

善

뜻	소리
착할	선

보통 착한 사람을 가리켜 사슴 같은 눈망울을 가졌다고 하는데 善자는 그러한 모양을 본떠서 만든 글자예요. **착하다, 사이좋다** 등의 의미를 가지고 있어요.

선 행 (善 行)
착할 선 / 다닐 행
착하고 어진 행실
예 임금은 평소에 <u>선행</u>을 많이 베풀어서 따르는 백성이 많았다.

선 악 (善 惡)
착할 선 / 악할 악
착한 것과 악한 것을 아울러 이르는 말
예 <u>선악</u>을 구별할 줄 알아야 바른 행동을 할 수 있다.

가격이 달라져요

일일 학습을 마치고, 워크북으로 생각을 정리해 보세요. 워크북 • 34쪽

1 우리는 생활에 필요한 물건이나 음식 들을 시장이나 대형 할인 매장, 백화점 등에서 돈을 주고 구매해요. 물건이 지니고 있는 가치를 돈으로 나타낸 것을 '가격'이라고 해요. 그런데 물건의 가격이 언제나 일정한 것은 아니에요. 어제 시장에서 천 원을 주고 산 사과가 오늘은 이천 원에 판매될 수도 있어요. 그리고 시장에서는 천 원에 판매되는 사과가 백화점에서는 삼천 원에 판매될 수도 있지요. 그렇다면 이렇게 물건의 가격이 달라지는 까닭은 무엇일까요?

2 첫째, 물건의 가격 변화에 영향을 미치는 것은 수요와 공급이에요. '수요'는 소비자가 물건을 사려는 마음을 말하고, '공급'은 생산자가 그 물건을 제공하는 것을 말해요. 수요가 공급보다 많으면 가격이 올라가고, 수요가 공급보다 적으면 가격이 떨어져요. 여름에 수박을 자주 구매해서 먹죠? 이처럼 여름에는 수박에 대한 수요가 늘어나 수박 가격이 올라가요. 그런데 이때 농부들이 수박을 많이 생산하여 공급하면 어떻게 될까요? 수박 가격은 떨어지게 될 거예요.

3 둘째, 유통 과정이 물건의 가격 변화에 영향을 미쳐요. '유통 과정'이란 물건이 그것을 만든 생산자로부터 소비자에게까지 전달되는 과정을 말해요. 어부가 바다에서 고등어를 잡으면 우리에게 바로 전달되는 것이 아니에요. 어부가 잡은 고등어를 먼저 도매상인에게 판매하고, 도매상인은 생산자인 어부에게 산 것보다 비싼 가격으로 고등어를 소매상인에게 판매해요. 이러한 유통 과정을 많이 거칠수록 물건의 가격은 올라가요.

낱말 풀이

- **구매** 물건 따위를 사들임.
- **가치** 사물이 지니고 있는 쓸모
- **일정** 어떤 것의 크기, 모양, 범위, 시간 따위가 하나로 정하여져 있음.
- **소비자** 물건을 소비하는 사람
- **생산자** 물건을 생산하는 사람
- **제공** 무엇을 내주거나 갖다 바침.

내용 들여다보기

STEP 1 핵심 내용 정리하기

❶ 물건이 지니고 있는 [　　　]를 돈으로 나타낸 것을 '[　　　]'이라고 해요.

　↳ [　　　] 물건의 가격이 언제나 [　　　]한 것은 아니에요.

❷ [　　　], 물건의 가격 변화에 영향을 미치는 것은 수요와 공급이에요.

　↳ '[　　　]'는 소비자가 물건을 사려는 마음을 말하고, '[　　　]'은 생산자가 그 물건을 제공하는 것을 말해요.

　↳ 수요가 공급보다 [　　　] 가격이 올라가고, 수요가 공급보다 [　　　] 가격이 떨어져요.

❸ [　　　], 유통 과정이 물건의 가격 [　　　]에 영향을 미쳐요.

　↳ '유통 과정'이란 물건이 그것을 만든 [　　　]로부터 [　　　]에게까지 전달되는 과정을 말해요.

　↳ 유통 과정을 많이 거칠수록 물건의 가격은 [　　　].

STEP 2 짜임 이해하기

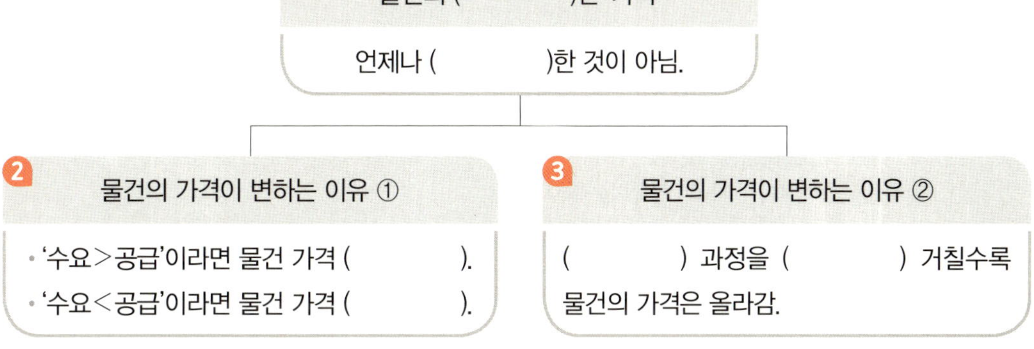

STEP 3 내용 요약하기

🖊 물건이 지니고 있는 가치를 ....

....

....

주제 파악

1 이 글에서 가장 중요한 내용은 무엇인가요? (　　　　)

① 물건을 아껴 써야 해요.
② 물건의 가격은 항상 일정해요.
③ 물건의 유통 과정을 줄여야 해요.
④ 물건을 살 때는 품질을 잘 따져 보아야 해요.
⑤ 물건의 가격은 수요와 공급, 유통 과정에 따라 달라져요.

내용 이해

2 이 글의 내용과 일치하면 ○표, 일치하지 않으면 ✕표 해 보세요.

[1] 물건에 대한 가치를 가격이라고 해요.　　　　　　　　　　　(　　　　)

[2] 수요보다 공급이 많으면 가격이 올라가요.　　　　　　　　　(　　　　)

[3] 도매상인이 소매상인에게 물건을 팔 때는 산 가격보다 비싸게 팔아요.

(　　　　)

내용 추론

3 다음 글을 읽고 짐작할 수 있는 내용으로 알맞은 것은 무엇인가요? (　　　　)

> 　도매상인은 농부에게 사과를 한 상자 당 만 원에 샀습니다. 그 뒤 도매상인은 소매상인에게 사과를 한 상자 당 만 오천 원에 팔았고, 소매상인은 시장에서 사과를 한 상자 당 이만 원에 소비자에게 팔았습니다.

① 물건의 공급은 항상 일정해요.
② 계절에 따라 수요가 달라져요.
③ 소비자는 가격 할인을 좋아해요.
④ 유통 과정을 거치면서 가격이 달라져요.
⑤ 생산자는 물건을 소매상인에게 처음으로 판매해요.

상황에 적용

4 다음 글을 읽고 예상되는 배추의 가격 변화로 알맞은 것을 찾아 ○표 해 보세요.

> 　전 세계적인 전염병의 영향으로 외식과 소비가 줄어들면서 배추의 소비 또한 줄어들었다. 한편 올 겨울에는 배추의 재배 면적과 생산량이 크게 늘어날 것으로 예상된다.

→ 올 겨울에 배추 가격은 (올라갈 / 내려갈) 것이다.

1~2 다음 낱말의 알맞은 뜻을 보기 에서 찾아 기호를 써 보세요.

보기
> ㉠ 무엇을 내주거나 갖다 바치다.
> ㉡ 어떤 것의 양, 성질, 상태, 계획 따위가 달라지지 아니하고 한결같다.

1 일정하다 ·· (   )

2 제공하다 ·· (   )

3~6 다음 낱말의 뜻풀이를 참고하여 문장에 어울리는 낱말에 ○표 해 보세요.

3 가격이 비싸질수록 물건의 (가치 / 유통)이/가 올라간다.
　　　　　　　　　　　　　　사물이 지니고 있는 쓸모

4 (공급자 / 소비자)의 취향은 날이 갈수록 다양해지고 있다.
　　물건을 소비하는 사람

5 여름을 맞아 주스를 팔기 위해 수박을 (구매 / 판매)하였다.
　　　　　　　　　　　　　　　　물건을 사들임.

6 비료 가격이 올라서 딸기 (생산자 / 소비자)는 가격을 올려야 했다.
　　물건을 생산하는 사람

어휘력에 도움이 되는  대 표 한 자

流	뜻	소리	流자는 水(물 수)자와 㐬(깃발 유)자가 합쳐져서 만들어진 글자예요. 흐르다, 전하다, 떠돌다 등의 의미를 가지고 있어요.
	흐를	류	

유 통 (流 通) 흐를 유　통할 통	상품이 생산자에서 소비자에 도달하기까지 여러 단계에서 교환되고 분배되는 활동 예 유통 과정이 줄어들수록 물건의 가격이 내려간다.
유 출 (流 出) 흐를 유　날 출	밖으로 흘러 나가거나 흘려 내보냄. 예 공장에서 폐기물이 유출되어 하천이 오염되었다.
교 류 (交 流) 사귈 교　흐를 류	문화나 사상 등이 서로 통함. 예 서양과 동양의 문화 교류가 활발하게 이루어지고 있다.

하늘을 나는 드론

일일 학습을 마치고, 워크북으로 생각을 정리해 보세요. · 워크북 · 36쪽

1 하늘을 날아다니는 드론을 본 적 있나요? 드론은 헬리콥터처럼 생겼지만 헬리콥터와는 달라요. 드론은 조종˙하는 사람이 타지 않는 '무인˙ 비행체˙'예요. 그래서 크기가 작아 가볍게 하늘을 날 수 있어요. 드론은 생활 속에서 우리에게 많은 도움을 주고 있어요. 그럼 드론의 종류와 드론이 우리에게 어떤 도움을 주는지 알아볼까요?

2 먼저 촬영˙ 드론이 있어요. 촬영 드론은 높은 산이나 깊은 동굴, 위험한 절벽 등과 같이 사람이 직접 가서 촬영하기 어려운 곳을 대신 촬영해 줘요. 촬영 드론이 촬영한 영상은 뉴스, 예능 프로그램, 다큐멘터리 등에 사용되어 사람들이 생생하고 실감 나는 장면을 볼 수 있게 해 준답니다. 또한 촬영 드론은 도로 위에 떠서 교통 상황을 중계˙해 주기도 하고, 하늘 위에 떠서 산불이나 지진이 난 곳을 알려 주기도 하며, 스포츠 경기장 위에 떠서 생생한 경기 장면을 보여 주기도 해요.

3 다음으로 구조˙ 드론이 있어요. 구조 드론은 사람이 직접 가기 힘든 곳에 가서 사람의 생명을 구해요. 해양 구조 드론의 경우 바다에 빠진 사람에게 재빨리 날아가 구명 튜브를 내려 보내 사람을 구해요. 의료 구조 드론의 경우 의사나 간호사가

▲ 구조 드론

가기 힘든 위험하거나 재난이 일어난 지역에 약품과 의료 기기를 전달해서 환자를 구해요.

4 마지막으로 물건을 나르는 배달 드론이 있어요. 운송˙ 업체에서는 드론을 이용해 먼 거리까지 물건을 운반해요. 거리가 먼 섬이나 교통이 불편한 지역에 물건을 운반할 때 배달 드론을 이용하면, 사람이 직접 운반하는 것보다 운반 속도가 빠르고 비용도 적게 든답니다.

| 낱말 풀이 |

- **조종** 비행기나 선박, 자동차 따위의 기계를 다루어 부림.
- **무인** 사람이 없음.
- **비행체** 공중에서 날아다니는 물체
- **촬영** 사람, 사물, 풍경 따위를 사진이나 영화로 찍음.
- **중계** 극장, 경기장, 국회, 사건 현장 등 방송국 밖에서의 실황을 방송국이 중간에서 연결하여 방송하는 일
- **구조** 재난 따위를 당하여 어려운 처지에 빠진 사람을 구하여 줌.
- **운송** 사람을 태워 보내거나 물건 따위를 실어 보냄.

내용 들여다보기

STEP 1 핵심 내용 정리하기

❶ [   ]은 조종하는 사람이 타지 않는 '[   ] 비행체'예요.
   ↳ 드론은 생활 속에서 우리에게 많은 [   ]을 주고 있어요.

❷ [   ] 촬영 드론이 있어요.
   ↳ 촬영 드론은 ~ 사람이 직접 가서 촬영하기 어려운 곳을 [   ] 촬영해 줘요.
      ↳ 도로 위에서 교통 상황을 중계해 줌, 하늘 위에서 산불이나 지진이 난 곳을 알려 줌, 경기장 위에 떠서 경기 장면을 보여 줌.

❸ [   ] 구조 드론이 있어요.
   ↳ 구조 드론은 사람이 직접 가기 힘든 곳에 가서 사람의 [   ]을 구해요.
      ↳ 바다에 빠진 사람에게 구명 튜브를 내려 줌, 위험하거나 재난이 일어난 지역에 약품과 의료 기기를 전달함.

❹ [   ] 물건을 나르는 배달 드론이 있어요.
   ↳ 운송 업체에서는 드론을 이용해 먼 거리까지 물건을 [   ]해요.
      ↳ 배달 드론을 이용하면 ~ 운반 속도가 [   ] 비용도 적게 든답니다.

STEP 2 짜임 이해하기

STEP 3 내용 요약하기

✎ 드론은 무인 비행체이다.

화제 파악 **1** 이 글의 화제는 무엇인가요? (   )

① 드론을 조작하는 기술
② 교통 상황을 알아보는 방법
③ 드론이 우리에게 주는 도움
④ 지진이 났을 때의 대처 방법
⑤ 바다에 빠진 사람을 구하는 방법

내용 이해 **2** 드론의 특징으로 가장 알맞은 것은 무엇인가요? (   )

① 날개가 없어요.
② 움직이지 않아요.
③ 사람이 타지 않아요.
④ 비행기보다 더 커요.
⑤ 사람이 갈 수 없는 곳에 가지 않아요.

구조 이해 **3** 이 글의 뒷부분에 이어질 내용으로 가장 알맞은 것은 무엇인가요? (   )

① 드론 조종사가 되는 방법
② 화성을 탐사하는 과학 드론
③ 드론을 처음으로 만든 개발자
④ 안전하게 드론을 날리는 방법
⑤ 드론과 관련된 여러 나라의 법

상황에 적용 **4** 보기 는 드론의 한 종류에 대한 설명이에요. 이 글에 따르면 보기 의 드론은 어떤 드론인지 골라 ○표 해 보세요.

> 보기
>
> 　2015년 4월 네팔에서 대지진이 일어났습니다. 건물들이 무너지고 수많은 사상자가 발생한 네팔의 처참한 상황을 드론이 촬영하였습니다. 드론이 촬영한 영상이 뉴스로 보도되자 이를 본 세계 여러 나라 사람들은 수많은 도움의 손길을 네팔에 보냈습니다.

→ (촬영 / 구조 / 배달) 드론입니다.

어휘력 다지기

1~2 다음 낱말의 알맞은 뜻을 찾아 선으로 이어 보세요.

1 구조하다 •

• ㉠ 재난 따위를 당하여 어려운 처지에 빠진 사람을 구하여 주다.

2 중계하다 •

• ㉡ 경기장, 사건 현장 등 방송국 밖에서의 실황을 방송국이 중간에서 연결하여 방송하다.

3~6 다음 문장의 빈칸에 알맞은 낱말을 **보기** 에서 찾아 써 보세요.

보기

무인	조종	촬영	비행체

3 점원이 없는 [　　　] 서점이 우리 동네에도 생겼다.
사람이 없음.

4 방송용 카메라를 든 [　　　] 기사가 교통사고 현장을 촬영하고 있었다.
사람, 사물, 풍경 따위를 사진이나 영화로 찍음.

5 땅 위에 있는 사람이 조종기로 멀리 하늘에 뜬 드론을 [　　　] 하고 있다.
비행기나 자동차 따위의 기계를 다루어 부림.

6 낯선 [　　　] 이/가 밤하늘에 나타나자 외계인이 나타났다고 소동이 일어났다.
공중에서 날아다니는 물체

어휘력에 도움이 되는 대표 한자

無	㇒ 𣃓 無 無

뜻	소리	
없을	무	가장 처음 발견된 無자는 깃털을 양팔에 들고 춤추는 사람이 그려져 있었어요. 이것은 무당이나 제사장이 춤추는 모습을 그린 것으로 無자는 춤추다가 본래의 의미였어요. 이 글자를 빌려서 無자가 없다라는 뜻으로 쓰였어요. 없다나 아니다, ~하지 않다 등의 의미를 가지고 있어요.

무 심 (無 心)	감정이나 생각하는 마음이 없음.
없을 무　마음 심	예 아버지께서 나에게 **무심**하셔서 서운했다.
무 료 (無 料)	요금이 없음.
없을 무　값 료	예 어린이날을 맞아 **무료**로 놀이 공원을 이용할 수 있다.

얼음 위의 경기, 컬링

❶ 컬링은 직사각형 모양의 얼음 위에 그려진 표적인 하우스의 중심부 안에 스톤을 밀어 넣는 경기입니다. 하우스 안의 중심부에 어느 팀이 더 가깝게 스톤을 밀어 넣었는지로 승부를 정합니다. 컬링은 1983년에 우리나라에 처음 소개되었고, 1998년 동계 올림픽부터 정식 종목으로 채택되었습니다. 우리나라에서 컬링은 2018년 평창 동계 올림픽에서 처음으로 은메달을 따면서 많은 관심을 받게 되었습니다.

❷ 컬링에 사용하는 돌을 '스톤'이라고 합니다. 둥글고 납작한 모양의 스톤은 화강암으로 만들어졌습니다. 선수들은 스톤 윗부분의 손잡이를 이용해 스톤을 밀고 회전시킬 수 있습니다. 빗자루처럼 생긴 장비는 '브룸'입니다. 브룸은 돼지털이나 말의 털, 합성 섬유 등으로 만들어집니다. 선수들은 브룸을 이용해 얼음 표면을 닦아서 스톤이 나아가는 방향과 속도를 조절할 수 있습니다.

▲ 스톤과 브룸

❸ 컬링은 각각 4명의 선수로 구성된 두 팀이 10번의 게임을 통해 승부를 냅니다. 한 팀당 8개의 스톤을 상대 팀과 한 개씩 번갈아 던지는데 양 팀이 스톤 16개를 모두 던지면 한 게임이 끝납니다. 점수는 하우스 안에 들어간 스톤 중 상대 팀의 스톤보다 하우스의 중심부에 더 가깝게 위치한 스톤 개수에 따라 매겨집니다. 따라서 경기의 마지막 스톤이 승부를 가르는 데 중요한 역할을 합니다.

❹ 컬링에서 이기려면 스톤을 정확하게 던지고, 브룸으로 얼음을 적절히 닦고 녹여 스톤이 가는 방향을 조절하고, 마찰력을 줄이는 것이 중요합니다. 그리고 무엇보다 선수들이 경기 전략을 잘 짜고, 협동심을 갖고 경기를 진행하는 것이 가장 중요합니다.

▌낱말 풀이 ▌

•**승부** 이김과 짐.

•**채택** 작품, 의견, 제도 따위를 골라서 다루거나 뽑아 씀.

•**회전** 어떤 것을 축으로 물체 자체가 빙빙 돎.

•**합성 섬유** 석유, 석탄, 천연가스 따위를 원료로 하여 화학적으로 합성한 섬유. 나일론, 비닐, 폴리에스테르 따위가 있음.

•**마찰력** 접촉하고 있는 두 물체가 상대 운동을 하려고 하거나 상대 운동을 하고 있을 때, 그 운동을 저지하는 방향으로 작용하는 저항력

•**전략** 정치, 경제 따위의 사회적 활동을 하는 데 필요한 책략

내용 들여다보기

STEP 1 핵심 내용 정리하기

❶ [   ]은 ~ 표적인 하우스의 중심부 안에 [   ]을 밀어 넣는 경기입니다.

❷ 컬링에 사용하는 돌을 '[   ]'이라고 합니다.

 ↳ 스톤 윗부분의 [   ]를 이용해 스톤을 밀고 [   ]시킬 수 있습니다.

 ↳ 빗자루처럼 생긴 장비는 '[   ]'입니다.

 ↳ 브룸을 이용해 ~ 스톤이 나아가는 [   ]과 [   ]를 조절할 수 있습니다.

❸ 컬링은 각각 4명의 선수로 구성된 두 팀이 [   ]의 게임을 통해 [   ]를 냅니다.

 ↳ 한 팀당 8개의 스톤을 ~ 던지는데 양 팀이 스톤 16개를 모두 던지면 한 게임이 끝납니다.

 ↳ 점수는 ~ 하우스의 [   ]에 더 가깝게 위치한 스톤 개수에 따라 매겨집니다.

❹ 컬링에서 이기려면 스톤을 [   ] 던지고, 브룸으로 얼음을 적절히 닦고 녹여 스톤이 가는 방향을 조절하고, [   ]을 줄이는 것이 중요합니다.

 ↳ [   ] 선수들이 ~ [   ]을 갖고 경기를 진행하는 것이 가장 중요합니다.

STEP 2 짜임 이해하기

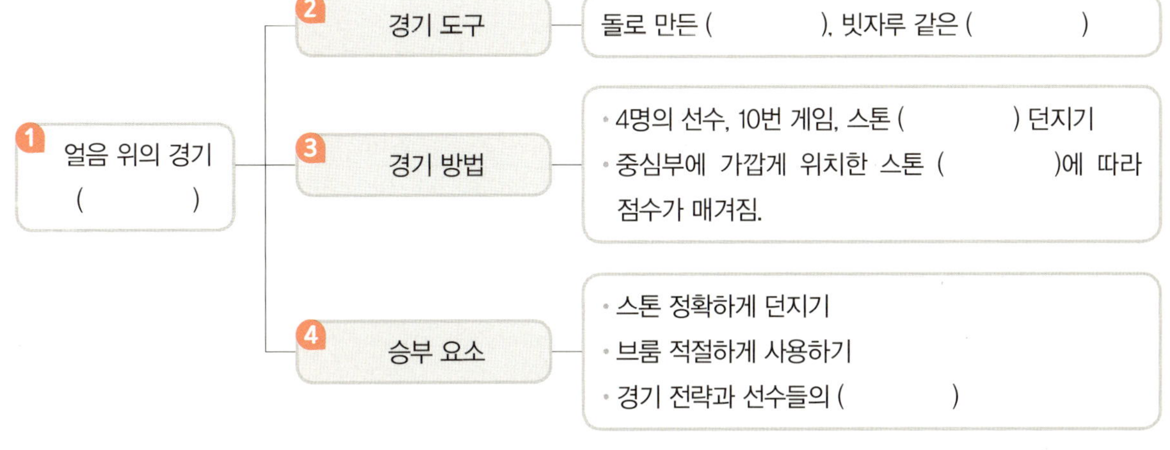

STEP 3 내용 요약하기

✏ 컬링은 두 팀으로 나뉜 선수들이 얼음 위에서 ____________________

화제 파악 **1** 이 글에서 가장 중심이 되는 낱말은 무엇인가요? (   )

① 스톤

② 컬링

③ 얼음

④ 마찰력

⑤ 동계 올림픽

내용 이해 **2** 컬링에서 상대 팀을 이기려면 어떻게 해야 할까요? (   )

① 표적인 하우스에 스톤을 많이 넣어야 해요.

② 상대 팀보다 스톤을 더 많이 움직여야 해요.

③ 상대 팀의 스톤을 못 움직이게 막아야 해요.

④ 스톤을 상대 팀보다 빨리 하우스로 가져가야 해요.

⑤ 상대 팀 스톤보다 더 많은 스톤이 하우스 중심부에 들어가게 해야 해요.

내용 추론 **3** 이 글을 읽고 다음 빈칸에 들어갈 알맞은 낱말을 각각 써 보세요.

> 컬링은 얼음의 상태가 매우 중요합니다. 특히 스톤과 얼음의 (   )을/를 줄이기 위해서는 (   )을/를 이용해 적절히 얼음을 닦고, 녹여야 합니다.

(   ), (   )

상황에 적용 **4** 이 글과 보기 를 참고하여 컬링과 볼링의 차이점에 대해 써 보세요.

> **보기**
>
> 볼링은 약 20m 앞에 정삼각형 형태로 세워 둔 10개의 볼링 핀을 무거운 공을 밀어 보내 많이 쓰러뜨리는 쪽이 승리하는 경기입니다.

→ 컬링은 __________을/를 밀어 보내고, 볼링은 __________을/를 밀어 보냅니다.

1~2 다음 낱말의 알맞은 뜻을 찾아 선으로 이어 보세요.

1 채택되다 •   • ㉠ 어떤 것을 축으로 물체 자체가 빙빙 돌다.

2 회전하다 •   • ㉡ 작품, 의견, 제도 따위가 골라져서 다루어 지거나 뽑혀 쓰이다.

3~6 다음 문장의 빈칸에 알맞은 낱말을 **보기**에서 찾아 써 보세요.

┌─ **보기** ─┐
| 승부 | 전략 | 마찰력 | 합성 섬유 |

3 ＿＿＿＿＿보다 천연 섬유가 피부에 좋다.
　　석유, 석탄을 원료로 하여 합성한 섬유

4 자동차 바퀴는 표면의 무늬에 따라 ＿＿＿＿＿이/가 달라진다.
　　　　어떤 운동을 저지하는 방향으로 작용하는 저항력

5 컬링 경기에서 ＿＿＿＿＿이/가 나지 않아 연장전을 하게 되었다.
　　이김과 짐.

6 학용품이 팔리지 않자 문구점 주인은 새로운 판매 ＿＿＿＿＿을/를 고민했다.
　　　　사회적 활동을 하는 데 필요한 책략

어휘력에 도움이 되는 **대표한자**

勝

月 胖 勝

뜻	소리	
이길	승	勝자는 朕(나 짐)자와 力(힘 력)자가 합쳐져서 만들어진 글자예요. 朕자는 노를 저어 배를 움직이는 모습을 그린 것이에요. 力자가 더해진 勝자는 나라를 이끌어가는 사람이 힘을 발휘한다는 뜻을 표현한 것이에요. **이기다, 뛰어나다, 훌륭하다** 등의 의미를 가지고 있어요.

승 부 (勝 負)
이길 승　질 부
이김과 짐.
예 농구 경기의 **승부**는 마지막 덩크슛으로 결정났다.

승 리 (勝 利)
이길 승　이로울 리
겨루어서 이김.
예 결승전 **승리**를 위해서 오늘도 축구 연습을 열심히 했다.

조상의 지혜가 담긴 한옥

일일 학습을 마치고, 위크북으로 생각을 정리해 보세요. 위크북 • 40쪽

❶ 한옥은 우리 조상들이 우리나라 고유의 형식으로 지은 집이에요. 우리나라는 사계절이 있어서 추위와 더위에 대비해야 했어요. 우리 조상들은 한옥을 통해 추위와 더위를 이겨 내려고 했어요. 그럼 한옥에 담긴 우리 조상들의 지혜를 알아볼까요?

❷ 먼저 조상들은 추운 겨울을 따뜻하게 보내기 위해 방마다 온돌을 깔았어요. 아궁이에 불을 때면 방바닥에 깔아 놓은 구들장으로 열이 전해지면서 방이 따뜻해졌어요. 여름에는 널빤지를 간 시원한 대청마루에 앉아서 땀을 식혔어요. 대청마루는 땅바닥보다 높은 곳에 위치해 있어서 땅의 열이 잘 전달되지 않았고, 대청마루 밑을 통해 시원한 바람이 집 앞뜰과 뒤뜰로 드나들어서 시원했어요. 또 처마를 만들어서 여름의 뜨거운 햇빛을 막아 더위를 이겨 내기도 했어요.

▲ ㅁ자 모양의 집

❸ 우리나라가 있는 한반도는 남과 북으로 길쭉하게 생긴 모습이라서 지역에 따라 날씨가 다르답니다. 그래서 한옥의 모습도 지역에 따라 달라졌어요. 추운 북쪽 지역에서는 집 안의 열을 빼앗기지 않는 것이 중요했어요. 그래서 집을 낮게 짓고, 방을 두 줄, 또는 방들이 마당을 둘러싼 ㅁ자 모양으로 지었어요. 그리고 방과 부엌 사이에 정주간을 두어서 따뜻하게 지냈어요. 정주간은 부뚜막의 열이 부엌과 안방에 그대로 전해지도록 해 주었어요. 한편 따뜻한 남쪽 지역에서는 안방과 건넌방, 마루, 부엌 등의 방들이 나란히 오도록 ㅡ자 모양으로 한옥을 지어 바람이 잘 통하게 했어요. 방마다 창문이나 방문도 많이 달아서 바람이 더욱 잘 통하도록 했답니다.

▲ ㅡ자 모양의 집

내용 들여다보기

❶ ◻◻◻ 은 우리 조상들이 우리나라 고유의 형식으로 지은 집이에요.

↳ 우리 조상들은 한옥을 통해 ◻◻◻ 와 ◻◻◻ 를 이겨 내려고 했어요.

❷ ◻◻◻ 조상들은 추운 겨울을 따뜻하게 보내기 위해 방마다 ◻◻◻ 을 깔았어요.

여름에는 널빤지를 깐 시원한 ◻◻◻ 에 앉아서 땀을 식혔어요.

◻◻◻ 처마를 만들어서 여름의 뜨거운 햇빛을 막아 ◻◻◻ 를 이겨 내기도 했어요.

❸ 우리나라가 있는 한반도는 ~ ◻◻◻ 에 따라 날씨가 다르답니다.

↳ ◻◻◻ 한옥의 모습도 지역에 따라 달라졌어요.

  ↳ 추운 ◻◻◻ 지역에서는 집 안의 열을 빼앗기지 않는 것이 중요했어요.

    ↳ ◻◻◻ 집을 낮게 짓고, 방을 두 줄, 또는 ~ ㅁ자 모양으로 지었어요.

    ↳ ◻◻◻ 방과 부엌 사이에 ◻◻◻ 을 두어서 따뜻하게 지냈어요.

  ↳ ◻◻◻ 따뜻한 ◻◻◻ 지역에서는 ~ 방들이 나란히 오도록 ―자 모양으로 한옥을 지어 바람이 잘 통하게 했어요.

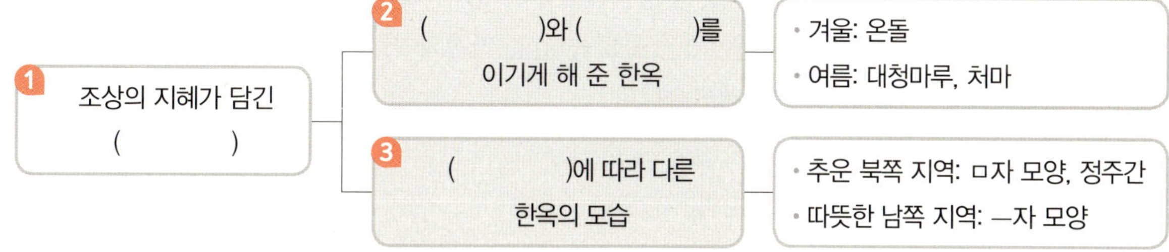

✎ 한옥에는 우리 조상들의 많은 지혜가 담겨 있다.

화제 파악 **1** 이 글에서 가장 중요한 내용은 무엇인가요? (　　　　)

① 한옥을 짓는 방법
② 한옥과 양옥의 차이점
③ 한옥의 여러 가지 이름
④ 한옥과 비슷한 세계 여러 나라의 집
⑤ 조상들의 지혜가 반영된 한옥의 모습

내용 이해 **2** 우리 조상들이 더위를 이겨 내기 위해 사용한 방법은 무엇인가요? (　　　　)

① 창문을 닫아 두었습니다.
② 방문을 만들지 않았습니다.
③ 방 안을 온돌로 따뜻하게 데웠습니다.
④ 정주간을 만들어 그곳에서 밥을 먹었습니다.
⑤ 대청마루에 앉아 시원한 바람을 맞았습니다.

내용 추론 **3** 이 글을 읽고 다음에서 설명하는 한옥의 모습은 어느 지역에서 볼 수 있는지 골라 ○ 표 해 보세요.

> 우리 가족은 따뜻한 정주간에 모여 앉아 화로에 군고구마를 구워 먹으며 할머니의 옛날이야기를 들었습니다. 가족과 함께 정주간에 있으니 추운 겨울도 덜 춥게 느껴졌습니다.

→ (남쪽 / 북쪽) 지역

비판과 평가 **4** 한옥에 담긴 조상의 지혜에 대해 바르게 말한 친구는 누구인가요? (　　　　)

① 유빈: 하늘과 가까이 집을 지은 조상들의 노력이 놀라워.
② 서우: 여름에 살 집을 숲속에 따로 지었다니 기발한 생각이야.
③ 보람: 추위를 이겨 내기 위해 온돌을 이용한 조상들의 지혜가 놀라워.
④ 지훈: 날씨에 영향을 받지 않고 집을 지은 조상들의 노력이 존경스러워.
⑤ 준호: 구하기 힘든 재료를 이용해 한옥을 지은 조상들의 지혜를 본받을 만해.

어휘력 다지기

1~2 다음 문장의 밑줄 친 낱말과 바꾸어 쓸 수 있는 낱말을 찾아 선으로 이어 보세요.

1 따뜻한 신발을 사서 겨울을 <u>대비했다</u>. •

• ㉠ 지나갔다

2 창문을 크게 내어 공기가 잘 <u>통했다</u>. •

• ㉡ 준비했다

3~6 다음 문장의 밑줄 친 낱말의 알맞은 뜻을 【보기】에서 찾아 기호로 써 보세요.

> **보기**
> ㉠ 판판하고 넓게 켠 나뭇조각
> ㉡ 한옥에서, 몸채의 방과 방 사이에 있는 큰 마루
> ㉢ 불의 기운이 방 밑을 통과하여 방을 덥히는 장치
> ㉣ 방고래 위에 깔아 방바닥을 만드는 얇고 넓은 돌

3 <u>널빤지</u>로 만든 궤에 쌀을 가득 넣어 두었다. (   )

4 <u>온돌</u>은 우리나라의 전통적인 난방 장치이다. (   )

5 한여름에 <u>대청마루</u>에서 시원하게 낮잠을 잤다. (   )

6 따뜻한 <u>구들장</u>에 누워 잠을 자고 일어났더니 감기가 싹 나았다. (   )

어휘력에 도움이 되는 **대표한자**

熱	坴	埶	熱

뜻	소리	熱자는 火(불 화)자와 埶(심을 예)자가 합쳐져서 만들어진 글자예요. **덥다, 더워지다, 바쁘다** 등의 의미를 가지고 있어요.
더울	열	

가 열 (加 熱) 더할 가 더울 열	어떤 물질에 열을 가함. 예 냄비를 **가열**해서 라면을 끓였다.
지 열 (地 熱) 땅 지 더울 열	햇볕을 받아 땅 표면에서 나는 열. 예 한여름이 되자 도로에서 **지열**이 올라왔다.

환율이 오른다는 건 무슨 의미일까?

　　환율은 우리나라 돈을 외국 돈과 바꿀 때 적용되는 교환 비율을 말해요. 외국 돈에 대한 우리나라 돈의 가치를 나타내죠. 우리나라 돈이 필요한 사람이 많아지면 우리나라 돈의 가치는 올라가요. 반대로 우리나라에서 외국 돈이 필요한 사람이 많아지면 외국 돈의 가치는 올라가고 우리나라 돈의 가치는 내려가요. 흔히 '환율이 올랐다!'라고 하는데 이 말은 외국 돈 1달러를 사기 위해 우리나라 돈이 더 많이 필요하다는 얘기예요. 그러니 환율이 올랐다는 건 우리나라 돈의 가치가 낮아진다는 의미죠. '환율이 내렸다!'는 그럼 반대로 생각해 볼 수 있겠죠?

한 해를 스물넷으로 나눈다면?

　　'절기'는 1년을 스물넷으로 나눈 것을 말해요. 사계절은 각각 6개의 절기가 있어요. 봄은 봄의 시작을 알리는 '입춘'을 포함한 6개의 절기로, 여름은 여름의 시작을 알리는 '입하'를 포함한 6개의 절기로, 가을은 가을의 시작을 알리는 '입추'를 포함한 6개의 절기로, 겨울은 겨울의 시작을 알리는 '입동'을 포함한 6개의 절기로 구성돼 있어요. 과학이 발달하지 않은 먼 옛날 우리 조상들은 절기에 맞춰 농사를 짓고 날씨의 변화에 지혜롭게 대비했다고 해요.

어딘가에 존재하고 있을까?

　　'사신'은 동서남북을 수호하는 상상의 동물로 청룡, 백호, 주작, 현무를 말해요. 청룡은 용의 모습을 띠고 동쪽을, 백호는 호랑이의 모습을 띠고 서쪽을, 주작은 꼬리가 짧은 새의 모습을 띠고 남쪽을, 현무는 거북을 뱀이 묶은 모습을 띠고 북쪽을 지킨다고 해요. 사신은 우리나라에서 고구려를 비롯한 삼국 시대부터 고려 시대, 조선 시대까지도 꾸준히 고분 벽화의 주제로 사용되었고 고려 시대에는 석관에, 조선 시대에는 의궤에도 사용되었어요. 혹시 지금도 어딘가에서 사신이 우리를 지켜 주고 있는 건 아닐까요?

5주

Day 21	인문	소중한 인권을 지켜요
Day 22	사회	지도에 담긴 약속
Day 23	과학	로봇, 우주로 향한 꿈
Day 24	예체능	우리나라의 전통 놀이, 윷놀이
Day 25	언어	또 하나의 언어, 그림말

소중한 인권을 지켜요

일일 학습을 마치고, 워크북으로 생각을 정리해 보세요. 워크북 · 42쪽

공부한 날

월   일

관련 교과 **초등사회 5-1**
인권 존중과 정의로운 사회

❶ '인권'이란 태어나면서부터 사람으로서 가지고 있는 권리*에요. 어른들의 보호를 받아야 할 존재인 어린이들도 당연히 가지고 있어요. 국제 평화 기구인 유엔*에서는 어린이들이 행복하게 누려야 할 권리들을 담아 아동 권리 협약*을 만들었어요. 우리나라에서는 이것을 잘 지키기 위해 아동 권리 헌장*을 만들었어요. 어린이는 인간으로서 존중받고 차별받지 않아야 하고, 생명을 존중받고, 보호받으며, 발달하고 참여*할 수 있는 권리가 있다는 것이 아동 권리 헌장의 중요한 내용이에요.

❷ 그럼 아동 권리 헌장에서 다루고 있는 어린이들의 인권에 대해 자세히 알아볼까요? 어린이들은 부모나 가족의 보살핌을 받고 생명을 존중받을 권리가 있어요. 출신이나 성별, 언어, 종교, 나이 등의 여러 가지 이유로 차별받아서는 안 돼요. 그리고 개인적인 생활이 이유 없이 공개*되지 않고 보호받을 권리가 있어요. 또한 어린이는 자신이 살아가는 데 필요한 지식과 정보를 알 권리, 자신의 능력과 소질에 따라 교육받을 권리가 있어요. 휴식과 여가를 누리며 여러 가지 놀이, 문화와 예술 활동에 자유롭고 즐겁게 참여할 권리도 있어요. 자신의 생각이나 느낌을 자유롭게 표현할 수도 있죠.

❸ 어린이들이 인권을 존중받으려면 먼저 어린이들이 자신들의 권리를 잘 아는 것이 무엇보다 중요해요. 또한 어린이들이 인권을 누리기 위해서는 우리 자신이 다른 친구들의 인권을 무시하지 않도록 노력해야 해요. 친구들을 놀리거나 따돌리는 행동, 생김새나 사는 곳 등을 이유로 차별하는 행동을 해서는 안 되죠.

낱말 풀이

- **권리** 어떤 일을 행하거나 다른 사람에 대하여 당연히 요구할 수 있는 힘이나 자격
- **유엔** 제이 차 세계 대전 후 국제 평화와 안전의 유지, 국제 우호 관계의 촉진, 경제적·사회적·문화적·인도적 문제에 관한 국제 협력을 이루기 위해 세운 국제 평화 기구
- **협약** 서로 의논하여 조약을 맺음. 또는 그 조약
- **헌장** 어떠한 사실에 대하여 약속을 이행하기 위하여 정한 규범
- **참여** 어떤 일에 끼어들어 관계함.
- **공개** 어떤 사실이나 사물, 내용 따위를 여러 사람에게 널리 터놓음.

내용 들여다보기 

 핵심 내용 정리하기

❶ '________'이란 태어나면서부터 사람으로서 가지고 있는 ________에요.

 ↳ 국제 평화 기구인 ________에서는 ~ 아동 권리 협약을 만들었어요.

 ↳ 우리나라에서는 이것을 잘 지키기 위해 아동 권리 ________을 만들었어요.

❷ 어린이들은 ~ 보살핌을 받고 ________을 존중받을 권리가 있어요.

 ↳ 여러 가지 이유로 ________ 받아서는 안 돼요.

 ↳ ________ 개인적인 생활이 공개되지 않고 보호받을 권리가 있어요.

 ↳ ________ 어린이는 ~ ________ 받을 권리가 있어요.

 ↳ 문화와 예술 활동에 자유롭고 즐겁게 ________ 할 권리도 있어요.

 ↳ 자신의 생각이나 느낌을 자유롭게 ________ 할 수도 있죠.

❸ 인권을 존중받으려면 먼저 어린이들이 자신들의 ________를 잘 아는 것이 무엇보다 중요

 해요. 또한 ~ 다른 친구들의 인권을 ________ 하지 않도록 노력해야 해요.

 짜임 이해하기

❶ (________)의 개념과 (________) 권리 헌장의 내용

❷ 어린이들의 인권
- (________)을 존중받을 권리
- (________)받지 않을 권리
- 개인적인 생활을 (________)받을 권리
- (________)받을 권리

❸ 어린이 인권이 존중받는 방법
- 문화와 예술 활동에 (________)할 권리
- 생각이나 느낌을 (________)할 권리

 내용 요약하기

✏️ 어린이들은 ....

....

.... 권리를 가지고 있다.

주제 파악 **1** 이 글의 주제로 알맞은 것은 무엇인가요? (　　　　)

① 유엔이 하는 역할　　　　② 어린이가 누려야 할 권리

③ 아동 권리 협약을 만든 사람　　　　④ 어린이 인권을 만든 사람

⑤ 어른과 어린이 인권의 다른 점

내용 이해 **2** 아동 권리 헌장의 내용으로 알맞은 것을 모두 골라 보세요. (　　　　)

① 학교에서만 어린이의 개인 정보가 공개되어야 합니다.

② 어린이는 자신의 소질에 따라 노동할 권리가 있습니다.

③ 어린이는 나이가 어리다고 해서 차별받아서는 안 됩니다.

④ 어린이는 자신의 의견을 자유롭게 표현할 권리가 있습니다.

⑤ 어린이는 부모님이나 가족의 보살핌을 받을 권리가 있습니다.

내용 추론 **3** 이 글을 읽고 **보기**의 신문 기사에서 지켜지지 <u>않은</u> 어린이 인권에 ○표 해 보세요.

> **보기**
>
> ### ◎◎일보　　　20××년 ××월 ××일
>
> **온라인 수업 불가능 학생 계속 늘어나**
>
> 세계적인 전염병으로 온라인 개학이 이루어질 예정입니다. △△시에서 온라인 수업이 불가능한 학생이 현재 50명에 이르고 있습니다. □□섬에는 인터넷 통신망이 아직 연결되지 않아서 이곳에 사는 학생은 온라인 수업을 듣기 힘듭니다.

(1) 자신의 능력과 소질에 따라 교육받을 권리　　　　(　　　　)

(2) 자신의 생각이나 느낌을 자유롭게 표현할 수 있는 권리　　　　(　　　　)

상황에 적용 **4** 아동 권리 헌장을 본 혜리가 자신만의 어린이 인권 헌장을 만들고자 합니다. 알맞지 <u>않은</u> 내용의 기호를 찾아 써 보세요.

> **[혜리의 어린이 인권 헌장]**
>
> ㉠ 주말에는 원하는 시간에 좋아하는 음악을 듣겠습니다.
>
> ㉡ 언니의 일기장을 보고 싶을 때 마음대로 찾아 보겠습니다.
>
> ㉢ 우리 마을의 문제점에 대한 생각을 자유롭게 말하겠습니다.

(　　　　)

1~2 다음 낱말의 알맞은 뜻을 찾아 선으로 이어 보세요.

1 공개하다 •
　　　　　　　　　• ㉠ 어떤 일에 끼어들어 관계하다.

2 참여하다 •
　　　　　　　　　• ㉡ 어떤 사실이나 사물, 내용 따위가 여러 사람에게 널리 드러나다.

3~6 다음 낱말의 뜻에 알맞은 낱말을 골라 ○표 해 보세요.

3 협약 : 서로 의논하여 (숙제 / 조약)을/를 맺음.

4 헌장 : 어떠한 사실에 대하여 (꿈 / 약속)을 이행하기 위하여 정한 규범

5 권리 : 어떤 일을 행하거나 다른 사람에 대하여 당연히 (답할 / 요구할) 수 있는 힘이나 자격

6 유엔 : 제이 차 세계 대전 후 국제 평화와 안전의 유지, 국제 우호 관계의 촉진, 경제적·사회적·문화적·인도적 문제에 관한 국제 협력을 이루기 위해 세운 (국내 / 국제) 평화 기구

어휘력에 도움이 되는 **대표한자** 

뜻	소리
아이	아

兒 ㅏ 臼 兒

兒자는 臼(절구 구)자와 儿(어진 사람 인)자가 합쳐져서 만들어진 글자예요. 兒자의 모양은 儿자 위로 머리와 이빨이 그려져 있는데, 이것은 아직 머리 구멍이 닫히지 않은 아이의 머리와 젖니를 함께 표현한 것이에요. 아이나 젖먹이 등의 의미를 가지고 있어요.

아 동 (兒 童)
아이 아　아이 동
나이가 적은 아이
예 어른들은 **아동**을 보호해야 한다.

유 아 (幼 兒)
어릴 유　아이 아
생후 1년부터 만 6세까지의 어린아이
예 어머니가 **유아**를 등에 업고 있다.

육 아 (育 兒)
키울 육　아이 아
어린아이를 기름.
예 나라에서 **육아**를 위한 지원 제도를 확대해야 한다.

지도에 담긴 약속

일일 학습을 마치고, 위크북으로 생각을 정리해 보세요.   워크북 • 44쪽

공부한 날

월   일

관련 교과 **초등사회 4-1**
지도로 본 우리 지역

1 현아는 이번 주말에 가족들과 민속˙ 박물관˙으로 체험 학습을 가기로 했어요. 현아는 민속 박물관이 어디에 있는지, 어떻게 가는지 궁금했어요. 현아는 지도를 살펴보기로 했어요. 지도는 하늘에서 내려다본 땅의 실제˙ 모습을 일정하게 줄여 평면˙에 나타낸 그림이에요. 실제 모습을 지도로 나타내려면 지켜야 할 약속이 있어요. 그렇다면 지도에 필요한 약속은 무엇일까요?

2 먼저, '방위표'가 필요해요. '방위'란 지도에서 동서남북의 네 방향을 기준˙으로 위치를 나타내는 것이에요. 방위표의 오른쪽은 동쪽, 왼쪽은 서쪽, 위쪽은 북쪽, 아래쪽은 남쪽을 나타내요. 방위표가 없다면 기준이 없어서 사람들이 바라보는 방향에 따라 장소의 위치가 달라질 거예요. 방위표가 없는 지도라면 오른쪽, 왼쪽, 아래쪽, 위쪽이 각각 동서남북이라고 생각하고 지도를 보아야 해요.

▲ 방위표

3 다음으로 '기호'가 필요해요. 우리는 고속도로˙, 우체국, 산, 병원 등 중요한 장소를 중심으로 원하는 장소를 찾을 수 있는데, 지도에

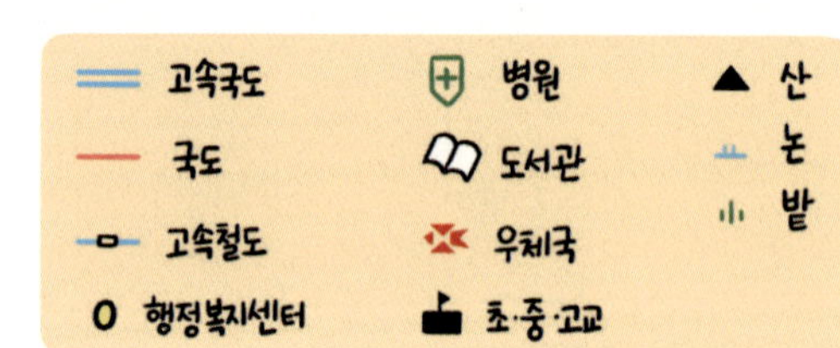

서 그런 중요한 장소를 나타내기로 약속한 것이 바로 기호예요. 기호는 실제 땅이나 건물의 모양과 비슷하면서 간단하게 그리고, 기호에 알맞은 색깔로 표현해요.

4 마지막으로 '축척'이 필요해요. 지도는 실제 크기대로 그리지 않고 줄여서 나타내는데, 줄인 정도를 '축척'이라고 해요. 오른쪽 축척의 의미는 지도에서 1센티미터가 실제로는 500미터라는 뜻이에요. 동네 지도처럼 좁은 지역을 조금 축소하여 자세하게 나타낸 대축척 지도도 있고, 세계 지도처럼 넓은 지역을 많이 줄여서 간략하게 나타낸 소축척 지도도 있어요.

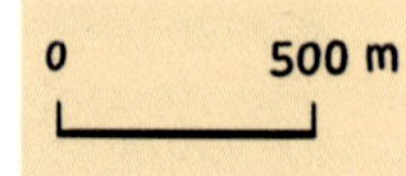

│ 낱말 풀이 │

• **민속** 민간 생활과 관련된 신앙, 습관, 풍속, 전설, 기술, 전승 문화 따위를 통틀어 이르는 말

• **박물관** 고고학적 자료, 역사적 유물, 예술품, 그 밖의 학술 자료를 수집·보존·진열하고 일반에게 전시하여 학술 연구와 사회 교육에 기여할 목적으로 만든 시설

• **실제** 사실의 경우나 형편

• **평면** 평평한 표면

• **기준** 기본이 되는 표준

• **고속도로** 차의 빠른 통행을 위하여 만든 차 전용의 도로

내용 들여다보기

STEP 1 핵심 내용 정리하기

❶ [　　　]는 ~ 땅의 실제 모습을 일정하게 줄여 [　　　]에 나타낸 그림이에요.

↳ 실제 모습을 지도로 나타내려면 지켜야 할 [　　　]이 있어요.

❷ [　　　], '방위표'가 필요해요.

↳ '[　　　]'란 지도에서 동서남북의 네 방향을 기준으로 위치를 나타내는 것이에요.

↳ 방위표가 없다면 [　　　]이 없어서 사람들이 바라보는 방향에 따라 장소의 위치가 달라질 거예요.

❸ [　　　] '기호'가 필요해요.

↳ 지도에서 ~ 중요한 장소를 나타내기로 약속한 것이 바로 [　　　]예요.

❹ [　　　] '축척'이 필요해요.

↳ 지도는 실제 크기대로 그리지 않고 줄여서 나타내는데, 줄인 정도를 '[　　　]'이라고 해요.

STEP 2 짜임 이해하기

❶ (　　　)에 필요한 약속

❷ (　　　) ─ 동서남북을 이용해 위치를 나타내는 것

❸ (　　　) ─ 중요한 장소를 나타내기로 약속한 것

❹ (　　　) ─ 실제 크기를 줄여서 나타내기 위해 줄인 정도

STEP 3 내용 요약하기

✎ 지도는 땅의 ＿＿＿＿＿＿＿＿＿＿＿ 지도에 필요한 약속으로는 ＿＿＿＿＿＿＿

＿＿＿＿＿＿＿＿＿＿＿＿＿＿＿＿＿＿＿＿＿

문제로 확인하기

화제 파악 **1** 이 글에서 중요하게 다루지 <u>않은</u> 낱말은 무엇인가요? (　　　　)

① 축척　　　　　② 지도　　　　　③ 기호

④ 방위표　　　　⑤ 박물관

내용 이해 **2** 지도에서 정한 약속으로 알맞은 것은 무엇인가요? (　　　　)

① 방위표의 아래쪽은 남쪽입니다.

② 축척은 지도마다 항상 일정합니다.

③ 장소를 기호로 복잡하게 나타냅니다.

④ 축척은 실제 거리를 늘린 정도입니다.

⑤ 방위표가 없을 때에는 오른쪽이 서쪽입니다.

내용 추론 **3** 이 글을 읽고 보기 의 소리에게 필요한 지도가 무엇인지 찾아 ○표 해 보세요.

[1] 좁은 지역을 조금 축소한 대축척 지도

（　　　　）

[2] 넓은 지역을 많이 축소한 소축척 지도

（　　　　）

상황에 적용 **4** 다음 지도에 대한 설명으로 알맞은 것은 무엇인가요? (　　　　)

① 방위표가 표시되어 있지 않습니다.

② 하늘에서 직접 찍은 항공 사진입니다.

③ 하나병원 옆에 새로초등학교가 있습니다.

④ 우체국은 현아네 집에서 동쪽에 있습니다.

⑤ 이 지도에서 3센티미터는 2킬로미터를 나타냅니다.

 어휘력 다지기

1~3 다음 낱말의 알맞은 뜻을 **보기** 에서 골라 기호를 써 보세요.

보기

ㄱ 차의 빠른 통행을 위하여 만든 차 전용의 도로
ㄴ 민간 생활과 관련된 신앙, 습관, 풍속, 전승 문화 따위를 통틀어 이르는 말
ㄷ 고고학적 자료, 역사적 유물, 예술품, 그 밖의 학술 자료를 수집·보존·진열하고 일반에게 전시하여 학술 연구와 사회 교육에 기여할 목적으로 만든 시설

1 민속 (   )　　　**2** 박물관 (   )　　　**3** 고속도로 (   )

4~6 다음 문장의 밑줄 친 낱말의 알맞은 뜻을 찾아 ○표 해 보세요.

4 지도에 나타난 거리는 축척에 따라 <u>실제</u> 거리가 달라진다.

　(1) 사실의 경우나 형편 (   )　　(2) 사실과 어긋난 것 (   )

5 <u>평면</u> 도형은 선으로 이루어진다.

　(1) 평평한 표면 (   )　　(2) 둥글게 그려진 모양 (   )

6 위치를 말할 때에는 <u>기준</u>을 먼저 정한 뒤에 말해야 한다.

　(1) 기본이 되는 표준 (   )　　(2) 보통과 구별되게 다름. (   )

어휘력에 도움이 되는 **대 표 한 자**

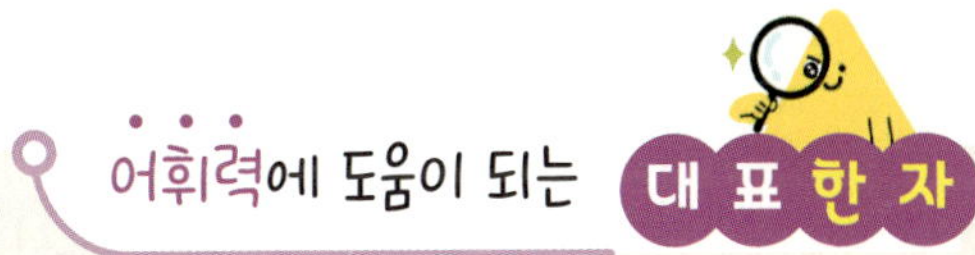

뜻	소리	圖자는 鄙(더러울 비)자와 □(에운담 위)자의 생략자가 합쳐진 글자예요. 그림이나 계획하다 등의 의미를 가지고 있어요.
그림	도	

도 안 (圖 案)
그림 도　생각 안

미술 작품을 만들 때의 형상, 모양, 색채, 배치, 조명 따위에 관하여 생각하고 연구하여 그것을 그림으로 설계하여 나타낸 것
예 색채 **도안**을 보고 색칠을 하니 한결 쉬웠다.

약 도 (略 圖)
간략할 약　그림 도

간략하게 줄여 주요한 것만 대충 그린 도면이나 지도
예 호영이가 **약도**를 그려서 자기 집 위치를 알려 주었다.

로봇, 우주로 향한 꿈

1 로봇은 사람과 비슷하게 생기고 어떤 일을 자동으로 하는 기계 장치를 말해요. 로봇은 체코어로 '노동'을 뜻하는 '로보타(robota)'에서 나온 말이에요. 과학 기술이 발전하면서 로봇이 할 수 있는 일이 점점 늘어나고 있어요. 청소 로봇에서부터 우리 몸을 치료해 주는 수술 로봇, 해저˙ 탐사 로봇, 우주 탐사 로봇까지 로봇의 활동 범위는 매우 다양해요. 그중에서 우주 탐사 로봇에 대해 자세히 알아보아요.

2 사람들은 오래전부터 우주에 대해 탐구하고 제2의 지구를 찾기 위한 노력을 계속해 왔어요. 사람들은 지구와 가장 가까운 천체인 달을 시작으로 화성이나 다른 행성˙에 로봇을 보내어 여러 가지 실험과 관찰을 하게 했어요. 우주에 사람 대신 로봇을 보내는 것이 좋은 까닭은 우주에서 발생할 수 있는 위험으로부터 사람을 보호하고, 우주의 위험한 환경에서 오랜 시간 탐사 활동을 벌일˙ 수 있기 때문이에요.

3 특히 지구와 가장 비슷한 환경을 가졌다고 알려진 행성인 화성을 탐사하는 데 로봇이 많이 이용되었어요. 화성 탐사 로봇 '큐리오시티'는 화성이 미생물˙이 살기에 좋은 조건을 가지고 있다는 것을 발견했고, 화성 탐사 로봇 '인사이트'는 화성의 지진 활동을 탐지˙했어요. 화성 탐사 로봇 '퍼시비어런스'는 화성에서 머물며 생명체˙의 흔적을 찾고 있어요.

4 사람들은 우주 탐사 로봇에서 더 나아가 사람 대신 로봇 우주 비행사를 우주 정거장에 보내려는 노력을 하고 있어요. 로봇 우주 비행사는 사람을 대신해 우주 정거장에서 기계를 수리하거나 부품을 교환하는 일 등을 하게 될 거예요. 이처럼 로봇은 우주로 나아가려는 인간의 꿈을 이루어 주고 있어요.

| 낱말 풀이

• **해저** 바다의 밑바닥
• **행성** 중심 별의 강한 인력의 영향으로 타원 궤도를 그리며 중심 별의 주위를 도는 천체
• **벌이다** 일을 계획하여 시작하거나 펼쳐 놓다.
• **미생물** 눈으로는 볼 수 없는 아주 작은 생물
• **탐지** 드러나지 않은 사실이나 물건 따위를 더듬어 찾아 알아냄.
• **생명체** 생명이 있는 물체

내용 들여다보기 🔍

STEP 1 핵심 내용 정리하기

❶ ⬚은 사람과 비슷하게 생기고 어떤 일을 자동으로 하는 기계 장치를 말해요.

  ↳ 로봇의 활동 범위는 매우 다양해요.

    ↳ ⬚에서 우주 ⬚ 로봇에 대해 자세히 알아보아요.

❷ 사람들은 ~ 달을 시작으로 ⬚이나 다른 행성에 로봇을 보내어 여러 가지 실험과 관찰을 하게 했어요.

  ↳ 우주에 ⬚을 보내는 것이 좋은 ⬚은 우주에서 발생할 수 있는 위험으로부터 사람을 보호하고 ~ 오랜 시간 탐사 활동을 벌일 수 있기 때문이에요.

❸ ⬚을 탐사하는 데 로봇이 많이 이용되었어요.

  ↳ 큐리오시티, 인사이트, 퍼시비어런스

❹ 사람들은 ~ 로봇 우주 비행사를 우주 ⬚에 보내려는 노력을 하고 있어요.

  ↳ ⬚ 로봇은 우주로 나아가려는 인간의 ⬚을 이루어 주고 있어요.

STEP 2 짜임 이해하기

STEP 3 내용 요약하기

✏️ 우주 탐사 로봇은 ____

우주 탐사 로봇은 앞으로도 ____

문제로 확인하기

[화제 파악] **1** 이 글의 화제는 무엇인가요? (   )

① 로봇의 역사

② 우주 탐사 로봇

③ 로봇의 여러 가지 이름

④ 인간과 로봇의 다른 점

⑤ 우리나라 로봇의 발전 과정

[내용 이해] **2** 우주에 로봇을 보내면 좋은 점은 무엇인가요? (   )

① 개발 비용이 적게 듭니다.

② 빨리 우주에 도착할 수 있습니다.

③ 우주에 대해 몰라도 갈 수 있습니다.

④ 사람의 도움 없이 혼자 갈 수 있습니다.

⑤ 위험한 환경에서도 오랜 시간 탐구할 수 있습니다.

[내용 추론] **3** 이 글을 읽고 **보기** 의 질문에 대한 답으로 알맞은 낱말을 골라 ○표 해 보세요.

보기

화성 탐사 로봇 '큐리오시티'는 화성 표면 아래에 있는 얼음을 발견했습니다. 이것은 무엇을 의미할까요?

→ 화성에는 (물 / 불)이 있습니다.

[비판과 평가] **4** 로봇에 대한 글쓴이의 생각과 <u>다른</u> 생각을 가진 친구는 누구인가요? (   )

① 가은: 로봇은 사람이 직접 하기 힘든 수술을 대신해 줍니다.

② 나은: 로봇은 사람을 대신해 집 안을 깨끗하게 청소하기도 합니다.

③ 다은: 로봇은 화재가 날 만한 곳을 감시해서 화재를 예방할 수 있습니다.

④ 라은: 로봇은 노인들 옆에서 친구가 되어 주고 간호해 줄 수도 있습니다.

⑤ 마은: 로봇을 만들어 사용하는 사람들이 잘못 사용하면 인간이 로봇에게 지배 당할 수도 있습니다.

1~2 다음 낱말의 알맞은 뜻을 <보기>에서 찾아 기호를 써 보세요.

보기

㉠ 일을 계획하여 시작하거나 펼쳐 놓다.
㉡ 드러나지 않은 사실이나 물건 따위를 더듬어 찾아 알아내다.

1 벌이다 (   ) **2** 탐지하다 (   )

3~6 다음 문장의 빈칸에 알맞은 낱말을 <보기>에서 찾아 써 보세요.

보기

해저   행성   미생물   생명체

3 깊은 [   ]에도 생명체가 살고 있다.
　　　바다의 밑바닥

4 물은 모든 [   ]에게 꼭 필요한 물질이다.
　　　생명이 있는 물체

5 태양계에는 수성, 금성, 지구, 화성 등의 [   ]이/가 있다.
　　　　　　중심 별의 주위를 도는 천체

6 [   ]을/를 이용해서 음식물 쓰레기를 친환경적으로 처리할 수 있다.
　　눈으로는 볼 수 없는 아주 작은 생물

어휘력에 도움이 되는 **대표한자**

行

뜻	소리
다닐	행

行자는 네 방향으로 갈라진 사거리를 그린 것이에요. 行자가 항렬이나 줄이라는 뜻으로 쓰일 때는 '항'으로 소리 내요. **다니다, 가다, 돌다** 등의 의미를 가지고 있어요.

선 행 (先 行)
먼저 선　다닐 행
어떠한 것보다 앞서가거나 앞에 있음.
㉮ 우주 시대를 열기 위해서는 기술 개발이 <u>선행</u> 과제이다.

행 동 (行 動)
다닐 행　움직일 동
몸을 움직여 동작을 하거나 어떤 일을 함.
㉮ 바른 마음을 가져야 <u>행동</u>도 바르게 할 수 있다.

행 진 (行 進)
다닐 행　나아갈 진
줄을 지어 앞으로 나아감.
㉮ 운동회에서 이긴 편이 운동장을 <u>행진</u>하고 있다.

우리나라의 전통 놀이, 윷놀이

일일 학습을 마치고, 워크북으로 생각을 정리해 보세요. 워크북 • 48쪽

관련 교과 **초등사회 3-2**
시대마다 다른 삶의 모습

❶ 윷놀이는 설날부터 정월 대보름날까지 명절°에 많이 즐기던, 우리나라의 전통° 놀이 중 하나입니다. 어른이나 아이 가릴 것 없이 모두 즐길 수 있고, 때와 장소를 가리지 않고 방 안이나 마당에서 두 명 이상의 사람이 함께 즐길 수 있는 놀이입니다.

❷ 윷놀이를 할 때 준비할 것은 윷판, 윷, 말판, 말입니다. 윷판은 윷을 던지기 위해 멍석°이나 짚방석, 방석 등으로 만든 판입니다. 윷은 작고 둥근 통나무 두 개를 반씩 쪼개어 한쪽은 평평하고 한쪽은 볼록하게 네 쪽으로 만든 것입니다. 윷놀이는 네 개의 윷이 뒤집히는 수에 따라 도, 개, 걸, 윷, 모의 다섯 등급이 있습니다. 평평한 면이 한 개 뒤집어지면 '도', 두 개는 '개', 세 개는 '걸', 네 개는 '윷', 네 개 모두 볼록한 면이 위로 오면 '모'라고 합니다. 이때 도는 돼지, 개는 개, 걸은 양, 윷은 소, 모는 말을 뜻합니다. 이 이름들은 옛날 부족° 국가인 부여의 벼슬° 이름인 저가, 구가, 우가, 마가에서 나왔다는 이야기가 전해져 오고 있습니다. 말판은 종이에 정사각형이나 원형으로 총 29개의 점을 찍어서 만들고, 말은 나뭇조각이나 바둑알, 공깃돌 등을 사용합니다.

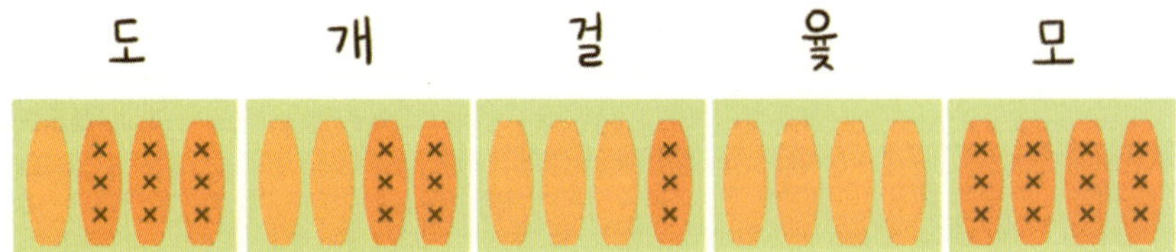

❸ 윷놀이는 윷을 던져서 나온 결과로 말을 움직입니다. 도는 1칸, 개는 2칸, 걸은 3칸, 윷은 4칸, 모는 5칸을 움직입니다. 윷놀이에서는 윷을 잘 던지는 것도 중요하지만, 말을 어떻게 쓰느냐에 따라 승부°가 갈리기도 합니다. 네 개의 말을 따로따로 한 개씩 움직이기도 하지만, 윷을 던진 결과 자기편 말이 이미 있는 곳에, 뒤따라오던 자기편 말이 오게 되는 경우에는 말을 업어서 함께 움직일 수도 있습니다. 또한 상대편 말이 이미 있는 곳에 자기편 말이 가게 되면 상대편 말을 잡을 수 있습니다. 윷놀이는 말 네 개가 출발점으로 먼저 돌아오는 편이 이기게 됩니다.

| 낱말 풀이 |

• **명절** 해마다 일정하게 지키어 즐기거나 기념하는 때. 우리나라에는 설날, 대보름날, 단오, 추석, 동짓날 따위가 있음.

• **전통** 어떤 집단이나 공동체에서, 지난 시대에 이미 이루어져 계통을 이루며 전하여 내려오는 사상·관습·행동 따위의 양식

• **멍석** 짚으로 새끼 날을 만들어 네모지게 걸어 만든 큰 깔개

• **부족** 같은 조상·언어·종교 등을 가진, 원시 사회의 구성 단위가 되는 지역적 생활 공동체

• **벼슬** 관아에 나가서 나랏일을 맡아 다스리는 자리. 또는 그런 일

• **승부** 이김과 짐.

내용 들여다보기

STEP 1 핵심 내용 정리하기

❶ ◻◻◻◻는 ~ 우리나라의 전통 놀이 중 하나입니다.

↳ 두 명 이상의 사람이 함께 즐길 수 있는 놀이입니다.

❷ 윷놀이를 할 때 ◻◻◻◻할 것은 윷판, 윷, 말판, 말입니다.

↳ ◻◻◻◻은 윷을 던지기 위해 멍석이나 짚방석, 방석 등으로 만든 판입니다.

↳ ◻◻◻◻은 작고 둥근 통나무 두 개를 반씩 쪼개어 ~ 네 쪽으로 만든 것입니다.

  ↳ 도, 개, 걸, 윷, 모

↳ ◻◻◻◻은 종이에 ~ 29개의 점을 찍어서 만들고, ◻◻◻◻은 나뭇조각이나 바둑알, 공깃돌 등을 사용합니다.

❸ 윷놀이는 ◻◻◻◻을 던져서 나온 결과로 말을 움직입니다.

↳ 윷놀이에서는 ~ 말을 어떻게 쓰느냐에 따라 ◻◻◻◻가 갈리기도 합니다.

↳ 윷놀이는 말 네 개가 ◻◻◻◻으로 먼저 돌아오는 편이 이기게 됩니다.

STEP 2 짜임 이해하기

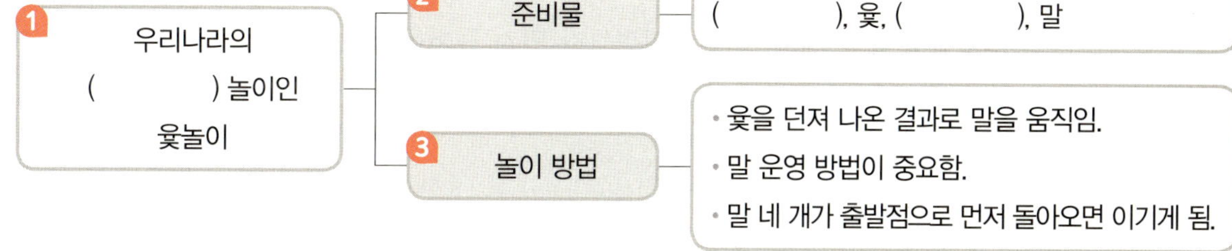

STEP 3 내용 요약하기

✎ 우리나라의 전통 놀이 중 하나인 윷놀이는

화제 파악

1 이 글에서 가장 중요한 낱말은 무엇인가요? (   )

① 윷　　　　　② 윷판　　　　　③ 윷놀이
④ 설날　　　　　⑤ 전통 놀이

내용 이해

2 윷놀이에 대해 <u>잘못</u> 이해한 친구 두 명은 누구인가요? (   )

① 준안: 윷놀이는 실내에서만 할 수 있어.

② 소미: 윷놀이는 말을 놓는 방법이 중요해.

③ 준호: 윷놀이의 윷이 나타내는 동물이 각각 달라.

④ 해린: 윷놀이는 할아버지와 아이가 함께할 수 있는 놀이야.

⑤ 유림: 윷놀이는 옛날에는 많이 했는데 지금은 하는 사람이 없어.

내용 추론

3 윷놀이에서 승리한 친구는 누구인가요? (   )

① 상대편보다 먼저 윷을 던진 하니

② 윷이 상대편보다 더 여러 번 나온 소라

③ 상대편 말을 상대편보다 더 여러 번 잡은 미진

④ 출발점에 한 개의 말이 상대편보다 먼저 들어온 윤아

⑤ 네 개의 말이 모두 출발점으로 상대편보다 먼저 들어온 하석

상황에 적용

4 다음 그림에서 파란색 말을 잡으려면 빨간색 말을 가진 편이 윷을 던졌을 때 무엇이 나와야 하나요? 이 글을 참고해서 답해 보세요. (   )

① 도
② 개
③ 걸
④ 윷
⑤ 모

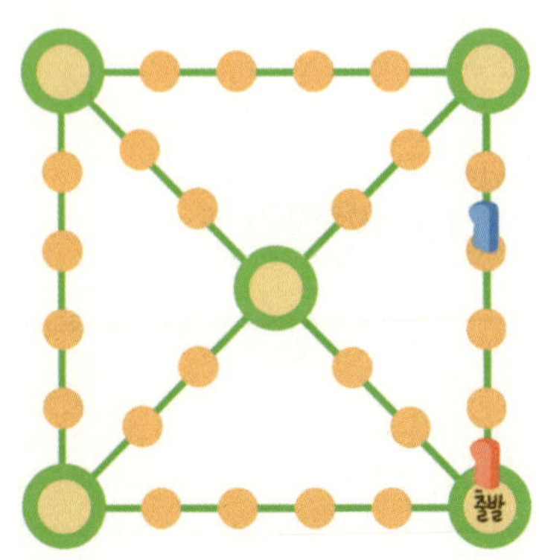

어휘력 다지기

1~2 다음 낱말을 포함하는 낱말을 찾아 선으로 이어 보세요.

1 설날, 추석, 정월 대보름 •　　　• ㉠ 명절

2 윷놀이, 연날리기, 제기차기 •　　　• ㉡ 전통 놀이

3~6 다음 낱말의 뜻풀이를 참고하여 문장에 어울리는 낱말에 ○표 해 보세요.

3 벼를 (말 / 멍석) 위에 펼쳐 놓고 말렸다.
　　　짚으로 엮어 만든 큰 깔개

4 원시 시대에는 같은 (아이 / 부족)끼리 모여 살았다.
　　　사회의 구성 단위가 되는 지역적 생활 공동체

5 가위바위보로 마지막 (승부 / 출발점)을/를 가르자.
　　　이김과 짐.

6 조선 시대에는 과거 시험을 보아야 (벼슬 / 놀이)을/를 할 수 있었다.
　　　관아에 나가서 나랏일을 맡아 다스리는 자리

어휘력에 도움이 되는 **대표 한자**

統　糸 統 統

뜻	소리	統자는 糸(가는 실 사)자와 充(채울 충)자가 합쳐져서 만들어진 글자예요. 統자는 본래 실마리를 뜻하기 위해 만든 글자였어요. 거느리다나 합치다, 실마리 등의 의미를 가지고 있어요.
거느릴	통	

전 통 (傳 統)　전할 전　거느릴 통	어떤 집단이나 공동체에서, 지난 시대에 이미 이루어져 계통을 이루며 전하여 내려오는 사상 · 관습 · 행동 따위의 양식 예 우리나라 **전통** 문화를 잘 계승하자.
통 치 (統 治)　거느릴 통　다스릴 치	나라나 지역을 도맡아 다스림. 예 세종이 **통치**를 하던 시대에는 태평성대였다.
대통령 (大 統 領)　클 대　거느릴 통　거느릴 령	외국에 대하여 국가를 대표하는 국가의 원수 예 나라가 **대통령** 선거 준비로 분주하다.

또 하나의 언어, 그림말

공부한 날

월   일

관련 교과 **초등국어 4-2**
바르고 공손하게

❶ 일상에서 누군가와 대화를 나눌 때에는 주로 말로 의사소통˙이 이루어집니다. 하지만 말로 다 전하지 못한 대화 속 감정은 반언어적 표현이나 비언어적 표현으로 전해지기도 합니다. '반언어적 표현'은 목소리의 크기, 빠르기, 높낮이, 말투˙ 등을 말하고, '비언어적 표현'은 몸짓과 표정, 자세 등을 말합니다. 그러나 온라인 대화에서는 반언어적 표현과 비언어적 표현 없이 글로만 의사소통이 이루어지기 때문에 글로는 전하기 어려운 감정은 그림말을 사용해 나타낼 수 있습니다.

❷ '그림말'은 컴퓨터나 휴대 전화의 문자와 기호, 숫자 따위를 조합해 만든 그림 문자입니다. 흔히 '이모티콘(emoticon)'이라고 하는데 '감정'을 뜻하는 'emotion'과 '기호'를 뜻하는 'icon'이 합쳐진 말입니다. 주로 얼굴 표정, 몸짓을 기호로 표현하여 감정을 나타냅니다. 온라인에서 감정을 전달하고자 할 때 사용하는 그림말은 인터넷이 발달하면서 사용되기 시작한 또 하나의 언어라고 할 수 있습니다. 이모티콘의 시초˙는 미국에 있는 카네기 멜런 대학교의 스콧 팰만 교수가 전자 게시판에 :−)을 사용한 것입니다. 인터넷과 휴대 전화 사용이 늘어나면서 온라인 대화, 전자 우편, 전자 게시판 등의 사용이 급격하게˙ 늘어났습니다. 이와 더불어 그림말의 사용도 늘어나고 점점 다양해지면서 창의적˙으로 발전하고 있습니다.

❸ 그림말을 사용하면 글로만 전하기에 부족한 감정을 전하기에 도움이 됩니다. 하지만 그림말을 바르게 사용하지 않으면 문제가 생기기도 합니다. 상대가 그림말을 이해하지 못한 경우 오해˙가 발생할 수 있고, 상황에 따라 그림말을 지나치게 많이 사용하면 장난스럽게 느껴져서 상대의 기분이 나빠질 수도 있습니다. 따라서 상대와 상황을 고려하여 그림말을 바르게 사용해야 합니다.

┃ 낱말 풀이 ┃

- **의사소통** 가지고 있는 생각이나 뜻이 서로 통함.
- **말투** 말을 하는 버릇이나 됨됨이
- **시초** 맨 처음
- **급격하다** 변화의 움직임 따위가 급하고 격렬하다.
- **창의적** 새로운 것을 생각해 내는 특성을 띠거나 가진 것
- **오해** 그릇되게 해석하거나 뜻을 잘못 앎. 또는 그런 해석이나 이해

>:−<	화남	:−0	놀람	^-^	웃음
*^^*	쑥스러움	(·)_(·)	당황함	−_−	못마땅함

▲ 그림말의 예

내용 들여다보기

STEP 1　핵심 내용 정리하기

❶ 일상에서 누군가와 대화를 나눌 때에는 주로 말로 [　　　]이 이루어집니다.

↳ [　　　] 말로 다 전하지 못한 대화 속 감정은 ~ [　　　] 표현이나 비언어적 표현으로 전해지기도 합니다.

↳ 그러나 온라인 대화에서는 ~ [　　　]로만 의사소통이 이루어지기 때문에 글로는 전하기 어려운 감정은 [　　　]을 사용해 나타낼 수 있습니다.

❷ '그림말'은 ~ 문자와 기호, 숫자 따위를 조합해 만든 [　　　] 문자입니다.

↳ '이모티콘(emoticon)'이라고 하는데 '[　　　]'을 뜻하는 'emotion'과 '[　　　]'를 뜻하는 'icon'이 합쳐진 말입니다.

↳ 주로 얼굴 표정, 몸짓을 기호로 표현하여 감정을 나타냅니다.

↳ [　　　]이 발달하면서 사용되기 시작한 또 하나의 [　　　]라고 할 수 있습니다.

❸ 그림말을 바르게 사용하지 않으면 문제가 생기기도 합니다.

↳ 오해가 발생함, 지나치게 많이 사용하면 장난스럽게 느껴질 수 있음.

↳ [　　　] 상대와 [　　　]을 고려하여 그림말을 바르게 사용해야 합니다.

STEP 2　짜임 이해하기

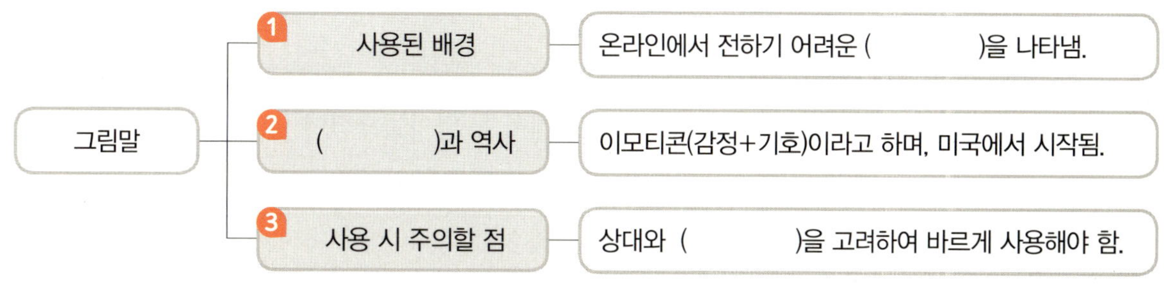

STEP 3　내용 요약하기

✎ '이모티콘'이라고도 불리는 그림말은 ________________________________

이모티콘을 사용할 때에는 ________________________________

____

주제 파악 **1** 이 글에서 가장 중요한 내용은 무엇인가요? (   )

① 인터넷 사용이 늘어나고 있습니다.

② 그림말을 잘못 사용하면 오해가 생길 수 있습니다.

③ 그림말을 맨 처음 사용한 사람은 미국의 교수입니다.

④ 그림말은 온라인 대화에서 의사소통 수단의 하나입니다.

⑤ 일상 대화에서는 말과 반언어적 표현, 비언어적 표현으로 의사소통을 합니다.

내용 이해 **2** 온라인 대화에서 그림말을 사용하면 좋은 점은 무엇인가요? (   )

① 맞춤법에 맞지 않게 글을 써도 됩니다.

② 물건의 모습을 자세히 설명할 수 있습니다.

③ 대화명을 사용하지 않아도 누구인지 알 수 있습니다.

④ 글로만 전하기에는 어려운 감정을 잘 전달할 수 있습니다.

⑤ 말을 쓰지 않고 그림말만으로도 자신의 생각을 모두 전할 수 있습니다.

내용 추론 **3** 이 글을 읽고 그림말을 <u>잘못</u> 사용한 경험을 말한 친구를 찾아 ○표 해 보세요.

> **우람**: 숙제가 너무 많아서 힘들어하는 친구에게 응원하는 그림말을 보내 주
> 었더니 고마워했어.   (   )
> **나루**: 재미있는 책을 읽고 친구에게 소개할 때 그림말을 썼더니 친구가 책
> 내용이 더 잘 이해된다고 했어.   (   )
> **효리**: 할머니와 온라인 대화를 하는데 친구들과 대화할 때 사용하던 그림말
> 을 많이 사용하였더니 할머니께서 못 알아들으셨어.   (   )

상황에 적용 **4** 다음 온라인 대화에서 '동글이'가 '곰이'에게 전하고 싶은 마음은 무엇인가요? (   )

① 속상한 마음

② 부러운 마음

③ 즐거운 마음

④ 궁금한 마음

⑤ 축하하는 마음

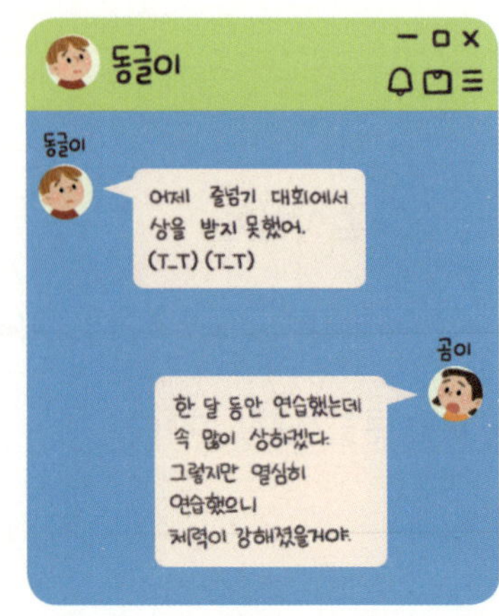

1~2 다음 문장에 알맞은 낱말을 골라 ○표 해 보세요.

1 (급격하게 / 서서히) 나빠진 건강 때문에 동생은 갑자기 학교에 가지 못했다.

2 이번 전시회는 (지루하게 / 창의적으로) 만든 작품이 많아서 관람객이 많았다.

3~6 다음 문장의 빈칸에 알맞은 낱말을 **보기**에서 찾아 써 보세요.

보기

| 말투 | 시초 | 오해 | 의사소통 |

3 동생과 나는 대화를 나누어 [   ]을/를 풀었다.
그릇되게 해석하거나 뜻을 잘못 앎.

4 그 사람의 [   ](으)로 보아 따뜻한 성격임을 짐작할 수 있었다.
말을 하는 버릇이나 됨됨이

5 낯선 나라에 여행을 갔는데 그 나라의 언어를 몰라 [   ]이/가 어려웠다.
가지고 있는 생각이나 뜻이 서로 통함.

6 우리 싸움의 [   ]은/는 희주가 생일잔치에 나만 초대하지 않은 것이었다.
맨 처음

어휘력에 도움이 되는 **대표한자** 

傳   亻 俥 傳

뜻	소리	傳자는 人(사람 인)자와 專(오로지 전)자가 합쳐져서 만들어진 글자예요. 傳자는 **전하다**나 **전해 내려오다** 등의 의미를 가지고 있어요.
전할	전	

전 설 (傳 說)
전할 전　말씀 설
옛날부터 민간에서 전하여 내려오는 이야기
예 덕진다리에는 전해져 오는 **전설**이 있다.

전 승 (傳 承)
전할 전　이을 승
문화 · 풍속 · 제도 따위를 이어받아 계승함.
예 전통 문화의 **전승**이 꾸준히 이루어져야 한다.

전 기 문 (傳 記 文)
전할 전　기록할 기　글월 문
어떤 인물의 삶과 업적을 기록한 글
예 이순신 장군의 **전기문**을 읽고 감동을 받았다.

우리나라 국민이 가지고 있는 기본적인 권리는 무엇일까?

기본권은 헌법에 의하여 보장되는 국민의 기본적인 권리를 말해요. 먼저 '인간의 존엄과 가치 및 행복 추구권'이 있어요. 이 권리는 인간이 태어나면서 가지는 자연적인 권리로 헌법이 보장하는 모든 기본권의 바탕이 되는 포괄적 권리예요. 또한 국가의 간섭을 받지 않고 자유롭게 생활할 수 있는 '자유권', 어떤 상황에서도 부당하게 차별받지 않을 '평등권', 국가에 인간다운 생활의 보장을 요구할 수 있는 '사회권', 국가의 의사 결정 과정에 참여할 수 있는 '참정권', 국가에 대해 일정한 행위를 요구할 수 있는 '청구권'이 있어요.

우리나라 최초의 세계 지도는 무엇일까?

'혼일강리역대국도지도'는 1402년에 김사형, 이무, 이회 등이 만든 우리나라 최초의 세계 지도로 알려져 있어요. 당시에 만들어진 지도 중 가장 뛰어난 지도로 손꼽혀요. 조선·중국·일본의 동북아시아 지역 뿐 아니라 당시에 크게 교류하지 않았던 서남아시아·아라비아 반도·아프리카·유럽까지 포함돼 있어요. 이 지도는 현재 사용하는 지도와 비교해도 크게 다르지 않아 놀라움을 주어요. 이 지도의 원본은 소실되었지만 필사본이 아직 일본에 남아 있다고 해요. 어서 빨리 지도의 필사본이 우리나라로 반환되었으면 하는 바람이에요.

뒷머리를 긁적이며 말하는 것은 언어적 표현일까?

언어 외적 표현은 의사소통 상황에서 말로 표현하는 것 이외의 것으로 자신의 의사를 전달하는 것을 말해요. 몸짓, 표정 등을 통해 의사를 전달하는 것을 비언어적 표현이라고 하고, 목소리의 크기, 빠르기, 높낮이, 말투 등을 통해 의사를 전달하는 것을 반언어적 표현이라고 해요. 선생님의 질문에 대답하기 곤란할 때 뒷머리를 긁적인 적이 있나요? 이때의 행동은 비언어적 표현을 동반해요. 친구에게 화가 났을 때 쌀쌀맞게 말해 본 적이 있나요? 이때의 행동은 반언어적 표현을 동반해요. 이처럼 언어 외적 표현을 통해 자신의 의사를 좀 더 효과적으로 전달할 수 있어요.

Day 26	인문	온라인 대화 시 지켜야 할 예절
Day 27	사회	봉수와 파발로 소식을 전해요
Day 28	과학	생활 속 작용 반작용 법칙
Day 29	예체능	솟대의 꿈
Day 30	융합	숨쉬는 옹기

온라인 대화 시 지켜야 할 예절

일일 학습을 마치고, 워크북으로 생각을 정리해 보세요. 워크북 · 52쪽

공부한 날

월   일

관련 교과 **초등국어 4-2**
바르고 공손하게

① 친구들과 휴대 전화로 온라인 대화를 해 본 적 있나요? '온라인 대화'란 인터넷이나 휴대 전화로 글자를 입력해서 같은 시간에 멀리 있는 사람과 대화하는 것을 말해요. 원활한 대화는 대화 예절을 잘 지켜 상대를 배려하고 상대의 기분을 이해하려는 노력에서부터 시작해요. 이것은 온라인 대화에서도 마찬가지예요. 글로 의사소통을 하는 온라인 대화에서 지켜야 할 대화 예절을 살펴볼까요?

② 온라인 대화에서는 상대의 표정이나 몸짓을 볼 수 없기 때문에 예절을 더 잘 지켜야 해요. 예의 없는 말이나 비속어를 쓰면 안 되고 줄임 말을 지나치게 많이 쓰면 안 돼요. 편하다는 이유로 높임말을 써야 하는 웃어른께 예사말을 쓴다거나 친한 사이라고 친근하게 표현하기 위해 비속어나 줄임 말을 많이 쓰면 상대의 기분이 나빠질 수 있어요. 그리고 대화를 시작할 때에는 상대가 대화가 가능한지 확인하여 허락을 받은 뒤에 대화를 시작해야 하고, 대화방에 들어가고 나갈 때에는 인사를 해야 해요. 인사말 없이 자신이 하고 싶은 말만 하고 대화방을 나가는 것은 예절에 어긋나요. 또한 상대가 보이지 않는다고 지나치게 자기 할 말만 하면 안 돼요. 상대의 반응을 잘 살피면서 자기 이야기를 하고 상대가 하고 싶은 말이 있는지 살펴보며 대화를 나누어요.

③ 온라인 대화에서는 특히 주의할 점이 있어요. 친구들과 대화방에서 나눈 대화를 다른 곳에 공개하면 안 돼요. 특히 개인의 비밀이나 개인의 생활이 담긴 정보는 더 주의해서 지켜 주어야 해요. 온라인 대화를 할 때 이러한 예절을 잘 지키면 원활한 의사소통을 할 수 있어요.

| 낱말 풀이 |

• **입력** 문자나 숫자를 컴퓨터가 기억하게 하는 일

• **배려** 도와주거나 보살펴 주려고 마음을 씀.

• **비속어** 격이 낮고 속된 말

• **예사말** 보통으로 가벼이 하는 말

• **친근하다** 친하여 익숙하고 허물이 없다.

• **공개** 어떤 사실이나 사물, 내용 따위를 여러 사람에게 널리 터놓음.

• **비밀** 숨기어 남에게 드러내거나 알리지 말아야 할 일

내용 들여다보기

STEP 1 핵심 내용 정리하기

1 '◯◯◯' 대화'란 인터넷이나 휴대 전화로 글자를 입력해서 같은 시간에 멀리 있는 사람과 대화하는 것을 말해요.
↳ 원활한 대화는 대화 ◯◯◯ 을 잘 지켜 상대를 ◯◯◯ 하고 상대의 기분을 이해하려는 노력에서부터 시작해요.

2 온라인 대화에서는 ~ 예절을 더 잘 지켜야 해요.
↳ 예의 없는 말이나 ◯◯◯ 를 쓰면 안 되고 줄임 말을 지나치게 많이 쓰면 안 돼요.
↳ ◯◯◯ 대화를 시작할 때에는 상대가 대화가 가능한지 확인하여 허락을 받은 뒤에 대화를 시작해야 하고, 대화방에 들어가고 나갈 때에는 ◯◯◯ 를 해야 해요.
↳ ◯◯◯ 상대가 보이지 않는다고 지나치게 자기 할 말만 하면 안 돼요.

3 온라인 대화에서는 특히 ◯◯◯ 할 점이 있어요.
↳ 친구들과 대화방에서 나눈 대화를 다른 곳에 ◯◯◯ 하면 안 돼요.
↳ 특히 개인의 ◯◯◯ 이나 개인의 생활이 담긴 정보는 더 주의해서 지켜 주어야 해요.

STEP 2 짜임 이해하기

1 ( ) 대화 시 지켜야 할 예절

2 온라인 대화 예절 ①
- 예의 없는 말이나 ( ) 쓰지 않기
- 줄임 말 지나치게 쓰지 않기
- 대화 시작이 가능한지 확인하기
- 대화 시작과 종료 시 ( )하기
- 상대의 ( ) 고려하기

3 온라인 대화 예절 ②
- 대화 내용을 다른 곳에 ( )하지 않기
- 개인의 비밀이나 개인의 생활이 담긴 정보는 지켜 주기

STEP 3 내용 요약하기

✏️ 온라인으로 대화를 할 때에는

주제 파악 **1** 이 글의 글쓴이의 중심 생각을 써 보세요.

답 ________________________________

내용 이해 **2** 온라인 대화의 특징으로 가장 알맞은 것은 무엇인가요? (   )

① 대화한 내용을 볼 수 없습니다.
② 여러 사람과는 한꺼번에 대화하기 힘듭니다.
③ 상대의 몸짓으로 상대의 기분을 알 수 있습니다.
④ 상대의 표정으로 상대의 마음을 알 수 있습니다.
⑤ 멀리 있어도 언제 어디에서든지 대화를 할 수 있습니다.

내용 추론 **3** 온라인 대화 예절을 지키지 <u>않은</u> 행동은 무엇인가요? (   )

① 고운 말을 쓰며 동생과 온라인 대화를 했습니다.
② 친구가 자신에게 털어놓은 비밀을 다른 대화방에 그대로 가져다 썼습니다.
③ 줄임 말을 모르시는 할머니와 온라인 대화를 할 때 줄임 말을 쓰지 않았습니다.
④ 친구와 온라인 대화를 하려 했는데 식사 중이라고 해서 나중에 하기로 했습니다.
⑤ 친구와 온라인 대화를 하는 중에 아버지께서 부르셔서 미안하다고 인사하고 대화방을 나왔습니다.

비판과 평가 **4** 이 글을 읽고 다음 온라인 대화에 대해 알맞게 말하지 <u>못한</u> 친구는 누구인지 써 보세요.

휘나: 효나는 지우에게 대화를 시작하기 전에 반갑게 인사를 잘했어.
려운: 효나는 대화를 하기 전에 대화를 해도 되는지 물어본 점이 훌륭해.
도진: 지우는 선생님과 대화를 하는데 높임말을 쓰지 않아서 예절에 어긋나.

(   )

1~2 다음 문장의 밑줄 친 낱말의 뜻으로 알맞은 것에 ○표 해 보세요.

1 누나가 심부름을 하지 않았다는 <u>비밀</u>을 가족에게 알리지 않았다.

[1] 세상에 널리 알림. ( )

[2] 숨기어 남에게 드러내거나 알리지 말아야 할 일 ( )

2 한글을 파괴하는 <u>비속어</u>가 일상생활에 많이 쓰이는 것이 문제이다.

[1] 격이 낮고 속된 말 ( )

[2] 좋은 점이나 착하고 훌륭한 일을 높이 평가함. ( )

3~6 다음 뜻에 알맞은 낱말을 완성하기 위한 카드를 **보기** 에서 골라 써 보세요.

보기

| 개 | 공 | 근 | 려 | 력 | 배 | 입 | 친 |

3 친하여 익숙하고 허물없다. → ▢ ▢ 하 다

4 문자나 숫자를 컴퓨터가 기억하게 하다. → ▢ ▢ 하 다

5 도와주거나 보살펴 주려고 마음을 쓰다. → ▢ ▢ 하 다

6 어떤 사실이나 사물, 내용 따위를 여러 사람에게 널리 터놓다. → ▢ ▢ 하 다

어휘력에 도움이 되는 **대표한자**

뜻	소리	許자는 言(말씀 언)자와 午(낮 오)자가 합쳐져서 만들어진 글자예요. 許자는 **허락하다**나 **승낙하다**의 의미를 가지고 있어요.
허할	허	

許 〔言 許 許〕

허 가 (許 可)	행동이나 일을 하도록 허용함.
허할 허 옳을 가	예 **허가**를 받지 않고 지은 건축물이 문제이다.

허 용 (許 容)	허락하여 너그럽게 받아들임.
허할 허 얼굴 용	예 등교 후에는 외출이 <u>허용</u>되지 않는다.

봉수와 파발로 소식을 전해요

일일 학습을 마치고, 워크북으로 생각을 정리해 보세요. 워크북 · 54쪽

① 소식을 전하기 위한 도구나 기구를 '통신 수단'이라고 합니다. 지금처럼 휴대 전화나 전자 우편, 텔레비전 같은 통신 수단이 없던 옛날에는 어떻게 소식을 전했을까요? 옛날에 집안의 중요한 행사는 사람이 직접 걸어가서 서찰로 소식을 전했어요. 그리고 나라의 중요한 일은 사람들이 많이 모이는 곳에 방을 붙이거나 북을 울려 소식을 알렸어요. 그러나 나라에 적군이 쳐들어왔을 때처럼 위급한 상황에서는 더 빨리 소식을 전할 수 있는 통신 수단이 필요했어요. 그래서 생긴 것이 바로 봉수와 파발이에요.

▲ 봉수대

② 봉수는 낮에는 연기를 피우고 밤에는 불을 피워서 신호를 보내는 통신 수단이에요. 국경에 있는 봉수대에서 신호를 보내기 시작하면 수십 리마다 설치된 봉수대에서 신호를 이어받아 마지막으로 왕이 있는 한양에서 소식을 받아 보게 돼요. 봉수는 연기나 불의 개수로 위급한 정도를 나타냈어요. 편안한 상태일 때에는 봉수 한 개, 적이 멀리 나타났을 때에는 두 개, 적이 가까이 오면 세 개, 적이 쳐들어오면 네 개, 적과 싸움이 시작되면 다섯 개의 봉수를 피웠어요.

③ 파발은 말을 타고 가거나 사람이 걸어가서 중요한 문서를 전하는 방법이에요. 파발로 전하는 문서에는 방울을 달았고, 방울 개수로 위급한 정도를 나타냈어요. 방울이 한 개이면 보통으로 급한 문서, 방울이 두 개이면 좀 더 급한 문서, 방울이 세 개이면 아주 급한 문서라는 뜻을 나타냈어요.

▲ 파발

┃ 낱말 풀이 ┃

• **서찰** 안부, 소식, 용무 따위를 적어 보내는 글

• **전하다** 어떤 사실을 상대에게 알리다.

• **방** 어떤 일을 널리 알리기 위하여 사람들이 다니는 길거리나 많이 모이는 곳에 써 붙이는 글

• **위급** 몹시 위태롭고 급함.

• **신호** 일정한 부호, 표지, 소리, 몸짓 따위로 특정한 내용 또는 정보를 전달하거나 지시를 함. 또는 그렇게 하는 데 쓰는 부호

• **국경** 나라와 나라의 영역을 가르는 경계

내용 들여다보기 🔍

STEP 1 핵심 내용 정리하기

① 소식을 전하기 위한 도구나 기구를 '________'이라고 합니다.

옛날에는 어떻게 소식을 전했을까요?

↳ 서찰, 방, 북

위급한 상황에서는 더 빨리 소식을 전할 수 있는 통신 수단이 필요했어요.

↳ 그래서 생긴 것이 바로 ________와 ________이에요.

② ________는 낮에는 연기를 피우고 밤에는 불을 피워서 신호를 보내는 통신 수단이에요.

↳ 국경에 있는 ________에서 신호를 보내기 시작하면 ~ 마지막으로 왕이 있는 한양에서 소식을 받아 보게 돼요.

↳ 봉수는 ________나 ________의 개수로 위급한 정도를 나타냈어요.

③ ________은 말을 타고 가거나 사람이 걸어가서 중요한 문서를 전하는 방법이에요.

↳ 파발로 전하는 문서에는 ________을 달았고, 방울 ________로 위급한 정도를 나타냈어요.

STEP 2 짜임 이해하기

① 옛날의 (________)

서찰, 방, 북, 봉수, 파발

② 위급 시 통신 수단 ① – (________)

· 봉수대에 연기나 불을 피워 소식을 알림.
· 연기나 불의 개수로 위급한 정도를 알림.

③ 위급 시 통신 수단 ② – (________)

· 말을 타고 가거나 사람이 걸어가서 소식을 알림.
· 방울의 개수로 위급한 정도를 알림.

STEP 3 내용 요약하기

✏️ 옛날에는 통신 수단으로 서찰, 방, 북, 봉수, 파발 등이 있었다. 위급할 때는 ________

봉수와 ________

________ 파발을 사용했다.

화제 파악 **1** 이 글에서 가장 중요한 낱말 두 가지는 무엇인가요? (   )

① 불   ② 파발   ③ 봉수
④ 연기   ⑤ 텔레비전

내용 이해 **2** 옛날에 소식을 알렸던 방법이 <u>아닌</u> 것은 무엇인가요? (   )

① 북을 울립니다.

② 전자 우편을 보냅니다.

③ 시장에 방을 붙입니다.

④ 사람을 보내 서찰을 전합니다.

⑤ 봉수대에 연기나 불을 피워 소식을 전합니다.

내용 추론 **3** 자신이 만약 '왕'이라면 방울이 세 개 달린 파발을 받았을 때 든 생각은 무엇일까요?

(   )

① 나라가 편안하니 기쁘구나.

② 반가운 소식이 도착했구나.

③ 소식이 없으니 궁금하구나.

④ 위험한 일이 일어나지 않아 다행이구나.

⑤ 위급한 소식이 담긴 문서이니 빨리 읽고 문제를 해결해야겠구나.

상황에 적용 **4** 이 글을 읽고 보기 의 상황에서 '군인 2'가 할 행동으로 알맞은 것의 기호를 찾아 써 보세요.

보기

군인 1: 저기 멀리 왜군의 움직임이 보여요. 왜군이 쳐들어올지 모르니 빨리 대비를 해야겠어요.
군인 2: 그래? 봉수에 불을 피워서 한양에 계신 임금님께 알려야겠다.

㉮ 봉수 한 개에 불을 피웁니다.
㉯ 봉수 두 개에 불을 피웁니다.
㉰ 봉수 다섯 개에 불을 피웁니다.

(   )

1~2 다음 문장에 알맞은 낱말을 골라 ○표 해 보세요.

1 가족들에게 상을 받았다는 기쁜 소식을 빨리 (전하고 / 막고) 싶다.
어떤 사실을 상대에게 알리고

2 한밤중에 왜군이 쳐들어왔는지 (위급한 / 편안한) 소식을 알리는 불이 보였다.
몹시 위태롭고 급한

3~6 다음 문장의 밑줄 친 낱말의 뜻을 보기 에서 골라 기호를 써 보세요.

보기

㉠ 나라와 나라의 영역을 가르는 경계
㉡ 안부, 소식, 용무 따위를 적어 보내는 글
㉢ 어떤 일을 널리 알리기 위하여 사람들이 다니는 길거리나 많이 모이는 곳에 써 붙이는 글
㉣ 일정한 부호, 표지, 소리, 몸짓 따위로 특정한 내용 또는 정보를 전달하거나 지시를 함. 또는 그렇게 하는 데 쓰는 부호

3 집안의 결혼 소식을 <u>서찰</u>에 써서 큰집에 보냈다. (   )

4 출발 <u>신호</u>가 울리자 달리기 선수들은 모두 달려나가기 시작했다. (   )

5 시장에 과거 시험을 알리는 <u>방</u>이 붙자 사람들이 모여서 웅성거렸다. (   )

6 우리나라의 노래는 이미 <u>국경</u>을 넘어 전 세계인이 즐기는 문화가 되었다. (   )

어휘력에 도움이 되는 **대 표 한 자**

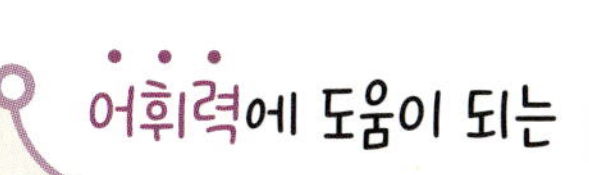

뜻	소리	軍자는 車(수레 차)자와 冖(덮을 멱)자가 합쳐져서 만들어진 글자예요. 軍자는 **군대**나 **진치다** 등의 의미를 가지고 있어요.
군사	군	

적 군 (敵 軍)	적의 군대나 군사
적 적 군사 군	예 **적군**이 쳐들어오기 전에 대비를 잘해야 한다.

군 복 (軍 服)	군인의 제복
군사 군 옷 복	예 **군복**을 입은 군인들의 표정이 근엄했다.

생활 속 작용 반작용 법칙

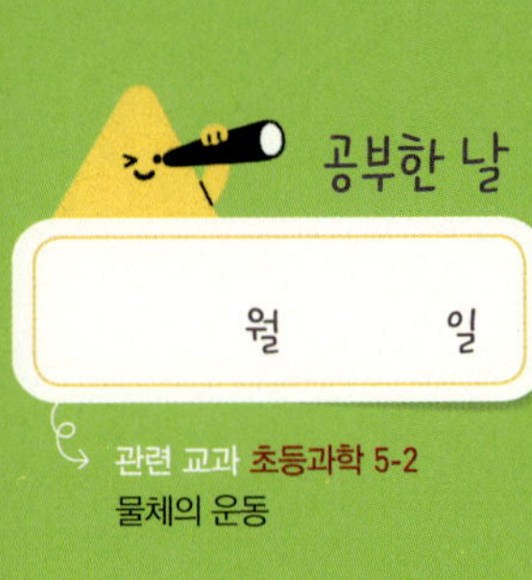

❶ 작용 반작용의 법칙은 '가'와 '나' 두 물체의 힘에 관한 법칙이에요. 물체 '가'가 '나'에 미치는 힘을 '작용', 물체 '나'가 '가'에 미치는 힘을 '반작용'이라고 해요. 작용이 있으면 반드시 반작용이 있어요. 이때 두 힘의 크기는 같고 방향은 반대예요. 이 법칙은 운동 법칙의 하나로, '뉴턴의 제3 법칙'이라고도 해요.

❷ 예를 들어 사람이 걸어가면 발이 땅에 닿으며 땅에 힘이 가해지는데 이때의 힘이 '작용', 땅이 발을 향해 가하는 힘이 '반작용'이에요. 작용과 반작용의 힘이 없다면 우리는 걸을 수 없고 넘어질 거예요. 또 두 친구가 마주 보고 서서 손바닥 치기를 할 때, 한 친구가 다른 친구의 손바닥을 칠 때의 힘이 '작용', 다른 친구가 자신을 친 친구의 손바닥을 미는 힘이 '반작용'이에요. 손바닥 치기를 했을 때 넘어지지 않는 것은 마주 보고 서 있는 두 친구가 서로에게 작용한 힘이 같기 때문이에요.

❸ 2022년 6월 21일, 우리나라가 만든 누리호가 커다란 불을 내뿜으며 발사°하는 모습을 봤나요? 누리호가 땅을 박차고° 날아올라서 우주까지 가게 하는 힘도 작용 반작용의 법칙이에요. 로켓 안에 들어 있는 고체°나 액체° 연료°를 태우면 온도가 높고 압력°이 센 가스가 바깥으로 나오면서 강하게 뿜는 힘이 '작용', 그 반대 방향으로 작용하여 로켓을 밀어내며 박차고 올라가게 하는 힘이 '반작용'이에요. 작용 반작용이 없다면 로켓은 멀리까지 날아가지 못할 거예요.

| 낱말 풀이 |

• **발사** 활·총·로켓이나 빛·소리 따위를 쏘는 일

• **박차다** 발길로 냅다 차다.

• **고체** 일정한 모양과 부피가 있으며 쉽게 변형되지 않는 물질의 상태

• **액체** 일정한 부피는 가졌으나 일정한 형태를 가지지 못한 물질

• **연료** 물질이 산소와 화합하여 많은 빛과 열을 내어서 열, 빛, 동력의 에너지를 얻을 수 있는 물질을 통틀어 이르는 말

• **압력** 두 물체가 접촉면을 경계로 하여 서로 그 면에 수직으로 누르는 단위 면적에서의 힘의 단위

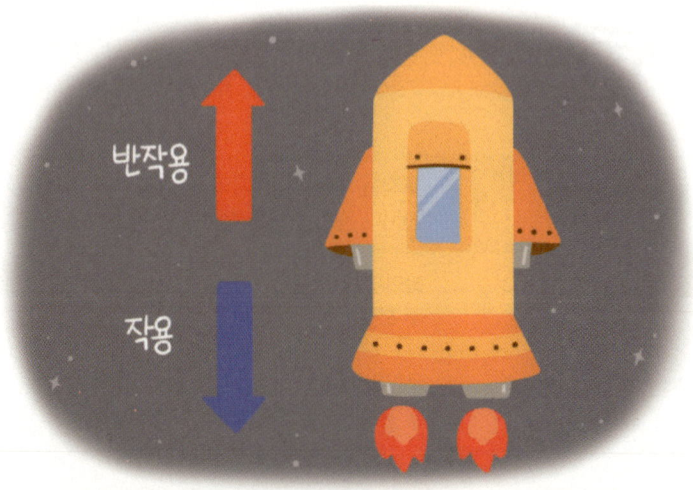

내용 들여다보기

STEP 1　핵심 내용 정리하기

1 작용 반작용의 법칙은 '가'와 '나' 두 물체의 [　　　]에 관한 법칙이에요.

　↳ 물체 '가'가 '나'에 미치는 힘을 '[　　　]', 물체 '나'가 '가'에 미치는 힘을 '[　　　]'이라고 해요.

　↳ 두 힘의 크기는 [　　　], 방향은 [　　　]예요.

　↳ 운동 법칙의 하나로, '뉴턴의 제[　　　] 법칙'이라고도 해요.

2 [　　　] 사람이 걸어가면 발이 땅에 닿으며 땅에 힘이 가해지는데 이때의 힘이 '작용', 땅이 발을 향해 가하는 힘이 '반작용'이에요.

　↳ 또 두 친구가 ~ 손바닥 치기를 할 때, 한 친구가 다른 친구의 손바닥을 칠 때의 힘이 '[　　　]', 다른 친구가 자신을 친 친구의 손바닥을 미는 힘이 '[　　　]'이에요.

3 로켓 안에 들어 있는 ~ 연료를 태우면 온도가 높고 압력이 센 가스가 바깥으로 나오면서 강하게 뿜는 힘이 '[　　　]', 그 반대 방향으로 작용하여 로켓을 밀어내며 박차고 올라가게 하는 힘이 '[　　　]'이에요.

STEP 2　짜임 이해하기

1
작용 (　　　) 법칙

물체 '가'가 '나'에 미치는 힘을 '작용'이라고 하며, '나'가 '가'에 미치는 힘을 '반작용'이라고 함.

2 사례 ①
- 사람이 걸어갈 때
- 손바닥 치기를 했을 때

3 사례 ②
로켓이 우주로 날아갈 때

STEP 3　내용 요약하기

✎ 작용 반작용의 법칙은

문제로 확인하기

화제 파악 **1** 이 글의 화제는 무엇인가요? (　　　　)

① 로켓의 연료　　　　　　　② 작용 반작용의 법칙
③ 로켓 제작 원리　　　　　　④ 손바닥 치기 놀이 방법
⑤ 누리호 발사의 비밀

내용 이해 **2** 뉴턴의 제3 법칙에 대해 알맞게 이해하지 <u>않은</u> 내용은 무엇인가요? (　　　　)

① 운동 법칙의 하나입니다.
② 로켓 발사에 적용됩니다.
③ 두 힘의 크기는 같습니다.
④ 두 힘의 방향은 반대입니다.
⑤ 물체가 하나만 있을 때 적용되는 법칙입니다.

내용 추론 **3** 이 글을 읽고 짐작할 수 있는 내용으로 알맞은 것은 무엇인가요? (　　　　)

① 물이 얼면 고체가 될 것입니다.
② 씨앗은 떡잎에 양분을 저장합니다.
③ 공을 바닥에 떨어뜨리면 다시 튕겨 오를 것입니다.
④ 달리던 버스가 갑자기 멈추면 앞으로 넘어질 것입니다.
⑤ 힘을 주지 않으면 멈추어 있는 공은 계속 멈추어 있을 것입니다.

상황에 적용 **4** 이 글과 보기 를 참고하여 문장을 완성해 보세요.

> **보기**
>
> 　새가 하늘을 나는 것에도 작용 반작용의 법칙이 적용됩니다. 새의 날개가 공기를 밀어내는 힘과 공기가 새의 날개를 밀어내는 힘이 동시에 작용하면서 새가 날 수 있는 것입니다.

→ 새의 날개가 공기를 밀어내는 힘이 __________, 공기가 새의 날개를 밀어내는 힘이 __________이다.

1~2 다음 낱말의 알맞은 뜻을 찾아 선으로 이어 보세요.

1 박차다 ·

· ㉠ 발길로 냅다 차다.

2 발사하다 ·

· ㉡ 활·총·로켓이나 빛·소리 따위를 쏘다.

3~6 다음 문장의 빈칸에 알맞은 낱말을 [보기]에서 찾아 써 보세요.

> **[보기]**
>
> • 액체: 일정한 부피는 가졌으나 일정한 형태를 가지지 못한 물질
> • 고체: 일정한 모양과 부피가 있으며 쉽게 변형되지 않는 물질의 상태
> • 압력: 두 물체가 접촉면을 경계로 하여 서로 그 면에 수직으로 누르는 단위 면적에서의 힘의 단위
> • 연료: 물질이 산소와 화합하여 많은 빛과 열을 내어서 열, 빛, 동력의 에너지를 얻을 수 있는 물질을 통틀어 이르는 말

3 물이 얼면 [   ]인 얼음이 된다.

4 용수철에 [   ]을/를 가하면 용수철이 줄어든다.

5 따뜻한 곳에 두었더니 얼음이 녹아서 [   ]인 물이 되었다.

6 대기 오염을 줄일 수 있는 친환경 [   ]을/를 사용해야 한다.

어휘력에 도움이 되는 **대표 한자** 

| 發 | 术 | 弓殳 | 發 | | |

뜻	소리	發자는 癶(등질 발)자와 弓(활 궁)자, 殳(창 수)자가 합쳐져서 만들어진 글자예요. **피다**나 **쏘다**, **드러나다**, **밝히다** 등의 의미를 가지고 있어요.
쏠	발	

| 발 전 (發 展) | 더 낮고 좋은 상태나 더 높은 단계로 나아감. |
| 쏠 발 · 펼 전 | 예 불의 발견이 인류의 **발전**에 큰 역할을 했다. |

| 발 달 (發 達) | 신체, 정서, 지능 따위가 성장하거나 성숙함. |
| 쏠 발 · 통달할 달 | 예 아기들의 신체적 **발달**은 급격하게 이루어진다. |

솟대의 꿈

일일 학습을 마치고, 워크북으로 생각을 정리해 보세요. 워크북 • 58쪽

공부한 날

월   일

관련 교과 초등사회 3-2
시대마다 다른 삶의 모습

❶ 시골 마을을 지나가다가 긴 장대 위에 깎인 새가 앉아 있는 모습을 본 적 있나요? 이것을 솟대라고 합니다. 솟대는 농가에서 새해의 풍년°을 바라는 뜻으로 볍씨를 주머니에 넣어 높이 달아매는 장대를 말합니다. '짐대', '소줏대', '표줏대'라고도 불립니다.

❷ 옛사람들이 솟대를 세운 까닭은 무엇일까요? 솟대에는 마을의 평화와 농사의 풍년을 기원하는 마음이 담겨 있습니다. 음력 정월 대보름°이 되면 마을 사람들은 마을에서 가장 좋은 소나무를 베어 풍년을 바라면서 솟대를 만들었습니다. 옛날 사람들은 주로 농사를 지으며 살았기 때문에 한 해의 농사는 매우 중요한 일이었습니다. 또한 솟대에는 나

쁜 기운이 들어오지 않길 바라는 마음도 담겨 있습니다. 그래서 솟대는 마을 입구에 장승°과 함께 서서 마을에 나쁜 일이 생기지 않도록 지켜 주는 역할을 했습니다. 또 마을에 과거°에 급제°한 사람이 나오면 축하하는 뜻으로 주홍색 나무 막대 위에 푸른색 용을 붙인 솟대를 세우기도 했습니다.

❸ 많은 동물 중에서 솟대 위에 왜 오리나 기러기 같은 물새를 올려놓았을까요? 물새는 농사에 필요한 물을 가져다주고, 불이 났을 때 불을 꺼 주는 좋은 새라고 여겼기 때문입니다. 새가 바라보는 방향에 따라 담긴 뜻도 달랐습니다. 새가 마을 밖을 바라보는 솟대는 나쁜 기운을 마을 밖으로 가지고 나가라는 뜻이고, 마을 안을 바라보는 솟대는 마을의 복이 밖으로 빠져나가지 않기를 바라는 뜻을 담고 있습니다.

❹ 요즘에는 마을 사람들이 모여서 솟대를 만드는 풍습°은 보기 힘들지만 아름다운 솟대의 모습은 지금까지도 남아서 여러 가지 장식품으로 만들어지고 있습니다.

낱말 풀이

• 풍년 곡식이 잘 자라고 잘 여물어 평년보다 수확이 많은 해

• 대보름 음력 정월 보름날을 명절로 이르는 말. 새벽에 귀밝이술을 마시고 부럼을 깨물며 약밥, 오곡밥 따위를 먹음.

• 장승 돌이나 나무에 사람의 얼굴을 새겨서 마을 또는 절 어귀나 길가에 세운 푯말

• 과거 우리나라와 중국에서 관리를 뽑을 때 실시하던 시험

• 급제 시험이나 검사 따위에 합격함.

• 풍습 풍속과 습관을 아울러 이르는 말

내용 들여다보기

STEP 1 핵심 내용 정리하기

1 [　　　]는 농가에서 새해의 [　　　]을 바라는 뜻으로 볍씨를 주머니에 넣어 높이 달아매는 장대를 말합니다.

2 옛사람들이 솟대를 세운 [　　　]은 무엇일까요?

↳ 솟대에는 마을의 평화와 농사의 풍년을 [　　　]하는 마음이 담겨 있습니다.

↳ [　　　] 솟대에는 나쁜 [　　　]이 들어오지 않길 바라는 마음도 담겨 있습니다.

↳ 또 마을에 과거에 급제한 사람이 나오면 [　　　]하는 뜻으로 ~ 세우기도 했습니다.

3 많은 동물 중에서 솟대 위에 왜 ~ [　　　]를 올려놓았을까요?

↳ 물새는 [　　　]에 필요한 물을 가져다주고, 불이 났을 때 불을 꺼 주는 좋은 새라고 여겼기 때문입니다.

4 요즘에는 ~ 솟대를 만드는 풍습은 보기 힘들지만 아름다운 솟대의 모습은 지금까지도 남아서 여러 가지 [　　　]으로 만들어지고 있습니다.

STEP 2 짜임 이해하기

1 (　　　)의 뜻
농가에서 볍씨 주머니를 달아매는 장대

2 솟대를 세운 까닭
마을의 (　　　)와 풍년 기원, 마을 수호, 축하하는 뜻으로 세움.

3 새를 올린 이유
새가 (　　　)에 필요한 물을 가져다주고, 나쁜 불의 기운을 막아 준다고 생각함.

4 요즘 솟대의 쓰임
오늘날까지도 (　　　)으로 만들어지고 있음.

STEP 3 내용 요약하기

✎ 솟대는 ________________ 모습으로, ________________

____

________________ 의미가 담겨 있습니다.

화제 파악 **1** 이 글의 중심 화제는 무엇인가요? (　　　)

① 마을　　　　② 장승　　　　③ 솟대
④ 오리　　　　⑤ 기러기

내용 이해 **2** 이 글을 통해 알 수 있는 내용을 모두 찾아보세요. (　　　)

① 솟대에 담긴 의미
② 오늘날 솟대의 활용
③ 솟대의 새에 담긴 의미
④ 지방마다 다른 솟대의 모양
⑤ 다른 나라의 솟대와 우리나라 솟대의 다른 점

내용 추론 **3** 이 글을 읽고 더 알고 싶은 내용에 대해 알맞게 말한 친구는 누구인가요?

> **우리**: 솟대에 물새를 조각해 매단 까닭을 알아보고 싶어.
> **하루**: 솟대처럼 나무로 만든 전통 조각품을 더 알아보고 싶어.
> **가희**: 우리 조상들이 솟대 위 새의 머리 방향을 다르게 한 의미를 더 알아
> 보고 싶어.

(　　　　　　)

상황에 적용 **4** 보기 는 장승에 대한 설명입니다. 이 글에서 설명하는 솟대와 보기 의 장승의 비슷한 점을 찾아 ○표 해 보세요.

> 보기
>
> 　옛날에 마을 어귀나 길가에 세웠던 장승은 마을을 지켜 주는 역할을 했다. 사람들은 장승이 나쁜 병이나 기운이 마을로 들어오는 것을 막아 준다고 여겼다. 장승은 나무나 돌을 깎아 윗부분에는 사람의 얼굴을 새기고 아랫부분에는 '천하 대장군', '지하 여장군'이라는 글씨를 새겼다.

[1] 농사가 끝난 겨울에 동네 사람들이 모여서 함께 만들었습니다. (　　　)

[2] 마을에 나쁜 기운이 들어오지 못하게 막아 주는 역할을 합니다. (　　　)

1~2 다음 낱말과 뜻이 반대인 낱말을 찾아 선으로 이어 보세요.

1 풍년 ·   · ㉠ 낙제

2 급제 ·   · ㉡ 흉년

3~6 다음 문장의 밑줄 친 낱말의 뜻이 알맞으면 ○표, 틀리면 ×표 해 보세요.

3 우리나라 고유한 전통과 <u>풍습</u>을 지키자.　　　　　(　)
풍속과 습관을 아울러 이르는 말

4 그 선비는 <u>과거</u>를 보러 한양으로 올라갔다.　　　　(　)
관리를 뽑을 때 실시하던 시험

5 <u>대보름</u>에 가족들과 오곡밥을 먹고 부럼을 깨물었다.　(　)
음력 팔월 추석날을 명절로 이르는 말

6 마을 어귀에 <u>장승</u>이 할아버지처럼 친근한 얼굴로 서 있다.　(　)
돌이나 나무에 사람의 얼굴을 새겨서 길가에 세운 푯말

어휘력에 도움이 되는  대표한자

氣

뜻	소리
기운	기

氣자는 气(기운 기)자와 米(쌀 미)자가 합쳐져서 만들어진 글자예요. 米자가 더해진 氣자는 밥을 지을 때 나는 수증기가 올라가는 모습을 표현한 것이에요. **기운**이나 **기세**, **날씨** 등의 의미를 가지고 있어요.

기 운 (氣 運)
기운 기　옮길 운
어떤 일이 벌어지려고 하는 분위기
예 형과 나 사이에는 화해의 **기운**이 서서히 돌기 시작했다.

기 세 (氣 勢)
기운 기　형세 세
기운차게 뻗치는 모양이나 상태
예 동생은 나에게 자리를 양보할 **기세**가 없었다.

숨쉬는 옹기

일일 학습을 마치고, 워크북으로 생각을 정리해 보세요. 워크북 • 60쪽

공부한 날

월   일

관련 교과 **초등사회 3-1**
우리 고장의 문화 유산

❶ 김치 냉장고가 없었던 옛날에는 어떻게 김치를 오랫동안 보관할 수 있었을까요? 우리 조상들은 삼국 시대부터 옹기를 만들어 김치를 보관했습니다. 옹기는 흙으로 만든 우리나라의 전통 그릇입니다. 옹기는 잿물을 입히지 않고 구운 질그릇과 잿물을 입혀 구운 오지그릇이 있습니다.

❷ 옹기는 다음과 같은 방법으로 만들어집니다. 맨 먼저 흙과 물을 섞은 반죽을 공기가 빠져나가도록 잘 밟아 줍니다. 그런 다음 물레˙ 위에 반죽을 쌓아서 몸체를 만들고 물레를 돌리며 모양을 만들어 줍니다. 짚이나 풀을 태운 잿물로 만든 유약˙을 바르고 다시 그늘에서 20일 이상 말립니다. 그리고 가마˙에 넣어 굽는데 이때 흙 속의 공기가 빠져나가면서 숨구멍이 만들어집니다.

❸ 그럼 옹기에 김치를 보관하면 좋은 점은 무엇일까요? 옹기에는 숨구멍이 있어서 공기가 잘 통하고 습도가 일정하게 유지되어 김치가 맛있게 익는 조건이 만들어집니다. 김치 유산균˙은 공기를 싫어하지만 아주 조금의 공기는 필요한데 오지그릇의 숨구멍이 김치에 공기를 공급해 줍니다. 그리고 김치가 발효˙하면서 이산화 탄소가 숨구멍으로 어느 정도 빠져나오고 어느 정도는 김치 안에 녹아들어 톡 쏘는 김치의 맛이 나게 됩니다. 그리고 김치의 유산균이 발생하기에 좋은 온도인 영하 1도를 유지하기 위해 옹기를 땅속에 묻기도 했습니다.

❹ 옛날에는 집집마다 옹기들을 놓아둔 장독대˙가 있었습니다. 숨쉬는 옹기에 김치뿐만이 아니라 된장, 고추장, 장아찌, 젓갈, 쌀 등을 보관하면 오랫동안 맛있는 음식을 먹을 수 있었습니다. 옹기는 우리 조상들의 지혜가 담긴 아주 소중한 그릇입니다.

▲ 옹기가 놓인 장독대

┃ 낱말 풀이 ┃

• **물레** 도자기를 만들 때, 흙을 빚거나 무늬를 넣는 데 사용하는 기구

• **유약** 도자기의 몸에 덧씌우는 약

• **가마** 숯이나 도자기 · 기와 · 벽돌 따위를 구워 내는 시설

• **유산균** 당류를 분해하여 젖산을 만드는 균의 하나

• **발효** 효모나 세균 따위의 미생물이 유기 화합물을 분해하여 알코올류, 유기산류, 이산화 탄소 따위를 생기게 하는 작용

• **장독대** 장독 따위를 놓아두려고 뜰 안에 좀 높직하게 만들어 놓은 곳

내용 들여다보기

STEP 1　**핵심 내용** 정리하기

❶ 우리 조상들은 삼국 시대부터 [　　　]를 만들어 김치를 보관했습니다.

↳ 옹기는 [　　　]으로 만든 우리나라의 [　　　] 그릇입니다.

❷ 옹기는 다음과 같은 방법으로 만들어집니다.

↳ 맨 먼저 [　　　]과 [　　　]을 섞은 반죽을 공기가 빠져나가도록 잘 밟아 줍니다.

↳ [　　　] 위에 반죽을 쌓아서 몸체를 만들고 물레를 돌리며 모양을 만들어 줍니다.

↳ [　　　]을 바르고 다시 그늘에서 20일 이상 말립니다.

↳ [　　　]에 넣어 굽는데 이때 ~ [　　　]이 만들어집니다.

❸ [　　　] 옹기에 김치를 보관하면 좋은 점은 무엇일까요?

↳ 옹기에는 숨구멍이 있어서 [　　　]가 잘 통하고 [　　　]가 일정하게 유지되어 김치가 맛있게 익는 조건이 만들어집니다.

❹ 옹기는 우리 조상들의 [　　　]가 담긴 아주 소중한 그릇입니다.

STEP 2　**짜임** 이해하기

1 맛있는 김치를 보관해 온 (　　　)

2 옹기 만드는 방법
흙과 물을 섞어 만든 반죽으로 모양을 만들고 (　　　)을 발라 (　　　)에서 구움.

3 김치를 옹기에 보관하면 좋은 점
(　　　)이 있어 김치가 맛있게 익는 조건이 만들어짐.

4 조상들의 (　　　)가 담긴 옹기

STEP 3　**내용** 요약하기

🖊 우리나라 전통 그릇인 옹기는

주제 파악 **1** 이 글을 통해 글쓴이가 말하려고 하는 것은 무엇일까요? (   )

① 김치 냉장고가 필요한 까닭을 말하고 싶습니다.
② 우리나라 김치의 우수성을 알려 주고 싶습니다.
③ 옹기에 담긴 조상의 지혜를 알려 주고 싶습니다.
④ 김치를 오랫동안 보관하면 좋은 점을 알려 주고 싶습니다.
⑤ 옹기보다 훌륭한 그릇이 많다는 것을 알려 주고 싶습니다.

내용 이해 **2** 이 글의 제목이 의미하는 것은 무엇인가요? (   )

① 옹기의 색은 아름답습니다.
② 옹기는 우리나라 전통 그릇입니다.
③ 옹기를 두는 곳을 '장독대'라고 합니다.
④ 옹기에 많은 양의 음식을 담을 수 있습니다.
⑤ 옹기는 공기가 잘 통하고, 습도가 일정하게 유지됩니다.

내용 추론 **3** 이 글을 더 쉽게 이해할 수 있었던 친구는 누구인지 찾아 써 보세요.

> **유라**: 김치가 발효되는 과정이 담긴 다큐멘터리를 본 적이 있어.
> **동우**: 냉장고가 고장 나서 냉장고에 넣어 둔 얼음이 녹은 것을 본 적이 있어.

답 ___________________________________

상황에 적용 **4** 이 글을 읽고 다음 빈칸에 공통으로 들어갈 말이 무엇인지 써 보세요.

> **남주**: 옹기에 담긴 김치가 오래 가는 과학적 원리가 무엇인지 알아?
> **여리**: 텔레비전에서 옹기 만드는 동영상을 본 적이 있는데 옹기를 흙으로
> 만들어 가마에 구우니까 (   )이 생겨서 공기가 잘 통하더라.
> **남주**: 아! 옹기에 담긴 과학은 바로 (   )이구나!

답 ___________________________________

1~3 다음 낱말에 어울리는 그림을 찾아 선으로 이어 보세요.

1 가마   **2** 물레   **3** 장독대

ㄱ    ㄴ    ㄷ 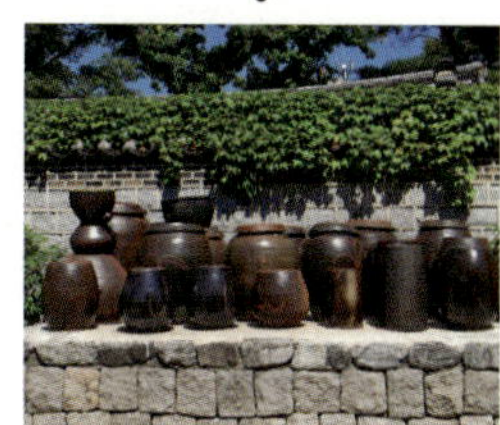

4~6 다음 문장의 빈칸에 알맞은 낱말을 보기 에서 찾아 써 보세요.

보기

유약   발효   유산균

4 [   ] 식품을 먹으면 건강에 좋다.
미생물이 유기 회합물을 분해하는 일

5 도자기를 빚어 [   ]을/를 발랐더니 윤기가 났다.
도자기의 몸에 덧씌우는 약

6 건강에 좋은 [   ]을/를 발효시켜서 만든 요구르트를 자주 마셔야 한다.
당류를 분해하여 젖산을 만드는 균의 하나

어휘력에 도움이 되는 **대 표 한 자**

| 食 | 亼 | 食 | 食 | |

뜻	소리	食자는 음식을 담는 식기를 그린 것이에요. 갑골문에 나온 食자를 보면 음식을 담는 식기와 뚜껑이 함께 그려져 있었어요. **밥**이나 **음식**, **먹다** 등의 의미를 가지고 있어요.
밥	식	

음 식 (飮 食)
마실 음 · 밥 식
사람이 먹을 수 있도록 만든, 밥이나 국 따위의 물건
 **음식**을 한꺼번에 많이 먹으면 배탈이 난다.

소 식 (小 食)
적을 소 · 밥 식
음식을 적게 먹음.
 건강을 위해 **소식**을 하기로 했다.

식 사 (食 事)
밥 식 · 일 사
끼니로 음식을 먹음. 또는 그 음식
 **식사** 준비를 하기 전에 시장에 가서 재료를 사야 한다.

여기에도 과학적 원리가 숨어 있다고?

우리 몸은 36.5도의 일정한 체온을 유지하려는 특성이 있어요. 그래서 36.5도보다 체온이 높아지면 몸에서 열을 내보내려고 하고, 낮아지면 열을 내보내지 않으려고 해요. 체온은 우리 뇌의 한부분인 간뇌의 아랫부분인 시상하부에서 조절돼요. 우리가 추위를 느끼면 간뇌의 시상하부는 그 밑에 가느다란 줄기로 연결된 뇌하수체라는 샘을 자극하고 뇌하수체에서 분비된 호르몬들은 몸을 떨게 하면서 열 발생량을 증가시켜요. 이로 인해 우리는 추위를 느끼면 몸을 덜덜 떨게 되는 거죠. 여기에도 과학적 원리가 숨어 있다니 재밌지 않나요?

‘윗어른’과 ‘웃어른’ 중 맞는 말은 무엇일까?

표준어 규정에 따르면 위와 아래의 대립이 있을 때는 ‘윗–’을 그렇지 않을 때는 ‘웃–’을 써야 한다고 해요. ‘아래어른’이라는 말은 들어본 적 없죠? 따라서 ‘웃어른’이 맞는 말이에요. 그럼 ‘윗니’와 ‘웃니’ 중 맞는 말은 무엇일까요? 대립하는 ‘아랫니’가 있으니 ‘윗니’가 맞는 말이에요. 헷갈리는 우리말이지만 쓰임을 바로 알고 올바르게 사용하는 게 우리말을 지키는 데 도움이 되겠죠?

조선 시대에는 얼음을 어디에 보관했을까?

냉장고가 없던 조선 시대에는 얼음을 ‘석빙고’라는 창고에 보관했어요. 석빙고는 화강암으로 만들어진 아주 튼튼한 건축물로 내부는 온도와 습도의 변화가 작고 바람이 거의 들어오지 않아 단열성이 아주 우수했어요. 우리 조상들은 돌과 흙, 바람과 땅의 모양 등 자연 그대로를 활용해서 석빙고를 만들어 얼음을 보관했답니다. 정말 놀랍지 않나요? 현재 남아 있는 석빙고는 7개로 경주, 안동, 창녕, 청도, 현풍, 영산과 북산의 해주에 있어요. 특히 보물 제66호로 지정된 경주 석빙고는 가장 완벽한 석빙고라고 해요.

24일 중학 국어 완성 프로젝트

똑똑한 독해 중학 국어

똑독 라인업

기본편

실력편

기본편

실력편

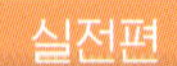

실전편

기본편

실력편

실전편

개념 학습과 문제 풀이의
1DAY 구성으로
계획적인 학습 가능

중학교 국어
교과서와 100%
연계된 개념 학습

족보닷컴을 활용하여
출제한 문제로
내신 시험과 수행 평가 대비

똑똑 초등 국어 **문해력**은

**문장 독해, 문단 독해, 지문 독해 훈련에
최적화된 교재입니다.**

문장 독해
각 문장이 담고 있는 의미를 올바르게 해석해야
문단의 의미를 정확히 이해할 수 있습니다.

문단 독해
문단 간의 관계와 각 문단의 역할을 이해해야
글의 전체 흐름을 제대로 파악할 수 있습니다.

지문 독해
글의 전체 내용을 짧고 명확한 문장으로 요약할 수 있어야
글을 완벽하게 이해한 것으로 볼 수 있습니다.

똑똑

초등 국어
문해력

초등 3·4학년

자기 주도형
심화 학습 노트

● 문해력 보강을 위한 일차별 심화 학습　● 재미있는 문제 풀이로 일차별 어휘 점검

2단계 │ 실력편

똑독
똑똑한 독해, 똑독

자기 주도형
심화 학습 노트

• 본책에서 일차별로 학습한 내용을 이 책 안에 정리해 보세요.

Day 01	02쪽	Day 16	32쪽
Day 02	04쪽	Day 17	34쪽
Day 03	06쪽	Day 18	36쪽
Day 04	08쪽	Day 19	38쪽
Day 05	10쪽	Day 20	40쪽
Day 06	12쪽	Day 21	42쪽
Day 07	14쪽	Day 22	44쪽
Day 08	16쪽	Day 23	46쪽
Day 09	18쪽	Day 24	48쪽
Day 10	20쪽	Day 25	50쪽
Day 11	22쪽	Day 26	52쪽
Day 12	24쪽	Day 27	54쪽
Day 13	26쪽	Day 28	56쪽
Day 14	28쪽	Day 29	58쪽
Day 15	30쪽	Day 30	60쪽

고향으로 돌아간 모아이 석상

⚐ 핵심 내용 이해

Q. 다음 글자 카드를 활용하여 글쓴이가 이 글을 쓴 목적을 완성해 보자!

| 이 | 상 | 모 | 석 | 아 |

✎ 글쓴이는 독자에게 ☐☐☐☐☐ 중 하나인 '모아이 타우'가 고향으로 돌아간 소식을 전하기 위한 목적으로 글을 썼다.

✈ 새로 알게 된 사실

Q. 이 글을 읽고 새롭게 알게 된 내용을 적어 보자!

✎ ____

____

☆ 나의 생각 정리

Q. 다음 글을 읽고 '문화재'가 무엇이라고 생각하는지 써 보자!

> **문화재란 무엇인가?**
>
> 문화재는 조상들이 남긴 것 중에서 역사적, 문화적 가치가 높아서 보호하고 지켜 나가야 할 것을 말합니다. 문화재를 통해 과거의 생활 모습과 문화를 알 수 있고, 문화재는 역사의 중요한 자료가 되기도 합니다. 또한 앞으로의 문화를 더욱 발전시키는 밑거름이 될 수도 있습니다.

✎ '나'는 _______________________________________

____

____

🔬 어휘력 확인

1~2 다음 뜻에 알맞은 낱말을 글자의 첫소리를 참고하여 써 보세요.

1 거칠고 피폐하여 쓸쓸함. → ㅎ ㄹ : ___________

2 빌리거나 차지했던 것을 되돌려줌. → ㅂ ㅎ : ___________

3~5 다음 밑줄 친 말과 바꾸어 쓸 수 있는 낱말을 보기 에서 찾아 내용에 어울리게 써 보세요.

보기

요청하다	전시하다	운반하다

3 나는 우리 모둠에게 도움이 되는 필요한 일과 행동을 청했다. → ☐

4 아침 일찍부터 사람들이 몰려 와서 트럭에 물건을 옮겨 날랐다. → ☐

5 우리 반 아이들이 그린 그림들을 누구나 감상하도록 뒤쪽 게시판에 벌여 놓고 보게 했다.

→ ☐

6~7 다음 문장에 어울리는 낱말을 괄호 안에서 골라 ○표 해 보세요.

6 내가 승부에서 졌다는 사실을 순순히 (받아들였다 / 맞아들였다).

7 새로운 사실을 (해결해 내기 / 밝혀내기) 위해 밤낮없이 연구했다.

민주 정치를 꽃피운 아테네

핵심 내용 이해

Q. 다음 글자 카드를 활용하여 이 글의 핵심 문장을 완성해 보자!

| 정 | 네 | 아 | 민 | 테 | 주 | 치 |

이 글은 그리스 시민이면 누구나 정치에 참여할 수 있었던 ☐☐☐☐☐☐☐에 대해서 알려 주고 있다.

새로 알게 된 사실

Q. 이 글을 읽고 새롭게 알게 된 내용을 적어 보자!

____

____

나의 생각 정리

Q. 다음 글을 읽고 '도편 추방제'의 역할에 대해 써 보자!

고대 아테네에는 위험한 사람을 선정하여 10년간 나라 밖으로 추방하는 제도가 있었다. 아테네 시민들은 도자기 조각에 위험한 사람의 이름을 써 내는 비밀 투표를 통해 그 사람의 추방을 결정했다.

____

____

🔬 어휘력 확인

1~3 다음 낱말의 알맞은 뜻을 찾아 선으로 이어 보세요.

1 참여 •

      • ㉠ 어떤 일에 끼어들어 관계함.

2 제도 •

      • ㉡ 모든 일을 독단적으로 판단하여 처리하는 사람

3 독재자 •

      • ㉢ 관습이나 도덕, 법률 따위의 규범이나 사회 구조의 체계

4~6 다음 문장의 빈칸에 알맞은 낱말을 〈보기〉에서 찾아 써 보세요.

〈보기〉

참석   소수   추방

4 아무리 [　　　]의 의견이라도 무시해서는 안 된다.
　　　　적은 수효

5 학급 회의는 반 학생 모두가 빠짐없이 [　　　]해야 한다.
　　　　　　　　모임이나 회의 자리에 참여함.

6 잘못을 저지른 독재자는 시민들의 의해 영원히 [　　　]되었다.
　　　　　　　　　일정한 지역 밖으로 쫓아냄.

7~8 다음 밑줄 친 말과 바꾸어 쓸 수 있는 낱말에 ○표 해 보세요.

7 누가 앞장서서 달릴지 <u>추첨</u>으로 결정하자.　　→　　다수결　　제비뽑기

8 별명을 부르는 것에 대해 자유롭게 <u>의견</u>을 말하자.　　→　　생각　　행동

멸종 위기에 처한 루돌프

핵심 내용 이해

Q. 다음 글자 카드를 활용하여 글쓴이가 이 글을 쓴 목적을 완성해 보자!

| 제 | 변 | 기 | 문 | 후 | 화 |

글쓴이는 독자에게 멸종 위기에 처한 순록에 대해 이야기하며 ☐☐☐☐☐☐의 심각성을 알리기 위한 목적으로 글을 썼다.

새로 알게 된 사실

Q. 이 글을 읽고 새롭게 알게 된 내용을 적어 보자!

나의 생각 정리

Q. 다음 친구의 이야기를 듣고 알게 된 사실을 적어 보자!

친구: 국제 환경 단체 그린피스의 발표에 의하면 남극의 코끼리 섬에 사는 턱끈펭귄이 1971년보다 7만 쌍이나 줄었다고 해. 북극곰 역시 삶의 터전인 빙하가 계속 녹는 바람에 멸종 위기에 처했어.

'나'는

어휘력 확인

1~2 다음 뜻에 알맞은 낱말을 글자의 첫소리를 참고하여 써 보세요.

1 하나의 독립된 생물체 → ㄱ ㅊ : __________

2 생물의 한 종류가 아주 없어짐. → ㅁ ㅈ : __________

3~5 다음 뜻에 해당하는 낱말을 **보기** 에서 찾아 써 보세요.

보기

변화하다	시급하다	처하다

3 어떤 형편이나 처지에 놓이다. → ☐

4 시각을 다툴 만큼 몹시 절박하고 급하다. → ☐

5 사물의 성질, 모양, 상태 따위가 바뀌어 달라지다. → ☐

6~7 다음 뜻풀이를 참고하여 십자말 풀이를 완성해 보세요.

6 ㉠ 어려운 형편이나 처지

7 ㉡ 정신을 차리고 주의 깊게 살피어 경계하는 마음

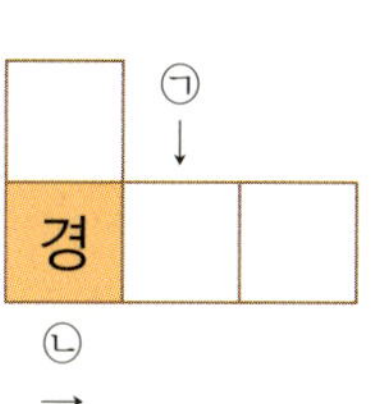

공부한 날  월 일

스페인 건축가 가우디의 건축물

☆ 핵심 내용 이해

Q. 다음 낱말 카드를 활용하여 '안토니오 가우디'에 대해 정리해 보자!

| 건축 | 스페인 | 예술 | 곡선미 | 색채 | 건축가 |

✎ 안토니오 가우디는 ______________________________

✎ 안토니오 가우디는 ______________________________

✎ 안토니오 가우디는 ______________________________

✎ 새로 알게 된 사실

Q. 이 글을 읽고 새롭게 알게 된 내용을 적어 보자!

✎ ______________________________
____

☆ 나의 생각 정리

Q. 다음 글을 읽고 안토니오 가우디의 생애에 대해 어떻게 생각하는지 써 보자!

　　안토니오 가우디는 평생 독신으로 살며 오직 건축과 예술에만 몰두했다. 그런 그의 열정으로 인해 오늘날까지 그의 작품과 건축물은 사람들의 찬사를 받으며 전해지고 있다. 그가 만든 건축물은 여러 개가 유네스코 세계 문화유산으로 지정되었을 정도이다. 게다가 그는 삶의 마지막 순간까지 사그라다 파밀리아 성당의 완공을 위해 노력하다가 세상을 떠났다.

✎ '나'는 ______________________________
____
____

어휘력 확인

1~3 다음 낱말의 알맞은 뜻을 찾아 선으로 이어 보세요.

1 완공 •　　　　• ㉠ 공사를 완성함.

2 열정 •　　　　• ㉡ 매우 훌륭한 작품

3 걸작 •　　　　• ㉢ 열렬한 애정을 가지고 열중하는 마음

4~6 다음 문장의 빈칸에 알맞은 낱말을 **보기** 에서 찾아 써 보세요.

보기

설계　　　　반영　　　　미완성

4 소설과 영화는 모두 현실을 [　　　] 한다.
　　　다른 것에 영향을 받아 어떤 현상이 나타남.

5 지진과 태풍에 대비할 수 있는 건물을 [　　　] 하였다.
　　　　건축 목적에 따라 도면으로 명시하는 일

6 유명한 작가의 그림이 사고로 인해 [　　　] 으로 남았다.
　　　아직 덜 됨.

7~8 다음 문장에 어울리는 낱말을 괄호 안에서 골라 ○표 해 보세요.

7 작품성을 (인정받은 / 허락받은) 작가의 소설이 큰 상을 받게 되었다.

8 경찰은 범인이 남긴 증거를 찾는 데 밤낮을 가리지 않고 (몰락했다 / 몰두했다).

우리말의 표준어와 방언

☆ 핵심 내용 이해

Q. 다음 글자 카드를 활용하여 이 글의 핵심 문장을 완성해 보자!

| 언 | 어 | 표 | 방 | 준 |

✎ 이 글은 ☐☐☐와 ☐☐의 차이점과 예시를 알려 주며, 이를 지켜 나가려는 노력의 필요성에 대해서 설명하고 있다.

✈ 새로 알게 된 사실

Q. 이 글을 읽고 새롭게 알게 된 내용을 적어 보자!

✎ ____

____

☆ 나의 생각 정리

Q. 다음 글을 읽고 방언을 사용했을 때 일어날 수 있는 일에 대해 어떻게 생각하는지 써 보자!

> **민수:** 얼마 전 우리 할머니께서 나에게 '가세'를 가져오라고 하셨어. 나는 '가세'가 무엇인지 몰라 한참을 찾아 헤맸는데 알고 보니 '가위'를 말씀하시는 거였어.
> **성훈:** 정말? 우리 할머니는 '가위'를 자꾸 '거시기(그것)'라고 말씀하셔서 너무 헷갈려!

✎ '나'는 ______________________________________

____

____

🛰 어휘력 확인

1~2 다음 뜻에 알맞은 낱말을 글자의 첫소리를 참고하여 써 보세요.

1 빠짐없이 골고루 → ㄷ ㄹ : ___________

2 학문, 지식, 사회생활을 바탕으로 이루어지는 품위 → ㄱ ㅇ : ___________

3~4 다음 문장의 빈칸에 알맞은 낱말을 보기의 글자 카드를 활용하여 써 보세요.

보기

근 활 친 원 감

3 아나운서는 뉴스를 ☐☐하게 진행해 나갔다.
거침이 없이 잘되어 나감.

4 오늘 처음 만난 친구인데도 ☐☐☐이 느껴졌다.
사귀어 지내는 사이가 아주 가까운 느낌

5~6 다음 문장에 어울리는 낱말을 괄호 안에서 골라 ○표 해 보세요.

5 친구의 조언을 (업신여기다가 / 우러러보다가) 큰코다쳤다.

6 나는 (주먹구구로 / 체계적으로) 겨울 방학 학습 계획을 세웠다.

올림픽을 상징하는 불꽃, 성화

핵심 내용 이해

Q. 다음 낱말 카드를 활용하여 성화의 특징을 정리해 보자!

| 주경기장 | 올림픽 | 불꽃 | 달리기 | 신전 | 그리스 |

✎ 성화는 ____

✎ 성화는 ____

✎ 성화는 ____

새로 알게 된 사실

Q. 이 글을 읽고 새롭게 알게 된 내용을 적어 보자!

✎ ____

____

나의 생각 정리

Q. 다음 글을 읽고 이색 성화 봉송에 대해 어떻게 생각하는지 써 보자!

2018년 평창 동계 올림픽에서는 다양하고 이색적인 성화 봉송이 인기를 끌었다. 춘천의 열기구 봉송과 동해 바다 열차 봉송, 횡성 소달구지 봉송, 정선 짚와이어 봉송 등 각 지역의 자연과 문화 관광 요소를 적극 활용하였다.

✎ '나'는 ____

____

____

어휘력 확인

1~3 다음 낱말의 알맞은 뜻을 찾아 선으로 이어 보세요.

1 유래 •

2 이색 •

3 개최 •

• ㉠ 모임이나 회의 따위를 주최하여 엶.

• ㉡ 보통의 것과 색다름. 또는 그런 것이나 곳

• ㉢ 사물이나 일이 생겨남. 또는 그 사물이나 일이 생겨난 바

4~5 다음 밑줄 친 말과 바꾸어 쓸 수 있는 낱말을 보기 에서 찾아 내용에 어울리게 써 보세요.

보기
연출하다　　　　밝히다　　　　등장하다　　　　옮기다

4 회장으로서 졸업식을 총지휘하여 효과적으로 진행했다.　→ [　　　]

5 무대가 어두워지자 조명이 켜지고 주인공이 무대에 나왔다.　→ [　　　]

6~7 주어진 글자의 첫소리와 그 뜻에 알맞은 낱말을 빈칸에 넣어 문장을 완성해 보세요.

6 ㅎ ㅂ : 법을 어긴 사람들에게 주는 벌이나 제재

→ 프로메테우스는 제우스에게 가혹한 [　　　]을 받았다.

7 ㅎ ㄴ : 바닷속에 들어가 해삼, 전복, 미역 따위를 따는 것을 직업으로 하는 여자

→ 제주도에서 [　　　]가 따온 전복으로 만든 요리를 먹었다.

춘천 레고 랜드와 중도 유적

핵심 내용 이해

Q. 다음 글자 카드를 활용하여 이 글의 핵심 문장을 완성해 보자!

| 드 | 고 | 도 | 레 | 중 | 랜 |

이 글은 강원도 춘천시의 ☐☐☐☐ 개발 과정에서 발견된 ☐☐ 유적에 대해 알리고 문제를 해결하기 위한 강원도의 노력을 설명하고 있다.

새로 알게 된 사실

Q. 이 글을 읽고 새롭게 알게 된 내용을 적어 보자!

나의 생각 정리

Q. 다음 글을 읽고 우리 유적과 유물을 지키기 위해 할 수 있는 노력은 무엇인지 써 보자!

> 춘천시의 중도뿐만 아니라 우리나라 곳곳의 건설 현장에서 그동안 숨어 있던 유물과 유적들이 발굴되는 경우가 많다. 건설을 위해 땅을 깊이 파 내려가다 보면 오래전 조상들이 남겨 둔 흔적을 찾게 되는 것이다. 하지만 건설 현장에서 발견된 유적과 유물은 여러 가지 문제 때문에 온전하게 보존되기가 힘들다.

어휘력 확인

1~2 다음 뜻에 알맞은 낱말을 글자의 첫소리를 참고하여 써 보세요.

1 선대의 인류가 후대에 남긴 물건 → ㅇ ㅁ : __________

2 역사적인 일이 벌어졌던 곳이나 건물의 터 등이 남아 있는 자취

→ ㅇ ㅈ : __________

3~5 다음 문장의 빈칸에 알맞은 낱말을 **보기** 에서 찾아 써 보세요.

보기		
개발	전시	조화

3 집 앞에 핀 붉은 꽃은 노란 대문과 묘하게 [　　　]를/을 이룬다.
서로 잘 어울림.

4 새로 개발된 로봇들이 나란히 [　　　]되어 사람들의 눈길을 끈다.
여러 가지 물품을 한곳에 벌여 놓고 보임.

5 무너져 가는 우리 지역의 산업을 [　　　]하기 위해 주민 모두가 노력하고 있다.
산업이나 경제 따위를 발전하게 함.

6~7 다음 밑줄 친 말과 바꾸어 쓸 수 있는 낱말에 ○표 해 보세요.

6 이 기업은 어린이 환자를 돕는 기관을 만들어 세웠다. → 설립했다　설치했다

7 국민을 생각하지 않은 정책에 대해 사람들은 단체로 들고일어났다.

→ 솔깃했다　반발했다

달의 흙에서 싹틔운 지구 씨앗

⚑ 핵심 내용 이해

Q. 다음 낱말 카드를 활용하여 달에서 가져온 흙에 애기장대 씨앗을 심는 과정을 완성해 보자!

5밀리미터	달의 흙	0.9그램	화분	애기장대	12그램

✏ 첫째, ______________________________

✏ 둘째, ______________________________

✏ 셋째, ______________________________

✈ 새로 알게 된 사실

Q. 이 글을 읽고 새롭게 알게 된 내용을 적어 보자!

✏ ______________________________

____

☆ 나의 생각 정리

Q. 다음 글을 읽고 미래에 일어날 일에 대해 어떻게 생각하는지 써 보자!

    얼마 전 달에서 가져온 흙에서 지구의 식물인 애기장대가 싹을 틔웠다는 소식을 들은 지우와 수정이는 놀라워하며 이야기를 나누었다.

    "우주에서 가져온 흙에서도 식물이 자랄 수 있다니 정말 놀라워!"

    "그렇다면 머지않아 달에서 식물을 재배할 수도 있겠네?"

    "그래, 영화에서와 같은 일이 일어나는 거지!"

✏ '나'는 ______________________________

____

1~3 다음 낱말의 알맞은 뜻을 찾아 선으로 이어 보세요.

1 성장 •

2 허락 •

3 낙오 •

• ㉠ 청하는 일을 하도록 들어줌.

• ㉡ 구성된 무리에서 처져 뒤떨어짐.

• ㉢ 사람이나 동식물 따위가 자라서 점점 커짐.

4~6 다음 문장의 빈칸에 알맞은 낱말을 **보기**에서 찾아 써 보세요.

보기

가능성　　　구조　　　재배

4 어린이들에게는 무한한 [　　　]이/가 있다.
앞으로 실현될 수 있는 성질이나 정도

5 외국에서 들어온 신품종 식물의 [　　　]이/가 성공했다.
식물을 심어 가꿈.

6 대원들은 실종된 사람의 [　　　] 신호를 듣고 바로 출발했다.
어려운 처지에 빠진 사람을 구하여 줌.

7~8 다음 문장에 어울리는 낱말을 괄호 안에서 골라 ○표 해 보세요.

7 일주일이 지나자 씨앗은 연둣빛 새싹을 (틔웠다 / 띠웠다).

8 김포 공항에서 우리가 탄 비행기는 잠시 후 제주 공항에 (착륙 / 이륙)한다.

09일차

백악관을 방문한 우리나라 가수들

핵심 내용 이해

Q. 다음 글자 카드를 활용하여 글쓴이가 이 글을 쓴 목적을 완성해 보자!

| 들 | 차 | 가 | 인 | 별 | 수 | 종 |

글쓴이는 독자에게 우리나라 ☐☐☐이 미국 백악관에 초청받아 ☐☐☐☐에 대한 생각을 밝히고, 아시아 사람들에 대한 범죄에 대해 경각심을 불러일으켰음을 알리기 위한 목적으로 글을 썼다.

새로 알게 된 사실

Q. 이 글을 읽고 새롭게 알게 된 내용을 적어 보자!

____

____

나의 생각 정리

Q. 다음 글을 읽고 '인종 차별'에 대해 어떻게 생각하는지 써 보자!

발표자 1: 미국은 아시아인에 대한 인종 차별뿐만 아니라 흑인에 대한 인종 차별이 여전히 존재하여 사회적인 문제가 되고 있습니다.
발표자 2: 얼마 전에는 경찰이 무기를 갖고 있지 않은 흑인을 과하게 진압하는 사건이 일어났습니다.
발표자 3: 이런 사건으로 인해 인종 차별을 반대하는 대규모 시위도 일어났습니다.

'나'는 _______________________________________

____

____

1~2 다음 뜻에 알맞은 낱말을 글자의 첫소리를 참고하여 써 보세요.

1 법규를 어기고 저지른 잘못 → ㅂ ㅈ : __________

2 아주 사무치게 미워하거나 그런 마음 → ㅈ ㅇ : __________

3~5 다음 문장의 빈칸에 알맞은 낱말을 **보기** 에서 찾아 써 보세요.

보기
이목　　　　　백악관　　　　　초청

3 미국 대통령이 업무를 보는 곳은 [　　　]이다.
　　　미국 워싱턴에 있는 대통령의 관저

4 국내에서 가장 큰 어린이 토론 대회에 [　　　]을 받았다.
　　　사람을 청하여 부름.

5 남의 [　　　]을 신경 쓰기보다는 하고 싶은 일에 집중해야 한다.
　　주의나 관심

6~7 다음 밑줄 친 낱말의 뜻으로 알맞은 것을 괄호 안에서 골라 ○표 해 보세요.

6 지구 온난화로 인해 이상 기후 현상이 <u>급증</u>하고 있다.
　→ (갑작스럽게 줄어듦. / 갑작스럽게 늘어남.)

7 교통사고로 다친 사람들의 숫자를 보여 주며 안전 운전에 대한 <u>경각심</u>을 높였다.
　→ (주의 깊게 살피어 경계하는 마음 / 굳세고 튼튼한 마음)

인공 지능의 도덕적 판단

★ 핵심 내용 이해

Q. 다음 글자 카드를 활용하여 글쓴이가 말하고자 하는 핵심 내용을 완성해 보자!

| 지 | 인 | 리 | 공 | 롤 | 능 | 트 |

✎ 글쓴이는 독자에게 ☐☐ ☐☐에 대해 설명하며 ☐☐☐ 딜레마를 예로 들어 인공 지능 활용의 한계를 알리고 있다.

✈ 새로 알게 된 사실

Q. 이 글을 읽고 새롭게 알게 된 내용을 적어 보자!

✎ ____

____

☆ 나의 생각 정리

Q. 다음 글을 읽고 인공 지능에 대해 어떻게 생각하는지 써 보자!

인공 지능은 이미 우리 생활에서 많은 부분을 차지하고 있다. TV, 세탁기, 냉장고, 청소기 같은 가전은 물론 자동차와 로봇 등에 활용되면서 우리의 생활을 보다 편리하게 만들어 주고 있다. 하지만 사람도 쉽게 결정하지 못하는 문제를 인공 지능은 어떻게 선택하고 행동할 것인지 등 아직까지 해결해야 할 과제가 많이 남아 있다.

✎ '나'는 ____

____

____

어휘력 확인

1~3 다음 낱말의 알맞은 뜻을 찾아 선으로 이어 보세요.

1 일상 •   • ㉠ 현실에 실제로 있음.

2 존재 •   • ㉡ 날마다 반복되는 생활

3 사물 •   • ㉢ 일과 물건을 아울러 이르는 말

4~5 다음에서 설명하는 알맞은 낱말을 **보기**에서 찾아 써 보세요.

보기

직면하다   깨우치다

4 어떤 것의 본질을 알게 되었을 때 쓰는 말이야. 깨달아 알게 한다는 뜻이 있어.

→

5 어떤 일을 정면으로 맞닥뜨릴 때 많이 쓰는 말이야. 어떠한 일이나 사물을 직접 당하거나 접한다는 뜻이 있어.

→

6~7 다음 문장에 어울리는 낱말을 괄호 안에서 골라 ○표 해 보세요.

6 (중요한 / 합성한) 사진을 범죄에 악용하는 일이 많아졌다.

7 1교시가 시작되기 전의 학습은 학생들에게 (자율적 / 타율적)으로 맡겼다.

이순신 장군과 한산도 대첩

☆ 핵심 내용 이해

Q. 다음 글자 카드를 활용하여 글쓴이가 이 글을 쓴 목적을 완성해 보자!

| 산 | 대 | 한 | 첩 | 도 |

글쓴이는 독자에게 임진왜란 때 이순신 장군이 일본 함대를 크게 무찌른 ☐☐☐☐☐ 의 과정과 역사적 가치에 대해 알리기 위한 목적으로 글을 썼다.

✈ 새로 알게 된 사실

Q. 이 글을 읽고 새롭게 알게 된 내용을 적어 보자!

☆ 나의 생각 정리

Q. 다음 글을 읽고 이순신 장군에 대해 어떻게 생각하는지 써 보자!

　　전쟁 상황이 점점 나빠지자 상부에서는 이순신 장군에게 차라리 해군을 해산하고 육군에 합류하라고 권했다. 그러나 그때 이순신 장군은 이렇게 말했다.
　　"신에게는 아직 12척의 배가 있습니다."

'나'는

1~2 다음 뜻에 알맞은 낱말을 글자의 첫소리를 참고하여 써 보세요.

1 재난을 피하여 멀리 옮겨 감. → ㅍ ㄴ : ___________

2 적의 성, 요새, 진지 따위를 공격하여 무너뜨림. → ㅎ ㄹ : ___________

3~6 다음 뜻에 해당하는 낱말을 보기 에서 찾아 써 보세요.

보기

| 울리다 | 유인하다 | 유리하다 | 둘러싸다 |

3 이익이 있다. → ☐

4 둥글게 에워싸다. → ☐

5 어떤 물체가 소리를 내다. → ☐

6 주의나 흥미를 일으켜 꾀어내다. → ☐

7 다음 문장의 빈칸에 알맞은 낱말을 보기 의 글자 카드를 활용하여 써 보세요.

보기

책   수   속   무

→ 일본 수군은 이순신이 이끈 조선 수군에 의해 한산도 앞바다에서 ☐☐☐☐으로
손을 묶은 것처럼 어찌할 도리가 없어 꼼짝 못 함.
당했다.

줄어드는 인구 수

☆ 핵심 내용 이해

Q. 다음 글자 카드를 활용하여 글쓴이가 이 글을 쓴 목적을 완성해 보자!

| 출 | 저 | 령 | 산 | 화 | 고 |

글쓴이는 독자에게 출생아 수가 점점 줄어들며 나타나는 ⬜⬜⬜⬜⬜⬜ 현상과 그로 인해 발생할 문제 및 그 해결 방법에 대해 알려 주기 위한 목적으로 글을 썼다.

새로 알게 된 사실

Q. 이 글을 읽고 새롭게 알게 된 내용을 적어 보자!

☆ 나의 생각 정리

Q. 다음 글을 읽고 저출산 고령화 현상의 대책에 대해 어떻게 생각하는지 써 보자!

<저출산 고령화 현상의 대책>

첫째, 어린이집과 같은 양육 시설을 누구나 이용할 수 있게 충분히 만들어야 한다.
둘째, 아이를 낳으면 출산 장려금을 지원한다.
셋째, 육아 휴직을 하는 여성들이 다시 일터로 돌아갈 수 있도록 적극 지원한다.

'나'는

어휘력 확인

1~3 다음 낱말의 알맞은 뜻을 찾아 선으로 이어 보세요.

1 고령 •

2 수치 •

3 재정 •

• ㉠ 계산하여 얻은 값

• ㉡ 많은 나이가 된 사람

• ㉢ 돈에 관한 여러 가지 일

4~6 다음 문장의 빈칸에 알맞은 낱말을 **보기** 에서 찾아 써 보세요.

보기

대비 비중 추세

4 애완견을 키우는 가정의 ☐☐이/가 높아졌다.
다른 것과 비교할 때 차지하는 중요도

5 다음 주에 있을 시험에 ☐☐하여 공부를 열심히 했다.
어떤 일에 대응하기 위하여 미리 준비함.

6 인간의 평균 수명이 증가하는 것은 세계적인 ☐☐이다.
어떤 현상이 일정한 방향으로 나아가는 경향

7~8 다음 문장에 어울리는 낱말을 괄호 안에서 골라 ◯표 해 보세요.

7 어려운 사람들을 돕기 위한 제도가 (가르침 / 뒷받침)되어야 한다.

8 경제 활동을 하는 국민이 많아지면 나라 경제의 (성장 / 감소) 속도도 증가할 것이다.

청량음료가 치아에 미치는 영향

핵심 내용 이해

Q. 다음 글자 카드를 활용하여 글쓴이가 이 글을 쓴 목적을 완성해 보자!

| 료 | 치 | 량 | 음 | 청 | 아 |

글쓴이는 독자에게 □□□□가 □□에 어떤 영향을 미치는지 알아보는 실험과 그 결과를 알려 주고 치아를 건강하게 관리하는 방법을 소개하기 위한 목적으로 글을 썼다.

새로 알게 된 사실

Q. 이 글을 읽고 새롭게 알게 된 내용을 적어 보자!

나의 생각 정리

Q. 다음 글을 읽고 우리 몸의 치아의 중요성에 대해 어떻게 생각하는지 써 보자!

입안에 작은 염증만 생겨도 음식을 씹고 삼킬 때 불편함을 느낀다. 그런데 치아가 손상되면 어떨까? 통증도 심하겠지만 음식을 씹고 삼키는 게 어려워지며 심하면 영양이 부족하고 면역력이 떨어지는 상황까지 올 수 있다. 따라서 치아가 손상되기 전에 잘 관리하는 게 무엇보다 중요하다.

'나'는

1~2 다음 뜻에 알맞은 낱말을 글자의 첫소리를 참고하여 써 보세요.

1 물체가 깨지거나 상함. → ㅅ ㅅ : ____________

2 손실 이전의 상태로 회복함. → ㅂ ㄱ : ____________

3~5 다음 문장의 빈칸에 알맞은 낱말을 보기에서 찾아 써 보세요.

보기

성분 기관 관리

3 위장은 음식물을 소화하고 흡수하는 신체 [ ]이다.
일정한 모양과 기능을 가지고 있는 생물체의 부분

4 행복한 삶을 살기 위해서는 건강 [ ]을/를 철저하게 해야 한다.
사람의 몸을 보살펴 돌봄.

5 식품에 들어 있는 [ ]을/를 꼼꼼히 확인하는 습관을 가져야 한다.
통일체를 이루고 있는 것의 한 부분

6~7 다음 문장에 어울리는 낱말을 괄호 안에서 골라 ○표 해 보세요.

6 불량 식품에는 몸에 (해로운 / 유익한) 성분이 많이 들어 있다.

7 강한 햇볕에 (노출된 / 숨겨진) 책상과 의자의 색이 누렇게 바랬다.

가상 인간의 인기와 활약

Q. 다음 낱말 카드를 활용하여 가상 인간의 특징을 정리해 보자!

| 세계 | 소화 | 역할 | 비슷한 | 디지털 | 모습 |

🖊 가상 인간은

🖊 가상 인간은

🖊 가상 인간은

Q. 이 글을 읽고 새롭게 알게 된 내용을 적어 보자!

🖊

Q. 다음 글을 읽고 '가상 인간'에 대해 어떻게 생각하는지 써 보자!

> 스스로 생각하고 말할 수 있는 수준의 가상 인간을 제작하는 연구가 활발히 진행 중이다. 앞으로 가상 인간이 진짜 사람과 비슷한 수준으로 제작된다면 안내원, 상담사, 교육자, 개인 비서 등 우리 사회의 다양한 직업에 진출하게 될 것이다.

🖊 '나'는

어휘력 확인

1~4 다음 낱말의 알맞은 뜻을 찾아 선으로 이어 보세요.

1 존재 •
• ㉠ 기초가 되는 바탕

2 기반 •
• ㉡ 현실에 실제로 있음.

3 염려 •
• ㉢ 앞일에 대하여 여러 가지로 마음을 써서 걱정함.

4 디지털 •
• ㉣ 여러 자료를 유한한 자릿수의 숫자로 나타내는 방식

5~6 주어진 글자의 첫소리와 그 뜻에 알맞은 낱말을 빈칸에 넣어 문장을 완성해 보세요.

5 ㅅ ㅎ 하다: 여럿 가운데서 특별히 가려서 좋아하다.

→ 나는 붉은색 옷을 유난히 [   ] 하는 편이다.

6 ㅂ ㅅ 하다: 전체적 또는 부분적으로 일치하는 점이 많은 상태이다.

→ 언니와 나는 겉모습이 아주 [   ] 하게 보인다.

7~8 다음 밑줄 친 말과 바꾸어 쓸 수 있는 낱말에 ○표 해 보세요.

7 누구도 예상하지 못한 큰 사고가 발생했다. → 일어났다　　탄생했다

8 로봇을 우리 삶에 활용했을 때 수많은 장점이 있다. → 어려운 점　　좋은 점

아름답고 재미있는 순우리말

Q. 다음 글자 카드를 활용하여 글쓴이가 이 글을 쓴 목적을 완성해 보자!

> 리   순   말   우

✎ 글쓴이는 독자에게 아름답고 재미있는 ☐☐☐☐의 예시와 그 가치를 알려 주기 위해 이 글을 썼다.

Q. 이 글을 읽고 새롭게 알게 된 내용을 적어 보자!

✎ ____

____

Q. 다음 글을 읽고 '신조어와 줄임말'에 대해 어떻게 생각하는지 써 보자!

> **<MZ 세대의 신조어와 줄임말>**
>
> 　최근 MZ 세대를 중심으로 다양한 신조어와 줄임말이 등장하고 있다. '어쩔티비('어쩌라고'를 더욱 강조해 쓰는 말)', '어사(어색한 사이)', '인싸(대인 관계가 넓은 사람)', '이생망(이번 생은 망했다.)' 등이 실생활과 각종 미디어에서도 사용되고 있다.

✎ '나'는 ________________________________

____

____

어휘력 확인

1~3 다음 뜻에 알맞은 낱말을 글자의 첫소리를 참고하여 써 보세요.

1 어떤 일을 되풀이하여 → ㄱ ㄷ : ____________

2 한때로부터 다른 때까지의 동안 → ㅅ ㅇ : ____________

3 사람의 마음에 일어나는 여러 가지 감정 → ㅈ ㅅ : ____________

4~6 다음 밑줄 친 말과 바꾸어 쓸 수 있는 낱말을 〈보기〉에서 찾아 내용에 어울리게 써 보세요.

보기

| 느릿하다 | 녹다 | 몰아치다 |

4 그 글에는 작가의 경험이 <u>스며들고 동화되어</u> 있었다. → ____________

5 조용한 마을에 갑자기 관광객들이 <u>한꺼번에 몰려들었다</u>. → ____________

6 그는 아무리 바쁜 일이 있어도 <u>동작이 재지 못하고 느렸다</u>. → ____________

7~8 다음 문장에 어울리는 낱말을 괄호 안에서 골라 ○표 해 보세요.

7 점심시간에 밥이 (모자라서 / 넉넉해서) 야단이 났다.

8 버스 출발 시간이 다가오자 엄마는 아이들을 (진정했다 / 재촉했다).

상상의 동물 해치

☆ 핵심 내용 이해

Q. 다음 낱말 카드를 활용하여 글쓴이가 이 글을 쓴 목적을 완성해 보자!

> 사회　　안전　　해치

✎ 글쓴이는 (　　　　　　　)을/를 통해 바르고 (　　　　　　　)한 (　　　　　　　)이/가
되기를 바라는 마음을 전하고자 하는 목적으로 이 글을 썼다.

✒ 새로 알게 된 사실

Q. 이 글을 읽고 새롭게 알게 된 내용을 적어 보자!

✎ ____

____

☆ 나의 생각 정리

Q. 다음 글을 읽고 서울시 소방서 상징물에 담긴 의미는 무엇인지 써 보자!

> 　　서울시 소방서는 상상의 동물인 해치를 활용해 상징물을 만들었다. 소방복을 입고 엄지를 추켜올리는 해치, 정복을 입고 있는 해치, 구급상자를 들고 한손을 번쩍 든 해치가 그것이다. 맡아서 하는 일에 따라 소방복장을 사용하여 상징적으로 표현한 것이다.

✎ ____

____

어휘력 확인

1~3 다음 뜻에 알맞은 낱말을 주어진 글자의 첫소리를 참고하여 써 보세요.

1 관청에 나가서 나랏일을 맡아보는 사람 → ㅂ ㅅ ㅇ ㅊ : _________

2 검은 머리카락이나 말총으로 엮어 만든 쓰개 → ㄱ : _________

3 지방 검찰청과 고등 검찰청을 지휘하고 감독하는 관청. → ㄷ ㄱ ㅊ ㅊ : _________

4~5 다음 밑줄 친 말과 바꾸어 쓸 수 있는 낱말을 **보기** 에서 찾아 내용에 어울리게 써 보세요.

보기

들이받다	물러가다	억울하다

4 나영이가 내가 하지도 않은 말을 했다고 해서 <u>분한</u> 마음이 들었다. → __________

5 친구와 정신없이 이야기하며 걷다가 커다란 간판에 <u>머리를 부딪쳤다</u>. → __________

6~7 다음 문장에 어울리는 낱말을 괄호 안에서 골라 ○표 해 보세요.

6 재판관은 두 사람의 잘잘못을 (측정하여 / 판단하여) 주었다.

7 동생의 미안하다는 말에는 전혀 반성의 (기운 / 변화)이/가 느껴지지 않았다.

공부한 날　월　일

가격이 달라져요

 **핵심 내용 이해**

Q. 다음 낱말 카드를 활용하여 물건의 가격이 달라지는 데 영향을 미치는 요소를 정리해 보자!

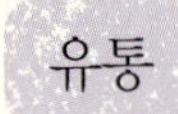

| 과정 | 공급 | 수요 | 유통 |

 가격은 ____

가격은 ____

새로 알게 된 사실

Q. 이 글을 읽고 새롭게 알게 된 내용을 적어 보자!

____

____

 **나의 생각 정리**

Q. 다음 대화를 통해 수박 가격이 내려간 까닭은 무엇일지 써 보자!

____

____

____

1~3 다음 낱말의 알맞은 뜻을 찾아 선으로 이어 보세요.

1 가치 •

• ㉠ 물건을 소비하는 사람

2 어부 •

• ㉡ 사물이 지니고 있는 쓸모

3 소비자 •

• ㉢ 물고기 잡는 일을 직업으로 하는 사람

4~6 다음 문장의 빈칸에 알맞은 낱말을 **보기** 에서 찾아 써 보세요.

보기

| 공급 | 도매 | 소매 | 생산자 |

4 농산물은 [ ]을/를 예측하기 힘들다.
시장에 재화나 용역을 제공하는 일

5 [ ] 상인은 도매 상인에게 물건을 산다.
물건을 직접 소비자에게 팖.

6 [ ]은/는 항상 소비자가 무엇을 원하는지 관심을 가져야 한다.
재화의 생산에 종사하는 사람

7~8 다음 밑줄 친 말과 바꾸어 쓸 수 있는 낱말을 골라 ○표 해 보세요.

7 학교에서 점심시간마다 급식을 제공한다. → 준다   가져간다

8 학생들은 정해진 교육 과정을 밟아 간다. → 거쳐   돌아

하늘을 나는 드론

🚩 핵심 내용 이해

Q. 다음 글자 카드를 활용하여 드론의 종류에는 무엇이 있는지 써 보자!

구	달	배	영	조	촬

✎ 드론의 종류에는 ☐☐, ☐☐, ☐☐ 드론이 있다.

✈ 새로 알게 된 사실

Q. 이 글을 읽고 새롭게 알게 된 내용을 적어 보자!

✎ ____

☆ 나의 생각 정리

Q. 다음 글을 읽고 자신이 드론 제작자라면 어떤 드론을 만들고 싶은지 써 보자!

> 바다 깊은 곳은 물고기가 사는 안식처일 뿐만 아니라 사람에게 필요한 자원이 많이 묻혀 있는 보물 창고이다. 반짝이는 금뿐만이 아니라 전자 제품 제작에 필요한 망간, 니켈, 구리, 코발트 등 매우 귀한 금속들이 많이 숨겨져 있다. 그러나 바다 깊은 곳은 사람이 들어가기에는 기압이 너무 높고 공기가 부족해서 매우 위험하다.

✎ ____

어휘력 확인

1~2 다음 뜻풀이를 참고하여 십자말 풀이를 완성해 보세요.

1 ㉠ 사람, 사물, 풍경 따위를 사진이나 영화로 찍음.

2 ㉡ 영사막이나 브라운관, 모니터 따위에 비추어진 상

3~5 다음 설명에 해당하는 낱말을 **보기** 에서 찾아 써 보세요.

· 보기 ·

구조	배달	해양	비행체

3 공중에서 날아다니는 물체를 뜻하는 말이야. 예를 들면 비행기, 우주선, 로켓 등을 말해.

→ [   ]

4 물건을 가져다가 몫몫으로 나누어 돌린다는 뜻이야. 우유 ○○, 신문 ○○ 등의 종류가 있어.

→ [   ]

5 재난 따위를 당하여 어려운 처지에 빠진 사람을 구하여 준다는 뜻이야. 119 구급 대원들이 전문적으로 하는 일이야.

→ [   ]

6~7 다음 문장의 빈칸에 알맞은 낱말을 **보기** 에서 찾아 써 보세요.

· 보기 ·

재난	중계

6 [   ] 지역에 구호의 손길이 끊이지 않고 있다.
뜻밖에 일어난 재앙과 고난

7 야구 [   ] 을/를 하기 위해 아나운서가 야구 경기장에 나가 있다.
방송국 밖에서의 실황을 방송국이 방송하는 일

얼음 위의 경기, 컬링

핵심 내용 이해

Q. 다음 낱말 카드를 활용하여 이 글의 핵심 내용을 완성해 보자!

> 브룸   표적   스톤

✎ 컬링은 (   )을 밀고 (   )으로 얼음을 닦아 속도와 방향을 조절하여 상대편 스톤보다 (   )의 중심부에 더 많은 스톤을 넣는 경기이다.

새로 알게 된 사실

Q. 이 글을 읽고 새롭게 알게 된 내용을 적어 보자!

✎ ____

____

나의 생각 정리

Q. 다음 글을 읽고 브룸으로 얼음을 닦는 까닭은 무엇일지 써 보자!

> 컬링은 얼음 위에서 하는 경기이다. 얼음은 매끄러울 것 같지만 우리가 생각하는 것보다 거칠다. 컬링을 하기 전에는 처음 얼린 얼음 위에 다시 분무기로 물을 뿌린다. 그래서 이 물들은 작은 얼음 알갱이가 되고 얼음 위는 더 거칠어진다. 이 얼음 알갱이들이 강한 마찰력을 만들어서 스톤이 너무 빠르게 미끄러지지 않게 한다. 컬링을 할 때에는 스톤의 속도와 방향을 바꾸어야 할 때가 있다.

✎ ____

____

어휘력 확인

1~2 다음 뜻에 해당하는 낱말을 보기 에서 찾아 써 보세요.

보기

| 가르다 | 채택하다 | 회전하다 |

1 어떤 것을 축으로 물체 자체가 빙빙 돌다. → ☐

2 작품, 의견, 제도 따위가 골라져서 다루어지거나 뽑혀 쓰다. → ☐

3~4 다음 밑줄 친 낱말의 뜻으로 알맞은 것을 찾아 ○표 해 보세요.

3 사냥꾼은 활을 당겨 표적을 겨냥했다.

→ (목표로 삼는 물건 / 마음속에 품은 감정이 겉으로 드러남.)

4 자전거를 탈 때에는 안전모, 무릎 보호대 등 안정 장비를 갖추고 타야 한다.

→ (추어 차림. 또는 그 장치와 설비 / 일정한 목적과 계획 아래 하는 일)

5~7 다음 문장의 빈칸에 알맞은 낱말을 보기 의 글자 카드로 만들어 써 보세요.

보기

| 동 | 마 | 략 | 력 | 심 | 전 | 찰 | 협 |

5 줄다리기에서 이기기 위해 ☐☐☐이 필요하다.
서로 마음과 힘을 하나로 합하려는 마음

6 물건을 팔기 전에는 먼저 판매 ☐☐을 잘 세워야 한다.
정치, 경제 따위의 사회적 활동을 하는 데 필요한 책략

7 운동장의 흙에 ☐☐☐이 있어서 자전거가 멈출 수 있다.
어떤 운동을 막는 방향으로 작용하는 저항력

조상의 지혜가 담긴 한옥

⚐ 핵심 내용 이해

Q. 다음 낱말 카드를 활용하여 날씨에 따라 다른 한옥의 모습을 써 보자!

| 온돌 | 대청마루 |

✎ 추위를 피하기 위한 한옥의 구조: (   ), 정주간, ㅁ자 모양의 구조

✎ 더위를 피하기 위한 한옥의 구조: (   ), 一자 모양의 구조

✎ 새로 알게 된 사실

Q. 이 글을 읽고 새롭게 알게 된 내용을 적어 보자!

____

____

☆ 나의 생각 정리

Q. 다음 글을 읽고 온돌의 과학적 원리는 무엇인지 써 보자!

> 온돌은 아궁이에 불을 지펴서 방바닥 아래에 깔린 구들장을 뜨겁게 달구어 방 안 전체를 따뜻하게 하는 우리나라 고유의 난방 장치입니다. 아궁이가 있는 부엌쪽을 '아랫목', 반대쪽을 '윗목'이라고 하는데, 아랫목의 더운 공기는 모락모락 위로 올라가고, 그 자리를 메우기 위해 윗목의 찬 공기가 아래쪽으로 들어오면 공기가 순환을 하며 방 안을 따뜻하게 해 줍니다.

____

____

____

어휘력 확인

1~3 다음 낱말의 알맞은 뜻을 찾아 선으로 이어 보세요.

1 널빤지 •　　　　• ㉠ 판판하고 넓게 켠 나뭇조각

2 온돌 •　　　　• ㉡ 지붕이 도리 밖으로 내민 부분

3 처마 •　　　　• ㉢ 따뜻한 기운이 방 밑을 통과하여 방을 덥히는 장치

4~6 주어진 글자의 첫소리와 그 뜻에 알맞은 낱말을 빈칸에 넣어 문장을 완성해 보세요.

4 ㅂ ㄸ ㅁ : 아궁이 위에 솥을 걸어 놓는 언저리

→ 부엌에 있는 [　　　　]에 가마솥을 올려놓고 밥을 지었다.

5 ㄱ ㄷ ㅈ : 방고래 위에 깔아 방바닥을 만드는 얇고 넓은 돌

→ 할머니 집 안방 뜨뜻한 [　　　　]에 누우니 스르르 잠이 왔다.

6 ㄷ ㅊ ㅁ ㄹ : 한옥에서, 몸채의 방과 방 사이에 있는 큰 마루

→ 더운 여름에 [　　　　]에 누워 잠이 들면 어머니께서 부채를 부쳐 주셨다.

7~8 다음 밑줄 친 말과 바꾸어 쓸 수 있는 낱말을 **보기**에서 찾아 내용에 어울리게 써 보세요.

보기

때다　　　　식히다　　　　대비하다

7 아궁이에 장작을 <u>지폈다</u>. → [　　　　]

8 추운 겨울을 <u>준비하기</u> 위하여 따뜻한 장갑을 마련했다. → [　　　　]

소중한 인권을 지켜요

☆ 핵심 내용 이해

Q. 다음 낱말 카드를 활용하여 이 글의 핵심 내용을 완성해 보자!

| 보호 | 존중 | 차별 | 생명 |

어린이들은 인간으로서 (   )받고 어떤 이유에 의해서든 (   )받지 않을 권리가 있다. 또한 (   )을/를 존중받고 (   )받을 수 있는 권리가 있다.

✈ 새로 알게 된 사실

Q. 이 글을 읽고 새롭게 알게 된 내용을 적어 보자!

____

____

☆ 나의 생각 정리

Q. 다음 글을 읽고 세화의 행동이 인권을 잘 지킨 행동인지 판단해 보자!

세화는 미도가 문자 메시지로 보내 준 가족들과 생긴 재미있는 이야기를 미도의 허락없이 친구들에게 전해 주었어요.

"내 허락 없이 내 개인적인 생활이 담긴 글을 친구들에게 공개하면 어떻게 해?"

미도가 세화에게 화가 나서 말했어요.

그러자 세화는 다음과 같이 말했어요.

"별일도 아닌데 뭘. 재미있어서 친구들과 함께 보려고 했지. 나도 자유롭게 말할 권리가 있다고."

____

____

1~2 다음 뜻풀이를 참고하여 십자말 풀이를 완성해 보세요.

1 ㉠ 남녀나 암수의 구별

2 ㉡ 둘 이상의 대상을 각각의 등급이나 수준 따위의 차이를 두어서 구별함.

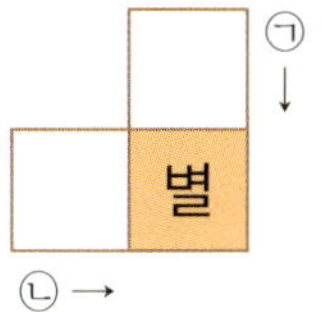

3~5 다음 문장의 빈칸에 알맞은 낱말을 보기 에서 찾아 써 보세요.

보기

권리	존중	협약

3 두 나라는 자유롭게 오고갈 수 있는 [   ]을/를 맺었다.

서로 의논하여 조약을 맺음.

4 개성은 개인이 가지고 있는 고유한 특성이므로 [   ]해야 한다.

높이어 귀중하게 대함.

5 [   ]을/를 누리려면 먼저 자기가 해야 할 의무도 잘 지켜야 한다.

당연히 요구할 수 있는 힘이나 자격

6~7 다음 밑줄 친 말과 바꾸어 쓸 수 있는 낱말을 골라 ○표 해 보세요.

6 나의 비밀을 친구들에게 <u>공개하면</u> 안 된다. → 감추면 　 드러내면

7 우리 반 친구들은 학급 회의에 <u>참여할</u> 권리가 있다. → 누릴 　 참가할

공부한 날   월   일

지도에 담긴 약속

핵심 내용 이해

Q. 다음 낱말 카드를 활용하여 지도를 볼 때 필요한 요소에 대해 정리해 보자!

> 기호   축척   방위표

✎ 지도에서 줄인 정도를 나타내는 (   )을/를 알아야 한다.

✎ 지도에서 장소를 간단하게 나타낸 (   )을/를 알아야 한다.

✎ 지도에서 동서남북 방향을 알 수 있는 (   )을/를 알아야 한다.

새로 알게 된 사실

Q. 이 글을 읽고 새롭게 알게 된 내용을 적어 보자!

✎ ....

....

나의 생각 정리

Q. 다음 글을 읽고 지도가 왜 중요하다고 생각하는지 써 보자!

> 하나는 오늘 학교 과학실 청소 담당입니다. 학교 교실 배치도를 보고 과학실을 찾아가서 청소를 했습니다. 학교를 마친 뒤에 버스 노선도를 보고 버스를 타고 도서관에 갔습니다. 책을 다 읽고 나서 돌아오는 길에는 지하철 노선도를 보고 지하철을 타고 집으로 돌아왔습니다.
>
> 주말에 가족들과 놀이공원을 갈 때에 스마트폰 길 도우미의 도움을 받아 놀이공원까지 가는 길을 잘 찾을 수 있었습니다. 놀이공원에서는 놀이공원 안내도를 보고 놀이 기구, 식당, 휴게실 등을 찾아 안전하고 편하게 즐길 수 있었습니다.

✎ '나'는 ....

....

....

어휘력 확인

1~3 다음 설명에 해당하는 낱말을 보기 에서 찾아 써 보세요.

보기

| 민속 | 축척 | 고속도로 |

1 차의 빠른 통행을 위하여 만든 차 전용의 도로 →

2 지도에서의 거리와 지표에서의 실제 거리와의 비율 →

3 민간 생활과 관련된 신앙, 습관, 풍속, 전설, 기술, 전승 문화 따위를 통틀어 이르는 말

→

4~5 다음 문장의 빈칸에 알맞은 낱말을 보기 에서 찾아 써 보세요.

보기

| 실제 | 평면 |

4 ☐ 도형은 선으로 이루어진다.
평평한 표면

5 사진으로 본 풍경과 ☐ 모습과는 차이가 있을 수 있다.
사실의 경우나 형편

6~7 다음 밑줄 친 낱말과 바꾸어 쓸 수 있는 낱말을 골라 ○표 해 보세요.

6 지구는 <u>일정하게</u> 태양 주위를 돈다. → 가끔 / 변함없이

7 선생님의 말씀을 <u>간단하게</u> 정리해서 공책에 써야겠다. → 간략하게 / 복잡하게

로봇, 우주로 향한 꿈

핵심 내용 이해

Q. 다음 글자 카드를 활용하여 글쓴이가 이 글을 쓴 목적을 완성해 보자!

| 꿈 | 로 | 봇 | 우 | 주 |

글쓴이는 독자에게 ☐☐이 인간이 ☐☐로 나가는 ☐을 이루어 주고 있다는 것을 전달하기 위한 목적으로 글을 썼다.

새로 알게 된 사실

Q. 이 글을 읽고 새롭게 알게 된 내용을 적어 보자!

나의 생각 정리

Q. 다음 글을 읽고 우주 탐사에 로봇이 필요한 까닭은 무엇일지 써 보자!

국제 우주 정거장(ISS)에는 사람들이 머물면서 탐사를 하고 있는데 어려움이 많다. 공기가 없는 우주 정거장 바깥에는 아침, 저녁으로 무려 수백도의 온도 차이가 난다. 우주 먼지와 우주 쓰레기가 날아와서 부딪칠 수 있는 위험도 있다. 그리고 아주 작은 중력만 작용하고 있어 몸이 둥둥 떠다닌다. 우주 정거장 바깥으로 잘못 나갔다가는 저 멀리 우주로 날아가 버리고 만다.

우주 정거장 내부도 아주 작은 중력 상태라서 물체의 무게를 느낄 수 없고, 고정되지 않은 모든 물체는 둥둥 떠오른다. 그래서 무거운 덧신이나 손잡이 등을 이용해 몸을 고정시켜 생활한다.

1~2 다음 뜻에 알맞은 낱말을 글자의 첫소리를 참고하여 써 보세요.

1 오랫동안 누적된 변형 에너지가 갑자기 방출되면서 지각이 흔들리는 일

→ ㅈ ㅈ : __________

2 중심 별의 강한 인력의 영향으로 타원 궤도를 그리며 중심 별의 주위를 도는 천체

→ ㅎ ㅅ : __________

3~4 다음 문장의 밑줄 친 낱말의 뜻으로 알맞은 것을 찾아 ○표 해 보세요.

3 육지와 섬을 연결하는 <u>해저</u> 터널이 생겼다.
  (1) 바다의 밑바닥 ( )
  (2) 험하고 좁은 골짜기 ( )

4 해저 <u>탐사</u> 로봇이 바닷속 광물을 조사하고 있다.
  (1) 새로운 방법이나 형식을 사용해 봄. ( )
  (2) 알려지지 않은 사물이나 사실 따위를 샅샅이 더듬어 조사함. ( )

5~7 다음 문장에 어울리는 낱말을 괄호 안에서 골라 ○표 해 보세요.

5 철새들은 이 저수지에 (머물다 / 돌보다) 간다.

6 우리 편은 축구를 하기 전에 상대편 선수들의 실력을 (실험했다 / 탐지했다).

7 과학자들은 우주가 어떻게 생겼는지 알기 위해 오래전부터 (거부했다 / 탐구했다).

우리나라의 전통 놀이, 윷놀이

Q. 다음 낱말 카드를 활용하여 윷놀이 방법을 정리해 보자!

| 네 | 말 | 출발점 | 윷 | 두 |

✎ (　　　　　　) 편으로 나누어 윷판을 깔고 (　　　　　　)을/를 던진다.

✎ 던진 윷의 결과에 따라 말판에 (　　　　　　)을/를 도는 1칸, 개는 2칸, 걸은 3칸, 윷은 4칸, 모는 5칸 움직인다.

✎ (　　　　　　)(으)로 (　　　　　　) 개의 말이 먼저 되돌아오는 편이 이긴다.

Q. 이 글을 읽고 새롭게 알게 된 내용을 적어 보자!

✎ ____

____

Q. 다음 글을 읽고 윷놀이에 담긴 조상들의 생각은 무엇일지 써 보자!

> 우리 조상들은 주로 농사를 지으며 살았습니다. 가을에 가을걷이를 하고 한 해 농사가 마무리되면 겨울에는 휴식을 합니다. 설날부터 정월 대보름까지 일 년 중 가장 한가하고 여유로운 때 함께 모여서 윷놀이를 즐겼습니다. 윷놀이는 재미로도 하지만 한 해의 풍년을 기원하는 소망이 담겨 있기도 합니다. 윷판은 농사를 짓는 땅이고, 말판과 말은 계절의 변화를 나타내어 풍년을 가져온다고 여겼습니다.

✎ ____

____

어휘력 확인

1~3 주어진 글자의 첫소리와 그 뜻에 알맞은 낱말을 빈칸에 넣어 문장을 완성해 보세요.

1 ㅁ ㅅ : 짚으로 새끼 날을 만들어 네모지게 걸어 만든 큰 깔개

→ 시골 할머니 집에서 마당에 [　　　]을 깔고 앉아 저녁을 먹었다.

2 ㅁ : 고누나 윷놀이 따위를 할 때 말판에서 정해진 규칙에 따라 옮기는 패

→ 윷놀이에서는 [　　　]을 어떻게 움직이느냐에 따라 승부가 결정나기도 한다.

3 ㅂ ㅈ : 같은 조상·언어 등을 가진, 원시 사회의 구성 단위가 되는 지역적 생활 공동체

→ 고조선 시대에는 같은 [　　　]끼리 모여 살았다.

4~5 다음 설명에 해당하는 낱말을 **보기** 에서 찾아 써 보세요.

┌─ **보기** ─┐

업다　　　　갈리다

4 윷놀이에서 쓰이는 낱말이야. 한 말이 다른 말을 한데 합쳐서 함께 움직인다는 뜻이야.

→ [　　　]

5 승부나 등수 따위가 서로 겨루어져 정해진다는 뜻이야. 누가 이긴 편인지 진 편인지 결정 난다는 말이야.

→ [　　　]

6~7 다음 문장에 어울리는 낱말을 괄호 안에서 골라 ○표 해 보세요.

6 바위가 (평평해서 / 볼록해서) 앉아 있기 편했다.

7 어머니께서는 우리 건강에 좋은 음식을 (가려서 / 빠뜨려서) 만들어 주신다.

또 하나의 언어, 그림말

핵심 내용 이해

Q. 다음 글자 카드를 활용하여 글쓴이가 이 글을 쓴 목적을 완성해 보자!

| 그 | 대 | 림 | 말 | 상 | 황 |

글쓴이는 독자에게 ☐☐☐의 좋은 점과 나쁜 점을 알고 ☐☐와 ☐☐을 고려하며 바르게 사용해야 한다는 것을 말하고자 하는 목적으로 글을 썼다.

새로 알게 된 사실

Q. 이 글을 읽고 새롭게 알게 된 내용을 적어 보자!

나의 생각 정리

Q. 다음 문자 대화를 보고 그림말을 사용할 때는 어떤 점을 주의해야 하는지 써 보자!

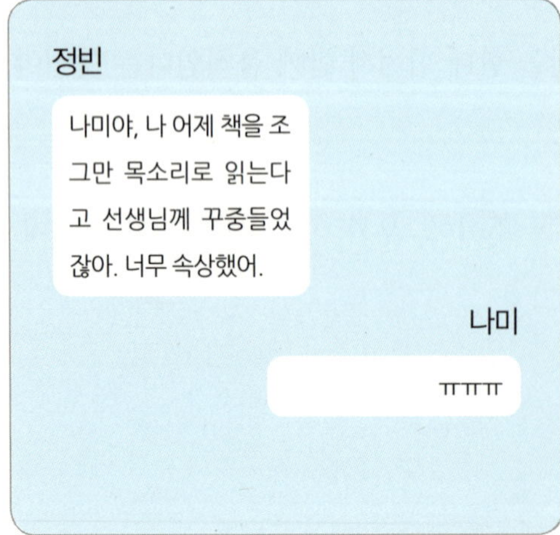

어휘력 확인

1~3 다음 낱말의 알맞은 뜻을 찾아 선으로 이어 보세요.

1 감정 •
• ㉠ 몸을 움직이거나 가누는 모양

2 자세 •
• ㉡ 가지고 있는 생각이나 뜻이 서로 통함.

3 의사소통 •
• ㉢ 어떤 현상이나 일에 대하여 일어나는 마음이나 느끼는 기분

4~6 다음 뜻에 해당하는 낱말을 보기 에서 찾아 써 보세요.

보기

급격하다　　　장난스럽다　　　창의적

4 장난하는 듯한 태도가 있다. → ____

5 변화의 움직임 따위가 급하고 격렬하다. → ____

6 새로운 것을 생각해 내는 특성을 띠거나 가짐. → ____

7~8 다음 문장의 빈칸에 알맞은 낱말을 보기 의 글자 카드로 만들어 보세요.

보기

게　　말　　시　　투　　판

7 ☐☐ 에 따라 같은 말이라도 전하는 의미가 달라진다.
말을 하는 버릇이나 됨됨이

8 우리 학급 전자 ☐☐☐ 에 친구들의 작품이 여러 개 올라왔다.
인터넷상에서 글을 보거나 글을 올릴 수 있는 공간

온라인 대화 시 지켜야 할 예절

☆ 핵심 내용 이해

Q. 다음 낱말 카드를 활용하여 이 글의 핵심 내용을 완성해 보자!

> 공개   예절   대화   온라인

 (   ) 대화를 할 때는 (   )을/를 잘 지키고, (   ) 내용을 다른 곳에 (   )해서는 안 된다.

✈ 새로 알게 된 사실

Q. 이 글을 읽고 새롭게 알게 된 내용을 적어 보자!

____

____

☆ 나의 생각 정리

Q. 다음 온라인 대화를 보고 '우주'가 지켜야 할 온라인 대화 예절은 무엇인지 써 보자!

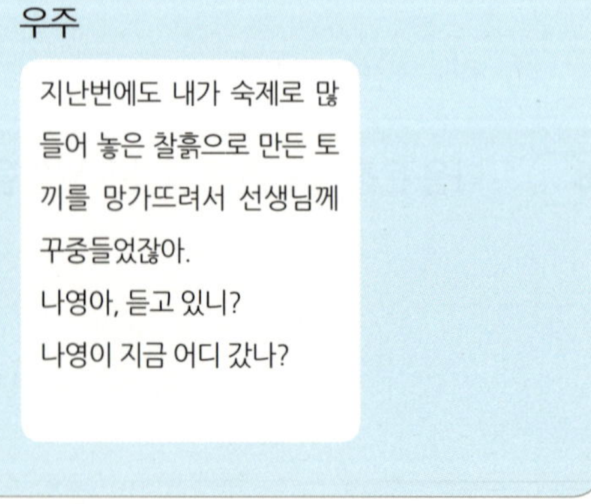

____

____

1~2 다음 뜻풀이를 참고하여 십자말 풀이를 완성해 보세요.

1 ㉠ 격이 낮고 속된 말

2 ㉡ 숨기어 남에게 드러내거나 알리지 말아야 할 일

3~4 다음 문장의 밑줄 친 낱말의 뜻으로 알맞은 것을 찾아 ○표 해 보세요.

3 학용품을 한꺼번에 지나치게 많이 사는 것은 낭비이다.

(1) 일정한 한도를 넘어 정도가 심하게 ( )

(2) 필요한 양이나 기준에 미치지 못해 충분하지 아니하게 ( )

4 새로 전학 온 친구에게 친근하게 대해 주었더니 금세 친해졌다.

(1) 친하여 익숙하고 허물이 없게 ( )

(2) 지내는 사이가 두텁지 아니하고 거리가 있어서 서먹서먹하게 ( )

5~7 다음 밑줄 친 말과 바꾸어 쓸 수 있는 낱말을 보기 에서 찾아 내용에 어울리게 써 보세요.

보기

| 공개하다 | 배려하다 | 입력하다 |

5 서로의 시험 점수를 친구들에게 알려 주었다. →

6 조사 자료를 컴퓨터 저장 공간에 자판에 글자를 쳐서 저장해 두었다. →

7 전시관에 처음 온 관람객들이 전시 작품을 잘 관람하도록 도와주기 위해서 자세한 안내장을 준비했다. →

봉수와 파발로 소식을 전해요

핵심 내용 이해

Q. 다음 낱말 카드를 활용하여 봉수와 파발의 공통점과 차이점을 정리해 보자!

| 말 | 불 | 연기 | 봉수 | 파발 | 통신 |

✎ 봉수와 파발의 공통점은 옛날 (　　　　　　) 수단이라는 것이다.

✎ 봉수와 파발의 차이점은 (　　　　　　)은/는 낮에는 (　　　　　　)을/를 피우고 밤에는 (　　　　　　)을/를 피워서 신호를 전했고, (　　　　　　)은/는 나라의 중요한 일을 쓴 문서를 (　　　　　　)을/를 타고 가거나 사람이 걸어가서 전했다는 것이다.

새로 알게 된 사실

Q. 이 글을 읽고 새롭게 알게 된 내용을 적어 보자!

✎ ____

____

나의 생각 정리

Q. 다음 글을 읽고 어떤 통신 수단을 사용하는 것이 더 좋은지 판단하여 써 보자!

　　봉수는 연기와 불을 피워 소식을 전하기 때문에 자세한 소식을 전하기 어려웠다. 그리고 구름과 안개가 낀 날에는 잘 보이지 않기도 하였고 실수로 봉수를 보지 못해 한양까지 소식이 전달되지 못하는 경우도 있었다.
　　한편 파발은 봉수보다 비용이 많이 드는 단점이 있었다. 그러나 파발은 문서로 전달되어 비밀이 비교적 잘 지켜졌고 적의 군사 수, 무기의 이동 상황, 우리 군사의 상황 등 자세한 소식을 전할 수 있는 장점이 있었다.

✎ ____

____

____

어휘력 확인

1~3　다음 뜻에 해당하는 낱말을 보기에서 찾아 써 보세요.

> **보기**
>
> 방　　　문서　　　봉수대

1　봉화를 올리던 둑　　→ ____________

2　글이나 기호 따위로 일정한 의사나 관념 또는 사상을 나타낸 것　　→ ____________

3　어떤 일을 널리 알리기 위하여 사람들이 다니는 길거리나 많이 모이는 곳에 써 붙이는 글

→ ____________

4~5　다음 뜻에 알맞은 낱말을 글자의 첫소리를 참고하여 써 보세요.

4　어떤 일을 시행함. 또는 그 일　　→ ㅎ ㅅ : ____________

5　나라와 나라의 영역을 가르는 경계　　→ ㄱ ㄱ : ____________

6~7　다음 밑줄 친 낱말과 바꾸어 쓸 수 있는 낱말을 골라 ○표 해 보세요.

6　김 서방은 딸의 결혼 소식을 알리는 <u>서찰</u>을 친척들에게 보냈다.

→ 교훈　　편지

7　119 소방대원은 <u>위급한</u> 상황에서 재빠르게 부상자를 구해 냈다.

→ 안전한　　위태한

생활 속 작용 반작용 법칙

핵심 내용 이해

Q. 다음 낱말 카드를 활용하여 이 글의 핵심 내용을 완성해 보자!

| 운동 | 방향 | 크기 | 반작용 |

작용 반작용 법칙은 (   ) 법칙의 하나로 작용이 있으면 반드시 (   ) 이/가 있다. 그리고 그 힘의 (   )은/는 같고 (   )은/는 반대이다.

새로 알게 된 사실

Q. 이 글을 읽고 새롭게 알게 된 내용을 적어 보자!

나의 생각 정리

Q. 다음 글을 읽고 달리기 선수가 서서 출발하지 않고 다음과 같은 방법으로 출발하는 까닭을 작용 반작용 법칙과 관련지어 써 보자!

> 달리기를 할 때 출발선에 선 선수는 몸을 잔뜩 웅크리고 있다가 총소리가 들리는 순간 몸을 피고 앞으로 나가면서 최대한 힘을 많이 줍니다. 이때 발을 뒤로 힘차게 밀어 줄수록 앞으로 빠른 속도로 뛰어나갈 수 있습니다.

어휘력 확인

1~3 다음 뜻에 해당하는 낱말을 보기 에서 찾아 써 보세요.

보기

미치다   박차다   발사하다

1 발길로 냅다 차다.　　　　　　　　　　→ ☐

2 활·총·로켓이나 빛·소리 따위를 쏘다.　　→ ☐

3 영향이나 작용 따위가 대상에 가하여지다. 또는 그것을 가하다.　→ ☐

4~5 다음 문장의 빈칸에 알맞은 낱말을 보기 의 글자 카드로 만들어 보세요.

보기

고　　료　　물　　액　　연　　체

4 물은 ☐☐이고, 얼면 얼음이 된다.
일정한 부피는 가졌으나 일정한 형태를 가지지 못한 물질

5 환경 오염을 줄일 수 있는 대체 ☐☐ 개발이 시급하다.
물질이 산소와 화합하여 빛과 열을 내어서 에너지를 얻을 수 있는 물질

6~7 주어진 글자의 첫소리와 그 뜻에 알맞은 낱말을 빈칸에 넣어 문장을 완성해 보세요.

6 ㄹ ㅋ : 고온 고압의 가스를 발생·분출시켜 그 반동으로 추진하는 장치

→ ☐ 이 발사되기 직전 매우 커다란 소리가 났다.

7 ㅂ ㅊ : 모든 사물과 현상의 원인과 결과 사이에 내재하는 보편적·필연적인 불변의 관계

→ 작용 반작용 ☐ 은 뉴턴의 세 가지 운동 법칙 가운데 하나이다.

공부한 날   월   일

솟대의 꿈

핵심 내용 이해

Q. 다음 글자 카드를 활용하여 글쓴이가 이 글을 쓴 목적을 완성해 보자!

| 년 | 마 | 을 | 평 | 풍 | 화 |

글쓴이는 솟대에는 마을의 ⬚⬚와 ⬚⬚을 기원하는 마음과 ⬚⬚을 지켜 주고 과거 급제를 축하하는 마음이 담겨 있다는 것을 알리기 위한 목적으로 이 글을 썼다.

새로 알게 된 사실

Q. 이 글을 읽고 새롭게 알게 된 내용을 적어 보자!

나의 생각 정리

Q. 다음 글을 읽고 솟대를 세운 의미는 무엇이라고 생각하는지 써 보자!

시골에 계신 할머니 댁에 가는 길이었어요.
마을 입구에 할아버지 장승과 새가 앉아 있는 기다란 장대가 보였어요.
"할머니, 장승은 본 적이 있는데 저 기다란 막대는 뭐예요?"
"기다란 막대 위에 오리가 앉아 있는 저것을 솟대라고 한단다. 우리 마을에 나쁜 기운이 들어오지 못하게 하고 풍년을 가져다 달라고 세운 거야."

'나'는

1~2 다음 뜻풀이를 참고하여 십자말 풀이를 완성해 보세요.

1 ㉠ 곡식이 잘 자라고 잘 여물어 평년보다 수확이 많은 해

2 ㉡ 옛날부터 그 사회에 전해 오는 생활 전반에 걸친 습관

	㉠ →	
㉡ ↓	풍	

3~5 다음 뜻에 알맞은 낱말을 글자의 첫소리를 참고하여 써 보세요.

3 시험이나 검사 따위에 합격함. → ㄱ ㅈ : ____________

4 우리나라와 중국에서 관리를 뽑을 때 실시하던 시험 → ㄱ ㄱ : ____________

5 돌이나 나무에 사람의 얼굴을 새겨서 마을 또는 절 어귀나 길가에 세운 푯말

→ ㅈ ㅅ : ____________

6~7 다음 밑줄 친 낱말과 바꾸어 쓸 수 있는 낱말을 골라 ○표 해 보세요.

6 우리 반 대표는 대표로서의 <u>역할</u>을 열심히 해나갔다. → 

7 친구의 병이 빨리 낫기를 <u>바라며</u> 위로의 말을 전하였다. → 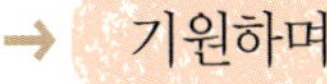

숨쉬는 옹기

🚩 핵심 내용 이해

Q. 다음 낱말 카드를 활용하여 이 글의 핵심 내용을 완성해 보자!

> 전통   공기   옹기   숨구멍

✎ 우리나라 (   ) 그릇인 (   )은/는 (   )이/가 있어 (   )이/가 잘 통해서 김치나 된장, 고추장 등을 보관하기에 좋다.

✈ 새로 알게 된 사실

Q. 이 글을 읽고 새롭게 알게 된 내용을 적어 보자!

✎ ____

____

☆ 나의 생각 정리

Q. 다음 글을 읽고 옹기에 음식을 보관한 까닭은 무엇일지 써 보자!

> 옹기는 흙으로 모양을 빚은 뒤에 잿물을 입혀 구운 그릇입니다. 흙 알갱이의 크기가 서로 달라서 구워지는 동안 옹기에 수많은 숨구멍이 생깁니다. 이 숨구멍은 공기는 통하지만 먼지와 빗물은 통하지 못합니다. 숨구멍이 너무 작기 때문입니다. 옹기에 음식을 보관하면 음식들이 발효하면서 생기는 가스는 이 숨구멍으로 빠져나가고 신선한 산소가 공급되며 공기가 순환됩니다. 그래서 옹기 안의 온도는 늘 일정하게 유지되면서 된장, 간장, 김치뿐만 아니라 곡식이나 과일 등을 담아 두기에 안성맞춤이었습니다.

✎ ____

____

____

1~3 다음 설명에 해당하는 낱말을 보기 에서 찾아 써 보세요.

보기

| 가마 | 유약 | 잿물 |

1 짚이나 나무를 태운 재를 우려낸 물이야. 예전에 주로 빨래할 때 썼어. →

2 도자기의 몸에 덧씌우는 약이야. 도자기에 액체나 기체가 스며들지 못하게 하며 겉면에 광택이 나게 하는 역할을 해. →

3 숯이나 도자기 등을 구워 내는 시설을 가리키는 말이야. 예전에는 주로 장작으로 불을 때는 아궁이와 굴뚝 따위로 이루어져 있었으나, 요즘은 전기를 이용한 것 등 다양한 형태가 있어. →

4~5 다음 뜻에 알맞은 낱말을 글자의 첫소리를 참고하여 써 보세요.

4 공기 가운데 수증기가 들어 있는 정도 → ㅅ ㄷ : _________

5 벼, 보리, 밀, 조 따위의 이삭을 떨어낸 줄기와 잎 → ㅈ : _________

6~7 다음 밑줄 친 말과 바꾸어 쓸 수 있는 낱말을 보기 에서 찾아 내용에 어울리게 써 보세요.

보기

| 발효하다 | 보관하다 |

6 동생이 나에게 장난감을 잘 맡아서 관리해 달라고 부탁했다. →

7 김치를 항아리에 담아 두었더니 미생물을 분해하여 이산화 탄소가 생기고 맛있게 익었다. →

MEMO

MEMO

똑똑 초등 국어 **문해력**은

문장 독해, 문단 독해, 지문 독해 훈련에
최적화된 교재입니다.

문장 독해
각 문장이 담고 있는 의미를 올바르게 해석해야
문단의 의미를 정확히 이해할 수 있습니다.

문단 독해
문단 간의 관계와 각 문단의 역할을 이해해야
글의 전체 흐름을 제대로 파악할 수 있습니다.

지문 독해
글의 전체 내용을 짧고 명확한 문장으로 요약할 수 있어야
글을 완벽하게 이해한 것으로 볼 수 있습니다.

초등 국어 문해력

정답과 해설

2단계 | 실력편

초등 3·4학년

이투스북

똑독
똑똑한 독해, 똑독!

초등 국어 문해력

정답과 해설

2단계 | 실력편

초등 3·4학년

 칠레의 이스터섬의 모아이 석상이 칠레 본토에서 이스터섬으로 다시 돌아갔다는 내용의 글이에요. 모아이 석상의 모양, 모아이 석상에 담긴 뜻 등에 대해 알 수 있어요.

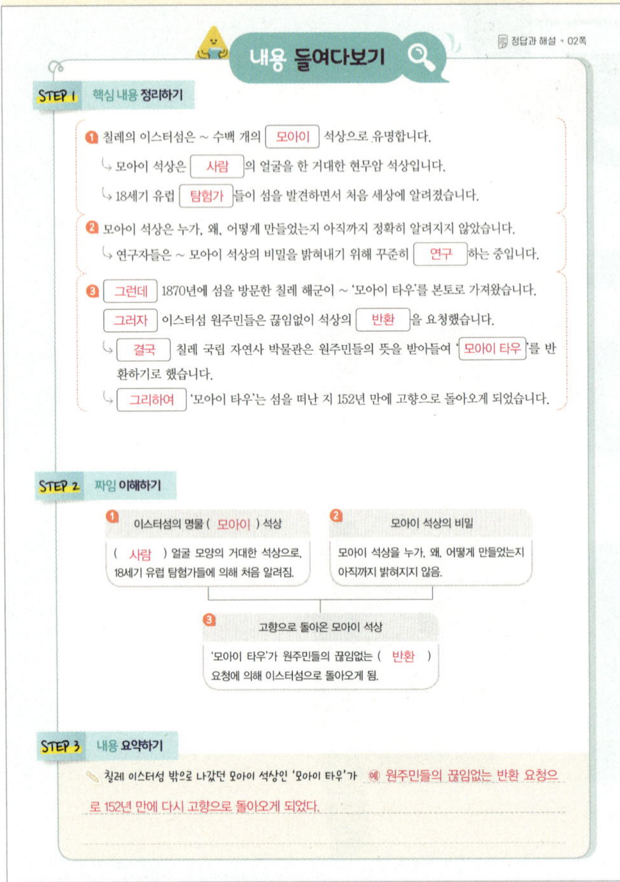

③ 1문단에서 모아이 석상의 신비로운 모습은 18세기 유럽 탐험가들이 섬을 발견하면서 처음 세상에 알려졌다고 했어요.

⑤ 2문단에서 모아이 석상은 누가, 왜, 어떻게 만들었는지 아직까지 정확히 알려지지 않았다고 했어요.

3 3문단에서 칠레 국립 자연사 박물관은 원주민들의 뜻에 따라 '모아이 타우'의 반환을 결정했다고 했어요. 여기서 원주민들의 뜻은 '모아이 타우'가 다시 이스터섬으로 돌아오는 것이에요. 원주민들은 모아이 석상이 조상들의 영혼을 지닌 신성한 존재라고 생각했기 때문이죠. 따라서 칠레 국립 자연사 박물관은 이런 원주민들의 역사와 문화를 존중하기 위해 '모아이 타우'를 반환한 것으로 볼 수 있어요.

4 글의 내용에 따르면 영국은 모아이 석상을 억지로 빼앗아 대영 박물관에 전시했다고 했어요. 이것은 칠레 해군이 본토로 가져가 칠레 국립 자연사 박물관에 전시한 '모아이 타우'와 상황이 비슷해요. 따라서 '모아이 타우'와 글 속의 모아이 석상을 비교하여 이스터섬 밖으로 나간 석상이 '모아이 타우'만이 아니라고 말한 구름이의 말은 옳아요. 그리고 원주민들의 뜻을 무시하고 억지로 가져간 문화재인 모아이 석상을 돌려주어야 한다는 태환이의 말도 옳아요. 하지만 억지로 모아이 석상을 가져간 영국에 고마워해야겠다는 연희의 말은 옳지 않아요.

 본문 · 016쪽

1 ⑤　　**2** ④　　**3** ⑤　　**4** [1] ◯ [2] ◯

1 이 글은 칠레 국립 자연사 박물관에 있는 모아이 석상인 '모아이 타우'가 152년 만에 모아이 섬으로 돌아간다는 내용을 중심으로 하고 있어요.

2 3문단에서 1870년에 섬을 방문한 칠레 해군이 모아이 석상 중 하나인 '모아이 타우'를 본토로 가져와 칠레 국립 자연사 박물관에 전시했다고 했어요. 따라서 수백 개의 모아이 석상이 칠레 박물관에 전시된 것은 아니에요.

오답 풀이
① 1문단에서 모아이 석상은 사람의 얼굴을 한 거대한 현무암 석상이라고 했어요.
② 1문단에서 이스터섬은 황량한 벌판에 우뚝 서 있는 수백 개의 모아이 석상으로 유명하다고 했어요.

 본문 · 017쪽

1 ⓒ　　**2** ⓐ　　**3** 본토　　**4** 황량
5 명물　　**6** 신성

낱말 더 보기

- **벌판**: 사방으로 펼쳐진 넓고 평평한 땅
  예 끝없이 펼쳐진 벌판을 바라보니 가슴이 뻥 뚫렸다.
- **석상**: 돌을 조각하여 만든 사람이나 동물의 형상
  예 그 소식을 들은 아이는 석상처럼 굳어 버렸다.
- **현무암**: 화산암의 일종으로 주로 검은색을 띠는 암석
  예 화산섬인 제주도에는 현무암이 많다.
- **영혼**: 죽은 사람의 넋
  예 우리나라의 발전을 위해 한평생을 바친 조상들의 영혼을 잊으면 안 된다.
- **원주민**: 그 지역에 본디부터 살고 있는 사람들
  예 원주민들은 도로 개발로 인해 이사를 갔다.

글의 내용　고대 도시 국가 아테네의 민주 정치에 대해 알려 주는 글이에요. 민회, 도편 추방제 등에 대해 자세히 소개하고 있어요. 여자, 노예, 외국인은 참여하지 않았다는 한계점을 지적하고 있어요.

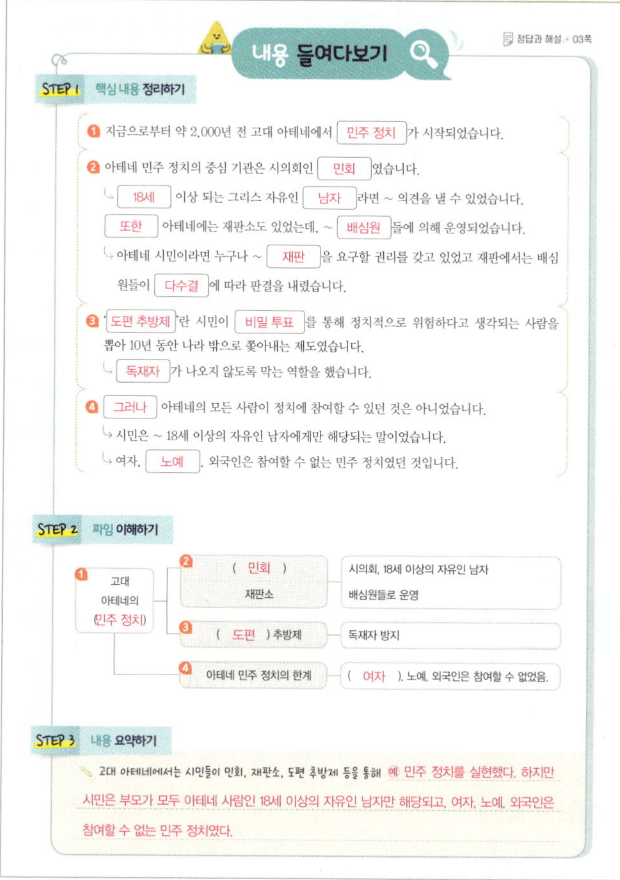

문제로 확인하기

1 ③　　**2** ①　　**3** ④　　**4** ④

1 시민, 민회, 재판소, 도편 추방제는 고대 아테네의 민주 정치에 포함되는 낱말들이에요. 따라서 이 글에서 가장 중요한 낱말은 '민주 정치'에요.

2 1문단에서 처음에는 소수의 귀족들만 정치에 참여하다가 평민들이 점점 부유해지면서 나중에는 부유한 평민도 정치에 참여하기 시작했다고 했어요. 그리고 이후에는 그리스 시민이라면 누구나 정치에 참여할 수 있게 되었다고 했어요.

3 3문단에서 아테네에서 정치에 참여할 수 있는 사람은 부모 모두가 아테네 사람인 18세 이상의 자유인 남자로 여자, 노예, 외국인은 정치에 참여할 수 없었다고 했어요. 따라서 부

모가 모두 아테네 사람인 19세 남성이라면 정치에 참여할 수 있었어요.

오답 풀이

① 지역, 나이에 상관없이 외국인은 정치에 참여할 수 없다고 했어요.
② 부모가 모두 아테네 사람이지만 나이가 18세를 넘어야 한다고 했어요.
③ 부모가 모두 아테네 사람인 것과는 상관없이 여자는 정치에 참여할 수 없다고 했어요.
⑤ 노예는 부모가 아테네 사람인지, 몇 살인지 상관없이 정치에 참여할 수 없다고 했어요.

4 글에 따르면 여성은 1920년이 되어서야 투표를 할 수 있었다고 했어요. 17~18세기에 모든 남자들이 투표를 하게 된 것과는 다른 것이죠. 따라서 이 글을 읽고 여자가 투표를 할 수 있게 된 것은 불과 100년밖에 안 되었다는 것을 알 수 있어요.

어휘력 다지기

1 ⓒ　　**2** ㉠　　**3** 운영　　**4** 참석
5 해당　　**6** 참여

낱말 더 보기

- **도시 국가:** 고대와 중세에, 도시 그 자체가 정치적으로 독립하여 국가를 이루던 공동체
  예 고대 그리스는 도시 국가로 이루어졌다.
- **평민:** 벼슬이 없는 일반인
  예 귀족들은 평민들의 힘이 커지는 것이 두려웠다.
- **부유하다:** 재물이 넉넉하다.
  예 부유한 상인들은 물건을 많이 사 두었다.
- **노예:** 남의 소유물로 되어 부림을 당하는 사람. 모든 권리와 생산 수단을 빼앗기고, 물건처럼 사고팔리던 노예제 사회의 피지배 계급
  예 노예를 물건처럼 사고 팔던 시대가 있었다.
- **신분:** 개인의 사회적인 위치나 계급
  예 그 자는 감쪽같이 신분을 감추고 숨어들었다.

멸종 위기에 처한 루돌프

글의 내용 기후 변화로 멸종 위기에 놓인 순록에 대해 이야기하고 있어요. 지구 온난화로 생기는 수많은 야생 동물의 멸종 위기에 대해 알려 주며 대책을 마련해야 한다고 이야기하고 있어요.

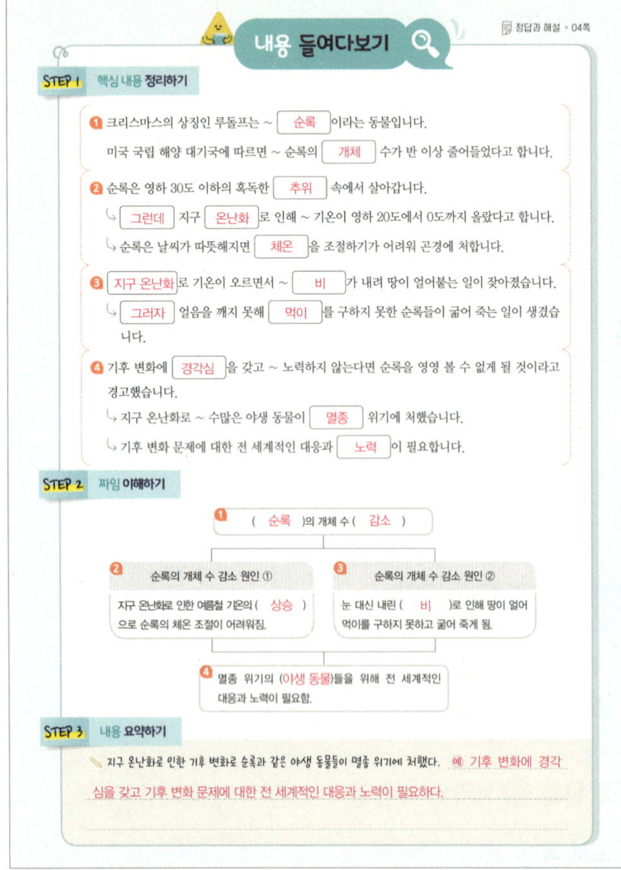

3 이 글은 지구 온난화로 인한 동물들의 멸종 위기에 대해 이야기하고 있어요. 반려동물과 관련된 내용은 이 글과 어울리지 않아요.

오답 풀이

기후 변화가 인간에게 미치는 영향(②), 각 나라에서 실시하고 있는 기후 변화 대책(③), 지구 온난화의 가장 큰 원인인 온실 가스 배출량(④), 멸종 위기에 놓인 동물들이 처한 다양한 환경 문제(⑤) 등의 내용은 이 글과 어울리므로 글의 뒷부분에 올 수 있는 내용이에요.

4 주어진 글은 탄소를 줄이기 위한 행복구의 환경 실천 운동에 대해 이야기하고 있어요. 쓰레기 줄이기, 분리 배출하기, 물건 다시 사용하기 등은 실천할 수 있는 탄소 줄이기 운동이라고 할 수 있어요. 따라서 환경을 위해 직접 실천할 수 있는 일들을 널리 알리기 위해 행사가 열렸다고 이해하는 것은 적절해요.

어휘력 다지기

본문 • 025쪽

1 ㉠ **2** ㉢ **3** ㉡ **4** ◯
5 × **6** ◯

🔍 낱말 더 보기

- **상징:** 추상적인 개념이나 사물을 구체적인 사물로 나타냄.
  ㉔ 한 나라를 상징하는 꽃을 국화라고 한다.
- **시베리아:** 러시아의 우랄산맥에서 태평양 연안에 이르는 북아시아 지역
  ㉔ 그들은 시베리아의 혹독한 추위를 견디지 못했다.
- **예민:** 무엇인가를 느끼는 능력이나 분석하고 판단하는 능력이 빠르고 뛰어남.
  ㉔ 개는 후각이 발달하여 냄새에 예민하다.
- **경고:** 조심하거나 삼가도록 미리 주의를 줌. 또는 그 주의
  ㉔ 큰 개에 가까이 가지 말라고 주인이 경고했다.
- **지구 온난화:** 지구의 기온이 높아지는 현상
  ㉔ 지구 온난화로 인해 지구촌 곳곳에 이상 기온 현상이 발생한다.
- **온실 가스:** 지구 대기를 오염시켜 온실 효과를 일으키는 가스를 통틀어 이르는 말로 이산화 탄소, 메탄 등을 말함.
  ㉔ 지구를 살리기 위해 온실 가스를 줄여야 한다.

문제로 확인하기

본문 • 024쪽

1 ④ **2** 재경 **3** ① **4** (3) ◯

1 이 글은 지구 온난화로 인한 기후 변화로 순록이 사는 서식지의 환경이 변하면서 순록의 개체 수가 줄어들고 있다는 것을 중심적으로 알리는 글이에요.

2 3문단에서 순록들이 굶어 죽는 까닭은 기후 변화로 눈 대신 비가 내려 땅이 얼어붙으면서 얼음을 깨지 못해 먹이를 구하지 못하기 때문이라고 했어요. 따라서 눈이 내리지 않고 자꾸 비가 내려 땅이 얼어서 순록들이 이끼를 찾기 어려워졌다고 말하고 있는 재경이가 순록이 굶주리는 까닭에 대해 가장 정확하게 말했어요.

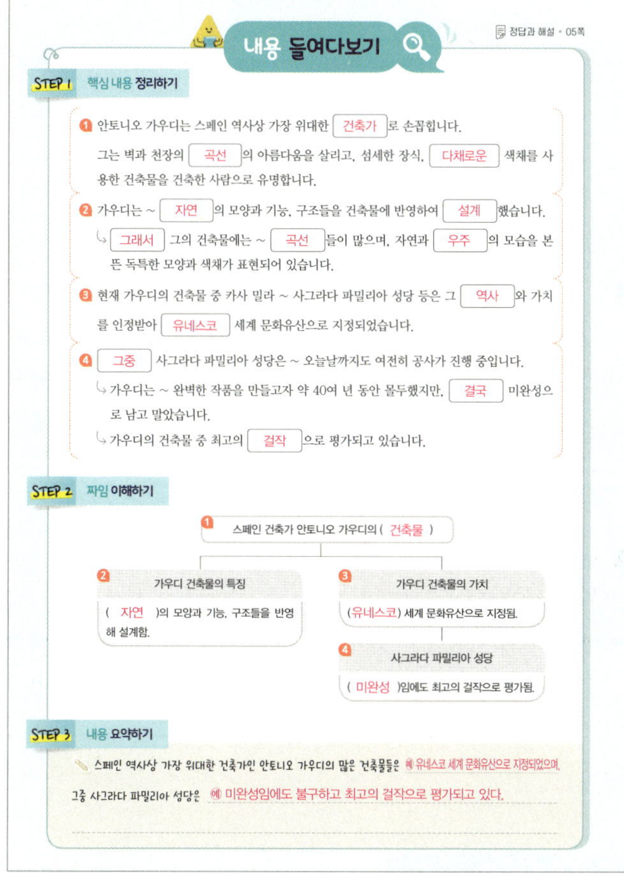

(4) 3문단에서 실제로 스페인 바르셀로나에 가 보면 가우디의 여러 훌륭한 건축물들을 직접 볼 수 있다고 했어요. 그 건축물들 중에는 구엘 공원도 포함돼요. 따라서 구엘 공원이 현재 남아 있지 않다고 말하는 것은 옳지 않아요.

3 3문단에서 가우디의 건축물 중 유네스코 세계 문화유산에 지정된 건축물은 카사 밀라, 구엘 공원, 카사 비센스, 사그라다 파밀리아 성당이 있다고 했어요.

4 유네스코는 세계 문화유산을 지정하는 국제 연합 기구예요. 유네스코가 지정한 대표적인 세계 문화유산은 가우디가 만든 카사 밀라 등의 건축물, 우리나라의 수원 화성, 이집트의 피라미드, 그리스의 아크로폴리스, 중국의 만리장성, 인도의 아잔타 석굴, 이탈리아의 피사의 사탑 등이 있어요.

어휘력 다지기

본문 · 029쪽

1 ㉡　　**2** ㉠　　**3** [3] ○　　**4** ①

낱말 더 보기

- **다채롭다:** 여러 가지 색채나 형태, 종류 따위가 한데 어울리어 호화스럽다.
  예 여러 작가의 <u>다채로운</u> 작품이 전시회에 전시되어 있었다.
- **색채:** 물체가 빛을 받을 때 빛의 파장에 따라 그 거죽에 나타나는 특유한 빛
  예 화려한 <u>색채</u>가 조화를 이루다.
- **조화:** 서로 잘 어울림.
  예 건물과 환경이 완벽하게 <u>조화</u>를 이루었다.
- **유네스코:** 국제 연합 전문 기관의 하나. 교육, 과학, 문화의 보급과 국제 교류 증진을 통한 국제간의 이해와 세계 평화를 추구함.
  예 <u>유네스코</u>는 수원 화성을 세계 문화유산으로 지정하였다.
- **지정:** 관공서, 학교, 회사, 개인 등이 어떤 것에 특정한 자격을 줌.
  예 우리 동네는 환경 보호 구역으로 <u>지정</u>되었다.
- **열정:** 어떤 일에 열렬한 애정을 가지고 열중하는 마음
  예 화가는 자신의 작품에 <u>열정</u>을 쏟는다.

문제로 확인하기

본문 · 028쪽

1 ③　　　　**2** [1] ○ [2] × [3] ○ [4] ×
3 ③　　　　**4** 유네스코

1 이 글은 스페인의 위대한 건축가인 안토니오 가우디가 만든 건축물들의 위대성과 예술성에 대해 이야기하고 있어요.

2 1문단에서 가우디는 1852년 스페인에서 태어나 바르셀로나에서 활동한 건축가라고 했어요(1). 그리고 2문단에서 가우디는 자연의 모양과 기능, 구조들을 건축물에 반영해 설계하고, 때로는 식물과 곤충의 형태를 본떠 건축물을 만들기도 했다고 했어요(3).

오답 풀이
(2) 4문단에서 사그라다 파밀리아 성당은 140년이 지난 오늘날 까지도 여전히 공사가 진행 중이라고 했어요.

글의 내용 우리말의 표준어와 방언의 뜻과 예에 대해 알려 주는 글이에요. 표준어와 방언 모두 소중한 우리말이라는 것을 강조하고 있어요.

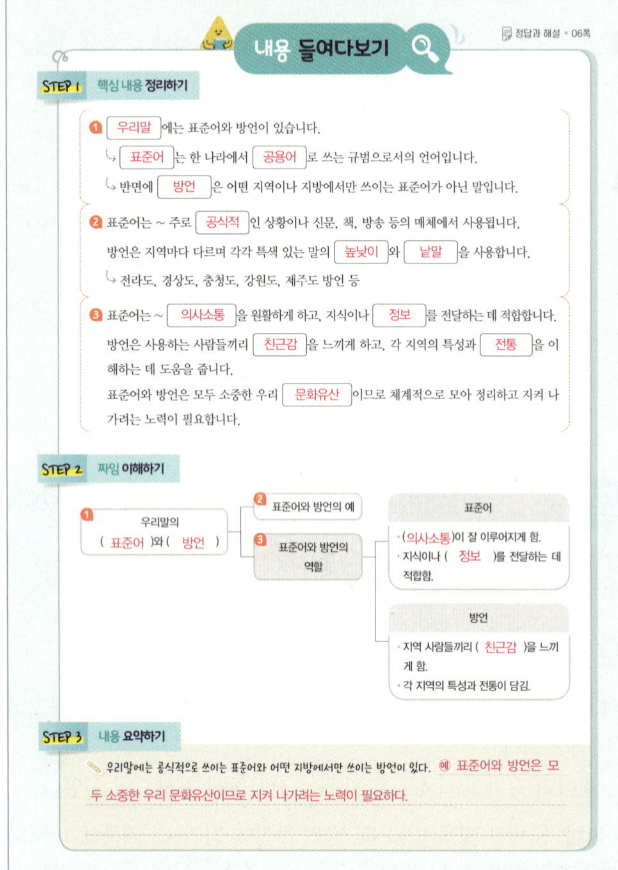

② 방언을 전혀 사용하지 않는 지역에 대해서는 이 글에서 설명하고 있지 않아요.

③ 3문단에서 표준어와 방언은 모두 소중한 우리 문화유산이라고 했어요. 따라서 표준어와 방언은 중요함의 정도를 따질 수 없어요.

⑤ 3문단에서 방언은 사용하는 사람들 사이에서 친근감을 느끼게 해 주고, 각 지역의 특성과 전통을 이해하는 데 도움이 되므로 체계적으로 모아 정리하고 지켜 나가려는 노력이 필요하다고 했어요. 따라서 방언을 쓰지 말아야 한다는 것은 알맞지 않아요.

3 2문단에 지역별 방언의 다양한 예가 나와 있어요. '하르벙이'는 강원도 방언으로 '할아버지'라는 뜻이에요. '갈기럽다'는 충청도의 방언으로 '가렵다'라는 뜻이에요. '멘도롱하다'는 제주도의 방언으로 '따뜻하다'라는 뜻이에요. '행님'은 경상도의 방언으로 '형님'이라는 뜻이에요. '솔찬히'는 전라도의 방언으로 '제법'이라는 뜻이에요.

4 2문단에서 표준어는 주로 공식적인 상황이나 신문, 책, 방송 등의 매체에서 사용된다고 했어요. 공식적인 상황에서는 여러 지역의 사람들이 모여 있으므로 의사소통이 잘 이루어지려면 표준어를 써야 해요. 공식적인 상황에서 방언을 사용하게 되면 대화가 잘 이루어지지 않을 수 있어요.

어휘력 다지기　본문 · 033쪽

1 ②　**2** 체계적　**3** 공식적

낱말 더 보기

- **지방**: 서울 이외의 지역
  - 예 지방에 살다가 서울로 올라와서 표준말이 서툴다.
- **의사소통**: 가지고 있는 생각이나 뜻이 서로 통함.
  - 예 의사소통을 하는 데에는 말뿐만이 아니라 표정이나 말투도 중요하다.

문제로 확인하기　본문 · 032쪽

1 ①　　**2** ④　　**3** 할아버지, 강원도 / 가렵다, 충청도 / 따뜻하다, 제주도 / 형님, 경상도 / 제법, 전라도
4 ②

1 이 글은 우리 문화유산인 표준어와 방언의 중요성과 특징에 대해 설명하고 있는 글이에요.

2 2문단에서 표준어는 주로 공식적인 상황이나 신문, 책, 방송 등의 매체에 사용된다고 했어요. 의사소통이 잘 되기 때문이죠. 이런 공식적인 말하기 상황에서 방언을 사용한다면 원활한 의사소통이 이루어지지 못할 수 있어요.

오답 풀이
① 1문단에서 표준어는 주로 서울에서 많이 쓰이지만 서울말이 모두 표준어는 아니라고 했어요.

Day 06 올림픽을 상징하는 불꽃, 성화

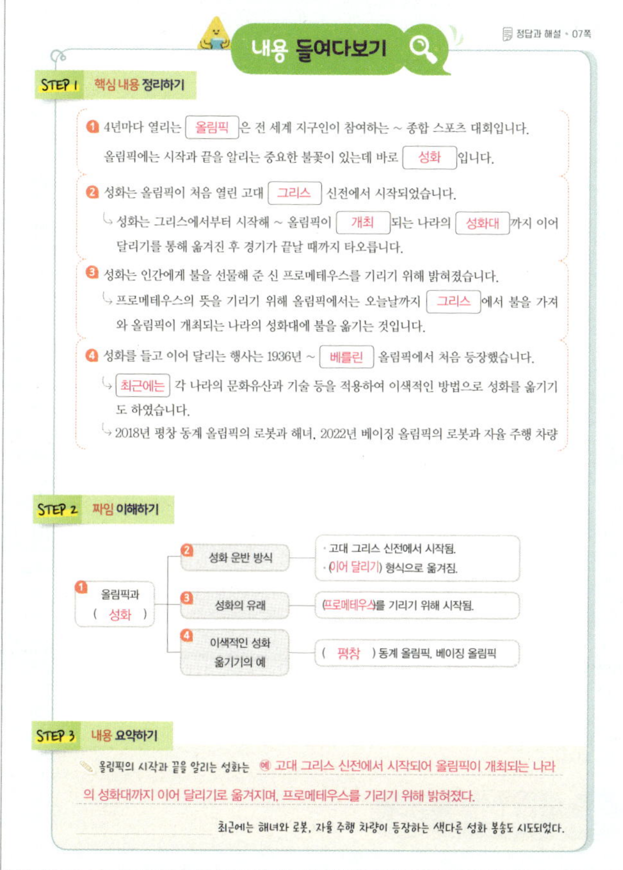

글의 내용 올림픽을 상징하는 성화의 뜻과 유래, 현재 변화된 성화 운반 방법 등에 대해 설명하는 글이에요.

내용 들여다보기

정답과 해설 · 07쪽

STEP 1 핵심 내용 정리하기

❶ 4년마다 열리는 올림픽 은 전 세계 지구인이 참여하는 ~ 종합 스포츠 대회입니다.
　올림픽에는 시작과 끝을 알리는 중요한 불꽃이 있는데 바로 성화 입니다.

❷ 성화는 올림픽이 처음 열린 고대 그리스 신전에서 시작되었습니다.
　↳ 성화는 그리스에서부터 시작해 ~ 올림픽이 개최 되는 나라의 성화대 까지 이어 달리기를 통해 옮겨진 후 경기가 끝날 때까지 타오릅니다.

❸ 성화는 인간에게 불을 선물해 준 신 프로메테우스를 기리기 위해 밝혀졌습니다.
　↳ 프로메테우스의 뜻을 기리기 위해 올림픽에서는 오늘날까지 그리스 에서 불을 가져와 올림픽이 개최되는 나라의 성화대에 불을 옮기는 것입니다.

❹ 성화를 들고 이어 달리는 행사는 1936년 ~ 베를린 올림픽에서 처음 등장했습니다.
　↳ 최근에는 각 나라의 문화유산과 기술 등을 적용하여 이색적인 방법으로 성화를 옮기기도 하였습니다.
　↳ 2018년 평창 동계 올림픽의 로봇과 해녀, 2022년 베이징 올림픽의 로봇과 자율 주행 차량

STEP 2 짜임 이해하기

❶ 올림픽과 (성화)

❷ 성화 운반 방식 · 고대 그리스 신전에서 시작됨. · (이어 달리기) 형식으로 옮겨짐.

❸ 성화의 유래 (프로메테우스)를 기리기 위해 시작됨.

❹ 이색적인 성화 옮기기의 예 (평창) 동계 올림픽, 베이징 올림픽

STEP 3 내용 요약하기

올림픽의 시작과 끝을 알리는 성화는 예 고대 그리스 신전에서 시작되어 올림픽이 개최되는 나라의 성화대까지 이어 달리기로 옮겨지며, 프로메테우스를 기리기 위해 밝혀졌다.

최근에는 해녀와 로봇, 자율 주행 차량이 등장하는 색다른 성화 봉송도 시도되었다.

문제로 확인하기

본문 · 038쪽

1 성화　　**2** ⑤　　**3** ③　　**4** ①

1 이 글은 올림픽에 사용하는 성화가 어떻게 시작되었는지, 또 어떻게 올림픽 경기장까지 오게 되는지에 대한 이야기이므로, 이 글의 중심 화제인 낱말은 '성화'예요.

2 3문단에 따르면 성화는 고대 그리스의 올림피아 제전에서 인간에게 불을 준 신인 프로메테우스를 기리기 위해 시작되었다고 했어요.

오답 풀이

① 성화를 들고 이어 달리기를 시작한 것은 성화가 생겨난 뒤의 일이에요.

② 올림픽이 4년에 한 번씩 열리는 것과 성화가 생겨난 까닭은 관련이 없어요.

④ 올림픽에서 성화로 올림픽 경기장을 환하게 밝히려는 의도는 없어요.

④ 프로메테우스를 기리기 위함이지만 프로메테우스가 벌을 받지 않게 하려는 의도는 없었어요.

3 올림픽 성화 봉송을 할 때 실제로 성화가 꺼지는 일이 발생하면 뒤따르던 보조 성화로 다시 불을 지핀다고 해요. 하지만 이 글에서는 이와 관련된 내용이 나오지 않아요.

4 보기 는 올림픽 정신과 올림픽의 진정한 의미에 대해 이야기하고 있어요. 올림픽은 경기에서 승리하는 것보다 건전한 스포츠 정신으로 경기를 하고 전 세계의 화합과 평화에 더욱 가치를 두고 있어요. 따라서 올림픽 경기는 이기고 지는 것이 가장 중요하다고 말한 태규가 잘못 이해한 친구예요.

어휘력 다지기

본문 · 039쪽

1 ⓒ　　**2** ⓐ　　**3** 신전　　**4** 유래
5 개최　　**6** 주행

낱말 더 보기

- **주경기장**: 여러 경기장 가운데 가장 주가 되며, 주요한 경기를 하는 곳
　예 올림픽의 개막식이 주경기장에서 열리고 있다.

- **성화대**: 올림픽 따위와 같이 규모가 큰 체육 경기에서, 성화를 켜기 위하여 경기장 한쪽에 설치한 대
　예 드디어 성화대에 불꽃이 타오르기 시작했다.

- **제전**: 문화, 예술, 체육 따위와 관련하여 성대히 열리는 사회적인 행사
　예 올림픽은 전 세계인의 가장 큰 제전이다.

- **해녀**: 바닷속에 들어가 해삼, 전복, 미역 따위를 따는 것을 직업으로 하는 여자
　예 제주도에서는 해녀가 따온 해산물을 맛볼 수 있다.

- **자율 주행**: 운전자가 직접 운전하지 않고, 차량이나 기계가 스스로 도로에서 달리게 하는 일
　예 머지않아 자율 주행 차들이 도로에 더욱 많아질 것이다.

글의 내용 이 글은 레고 랜드를 개발하면서 발생한 경제적 이익과 유적의 보존 문제에 대해 생각해 볼 수 있는 글이에요.

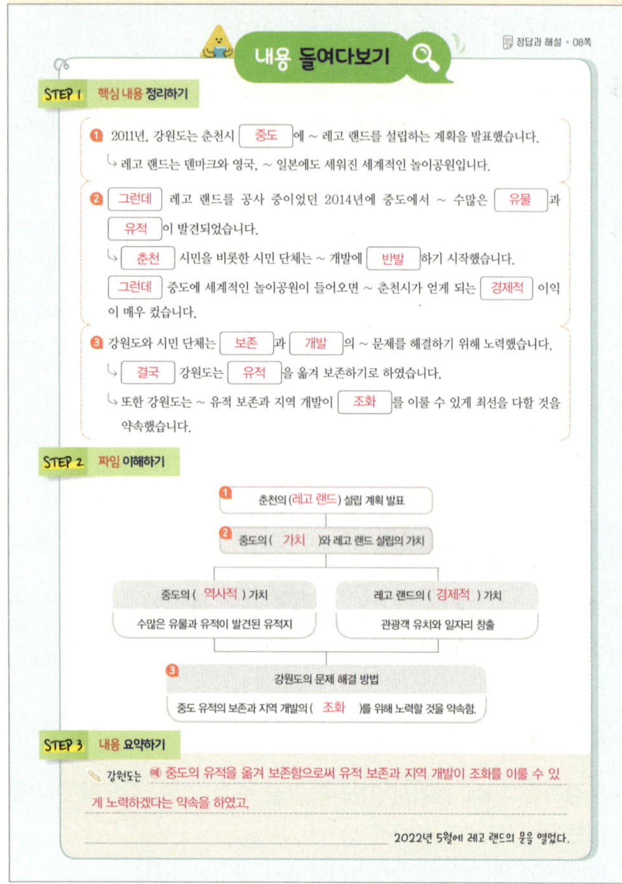

시한 중도의 유물과 유적을 보존하며 지역 개발을 조화롭게 이루겠다는 약속을 잘 지키는지 관심을 두고 지켜보는 것이에요.

오답 풀이

①, ② 레고 랜드를 적극적으로 이용해야 하는지, 레고 랜드에 어떤 놀이 시설이 있는지와 관련된 내용은 문화유산을 보존하기 위해 할 일과 관련이 없어요.

③ 레고 랜드의 개발로 인해 춘천시의 관광객과 일자리가 늘어난 정도를 알아보는 것은 유적의 보존보다는 경제적 가치에 관심을 둔 거예요.

④ 레고 랜드는 문을 열었지만 중도의 유물과 유적은 아직도 많이 남아 있어요. 따라서 우리의 문화유산을 지키려는 노력은 계속되어야 해요.

4 **보기** 는 레고 랜드 개발이 가져다주는 경제적 가치에 대해 이야기하고 있어요. 시우는 놀이공원이 문을 열면 일자리가 많이 생길 수 있다고 말하고 있으므로 레고 랜드의 경제적 가치에 대해 말하고 있어요.

오답 풀이

나머지는 모두 우리 문화유산의 역사적 가치에 대해 말하고 있어요.

어휘력 다지기　본문 • 043쪽

1 ⓛ　　**2** ⓒ　　**3** ⓖ　　**4** 층층이
5 보존　　**6** 출토

낱말 더 보기

• **선사 시대**: 문헌 사료가 전혀 존재하지 않는 시대. 석기 시대와 청동기 시대를 이름.
　예 <u>선사 시대</u>의 원시인은 함께 모여 살았다.

• **유적지**: 유적이 있는 곳
　예 부여는 백제의 <u>유적지</u>이다.

• **개발**: 토지나 천연자원 따위를 유용하게 만듦.
　예 이 지역은 광역 교통망 <u>개발</u>이 이루어지고 있다.

문제로 확인하기　본문 • 042쪽

1 ⑤　　**2** ⑤　　**3** ⑤　　**4** ③

1 이 글에서는 레고 랜드의 개발과 중도의 유적 보존에 대한 문제를 중심으로 이야기하고 있어요. '레고 랜드로 생긴 개발과 보존의 문제'가 주제로 알맞아요.

2 이 글에서는 레고 랜드가 생김으로써 발생하는 교통 문제에 대한 내용은 찾아볼 수 없어요. 또한 춘천시의 입장에 대한 내용도 이 글에 나와 있지 않아요.

3 중도의 가치를 아는 많은 사람은 우리의 유적과 유물을 최대한 보존해야 한다고 생각해요. 하지만 레고 랜드가 개발되면서 유적과 유물이 보존되기 매우 어려워졌어요. 따라서 이 글의 뒷부분에 중도의 문화유산을 보존하기 위해 우리가 할 수 있는 일이 무엇인지에 대한 내용이 들어간다면, 강원도가 제

글의 내용 미국 플로리다 대학 연구진이 달의 흙에 애기장대 씨앗을 심어 싹을 틔운 일에 대해 설명하고 있어요. 이는 달의 흙에서 지구 식물이 자랄 수 있다는 가능성을 보여 준 사건이에요.

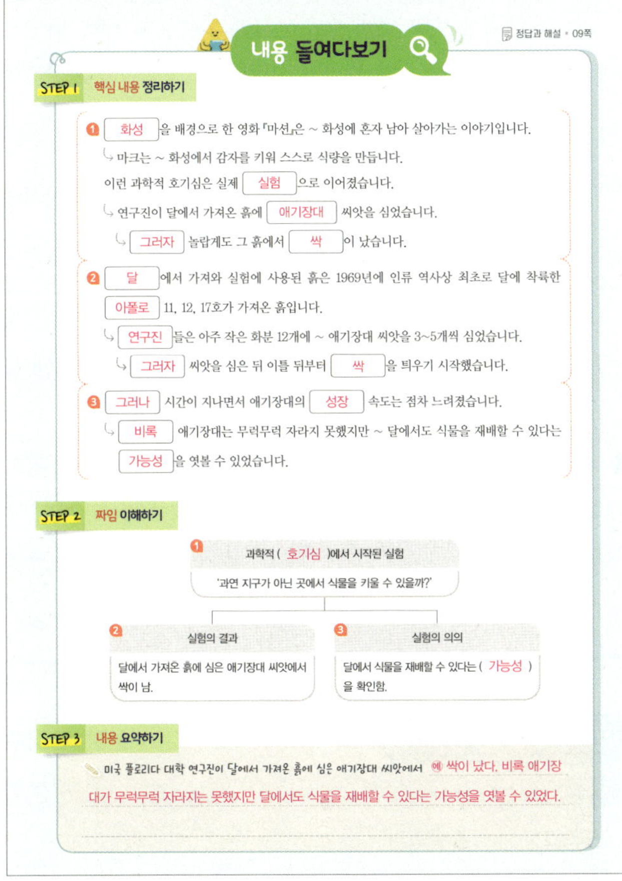

3 글은 어떤 식물의 유전자 분석 결과에 대해 말해 주고 있어요. 그런데 활성 산소는 식물 노화의 원인으로 알려져 있다고 했어요. 따라서 애기장대는 빨리 시들었을 것으로 짐작할 수 있어요.

4 **보기**의 글은 화성을 탐사하는 로봇 큐리오시티에 대해 설명하고 있어요. 그리고 이 글을 통해서 미래에는 우주를 통해 더 넓은 세상을 만날 수 있다는 가능성을 엿볼 수 있어요. 그런데 인공 위성을 띄우는 일은 이미 이루어졌어요. 따라서 ①과 같은 반응을 보이는 것은 알맞지 않아요.

어휘력 다지기　　본문 · 047쪽

1 허락　　**2** 틔웠다　　**3** 착륙한　　**4** 가능성

5 구조　　**6** 반점

낱말 더 보기

- **식량:** 생존을 위하여 필요한 사람의 먹을거리
  예 미래에는 식량이 부족해지는 날이 올지 모른다.
- **착륙:** 비행기 따위가 공중에서 활주로나 판판한 곳에 내림.
  예 비행기는 곧 제주 공항에 착륙한다.
- **적응:** 일정한 조건이나 환경 따위에 맞추어 응하거나 알맞게 됨.
  예 기후 변화에 적응하여 나뭇잎의 크기가 변하였다.
- **재배:** 식물을 심어 가꿈.
  예 새로운 재배 방법을 썼더니 수확량이 두 배로 늘었다.
- **짐작:** 사정이나 형편 따위를 어림잡아 헤아림.
  예 당신이 나를 속일 줄은 짐작조차 못했다.

문제로 확인하기　　본문 · 046쪽

1 ②　　**2** (1) ×　(2) ○　(3) ×　　**3** (2) ○

4 ①

1 이 글은 미국 플로리다 대학 연구진이 달의 흙에서 지구 식물인 애기장대를 싹틔운 실험을 이야기하고 있어요. 이 실험을 통해 우주에서 지구의 식물을 재배할 수 있는 가능성을 엿볼 수 있었어요.

2 (1) 2문단에서 달의 흙을 보관하고 있는 미국 항공 우주국에서는 약 11년 만에 흙 사용을 허락했다고 했어요.
(2) 2문단에서 실험에 사용된 흙은 인류 역사상 최초로 달에 착륙한 아폴로 11, 12, 17호가 가져온 흙이라고 했어요.
(3) 3문단에서 애기장대는 시간이 지날수록 뿌리는 더 뻗지 못했고, 잎은 작고, 붉은 반점도 나타났다고 했어요.

[글의 내용] 우리나라 인기 가수들이 미국 백악관을 방문한 일을 통해 아시아 사람들에 대한 범죄와 인종 차별을 멈추어야 한다는 것을 말하고 있어요.

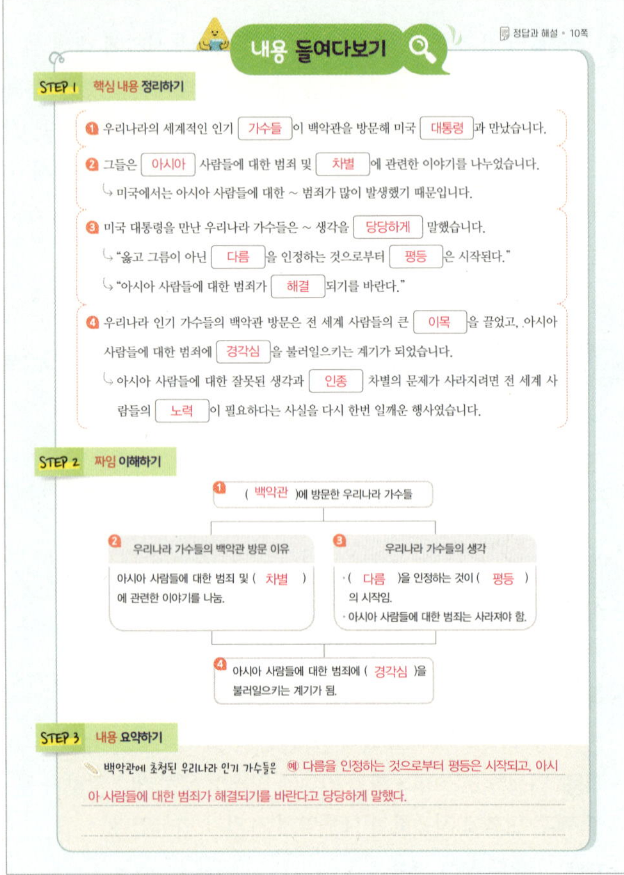

문제로 확인하기   본문 · 050쪽

1 ③   **2** [1] 다름 [2] 평등   **3** ②
4 호정

1 우리나라 인기 가수들이 백악관을 방문한 일을 통해 알리려고 한 것은 아시아 사람에 대한 범죄와 인종 차별을 멈추어야 한다는 것이에요. 아시아의 문화, 세계적인 전염병, 우리나라의 대중 문화, 우리나라 인기 가수들의 예술성은 중요한 내용이 아니에요.

2 우리나라 인기 가수들은 백악관을 방문해 '옳고 그름이 아닌 다름을 인정하는 것으로부터 평등은 시작된다.'고 말했어요. 따라서 빈칸에 들어갈 말은 '다름'과 '평등'이에요.

3 우리나라 인기 가수들의 백악관 방문은 아시아 사람들에 대한 범죄와 인종 차별에 대한 심각성을 느꼈기 때문이에요. 그

들의 백악관 방문을 통해 우리나라 인기 가수들의 인기가 더 높아졌다는 것은 글에 드러나지 않고, 이 글의 중심 내용과도 관련이 없어요.

오답 풀이

① 2문단에서 미국 대통령은 아시아 사람들에 대한 범죄를 막자는 내용을 담은 법안에 서명하며, 인종 차별을 반대하고 나섰다고 했어요.
③ 4문단에서 우리나라 인기 가수들의 백악관 방문은 전 세계 사람들의 이목을 끌었고 아시아 사람들에 대한 범죄에 경각심을 불러일으키는 계기가 되었다고 했어요.
④ 2문단에서 세계적인 전염병이 생긴 뒤로 인종 차별이 더욱 심해졌다고 했어요.
⑤ 3문단에서 우리나라 인기 가수들은 인종 차별에 대한 생각을 당당히 말하며 인종 차별에 대해 반대했어요.

4 이 글은 우리나라에도 일어나는 인종 차별에 대해 이야기하고 있어요. 이를 읽고 다른 나라뿐만 아니라 우리나라에서 일어나고 있는 인종 차별 문제에도 관심을 두어야 한다는 점을 말한 호정이의 생각이 알맞아요.

💬 어휘력 다지기   본문 · 051쪽

1 ⓒ   **2** ⓛ   **3** ㉠   **4** 서명
5 경각심   **6** 백악관

🔍 낱말 더 보기

- **방문**: 어떤 사람이나 장소를 찾아가서 만나거나 봄.
  예 할머니 댁에 방문하기 위해 기차를 탔다.
- **차별**: 둘 이상의 대상을 각각 등급이나 수준 따위의 차이를 두어서 구별함.
  예 피부색으로 차별을 두어서는 안 된다.
- **전염병**: 전염성을 가진 병들을 통틀어 이르는 말
  예 전염병이 퍼져서 많은 사람들이 병원에 몰려들었다.
- **계기**: 어떤 일이나 현상이 잇따라 일어남.
  예 문제를 일으킨 학생은 이번 사건을 계기로 깨달은 바가 컸다.
- **일깨우다**: 일러 주거나 가르쳐서 깨닫게 하다.
  예 교장 선생님의 훈화 말씀은 게으른 내 생활을 일깨워 주었다.

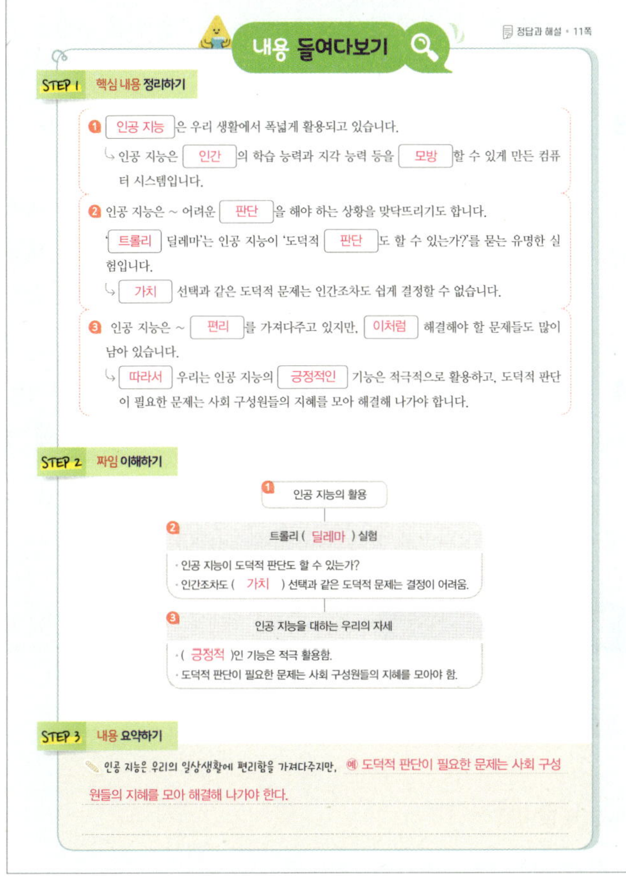

④ 2문단에서 '트롤리 딜레마'는 인공 지능이 '도덕적 판단도 할 수 있는가?'를 묻는 유명한 실험이라고 했어요.

⑤ 3문단에서 인공 지능의 긍정적인 기능은 적극적으로 활용하고, 도덕적 판단이 필요한 문제는 사회 구성원들이 지혜를 모아 해결해 나가야 한다고 했어요.

3 이 글은 인공 지능에 대한 설명과 함께 인공 지능의 도덕적 판단이 필요한 문제를 어떻게 해결할지에 대해 말하고 있어요. 인공 지능의 도덕적 판단을 묻는 실험은 '트롤리 딜레마'에요.

4 딥페이크는 인공 지능이 발전하면서 생길 수 있는 문제로, 인공 지능이 바르게 사용되지 못할 수도 있으므로 대책이 필요하다는 것을 말해 주는 사례에요.

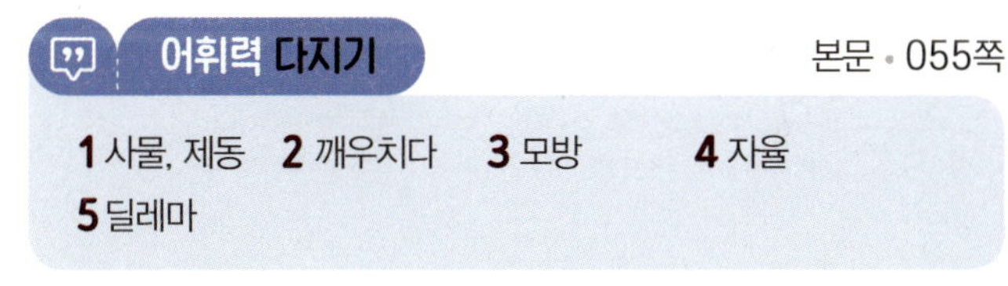

어휘력 다지기   본문 · 055쪽

1 사물, 제동   **2** 깨우치다   **3** 모방   **4** 자율
5 딜레마

🔍 낱말 더 보기

- **시스템:** 필요한 기능을 실현하기 위하여 관련 요소를 어떤 법칙에 따라 조합한 집합체
  ⑩ 컴퓨터 <u>시스템</u>이 고장나서 컴퓨터를 사용할 수 없다.

- **활용:** 충분히 잘 이용함.
  ⑩ 가위를 음식을 자르는 데에도 <u>활용</u>할 수 있다.

- **자율 주행:** 운전자가 직접 운전하지 않고, 차량 스스로 도로에서 달리게 하는 일
  ⑩ <u>자율 주행</u> 자동차가 점점 늘어나고 있다.

- **가치:** 인간의 욕구나 관심의 대상 또는 목표가 되는 진, 선, 미 따위를 통틀어 이르는 말
  ⑩ 선생님은 우리에게 <u>가치</u> 있는 삶을 살아야 한다고 하셨다.

- **구성원:** 어떤 조직이나 단체를 이루고 있는 사람
  ⑩ 우리 모둠의 <u>구성원</u>은 모두 세 사람이다.

문제로 확인하기   본문 · 054쪽

1 ②   **2** ③   **3** ⑤   **4** ⑤

1 이 글은 인공 지능에 대해 설명하는 글이에요. 컴퓨터, 자율 주행, 제동 장치, 학습 능력 등은 모두 인공 지능을 설명하기 위한 낱말이에요.

2 인공 지능은 도덕적 판단을 하는 데 어려움이 있다고 했어요. 그리고 이에 대해 설명하면서 생명은 그 가치를 따질 수 없을 만큼 소중한 것이라고 했어요. 따라서 ③은 적절하지 않아요.

오답 풀이

① 2문단에서 인공 지능은 컴퓨터 프로그램을 통해 스스로 학습하고 깨우쳐서 행동한다고 했어요.

② 1문단에서 인공 지능은 우리 생활에서 폭넓게 활용되고 있다고 했어요.

> **글의 내용** 이순신 장군의 한산도 대첩에 대해 이야기하고 있어요. 이순신 장군은 조선에 쳐들어온 일본 수군을 학익진 전법 등으로 크게 물리쳤어요. 이순신 장군의 용감하고 치밀한 전략을 알 수 있어요.

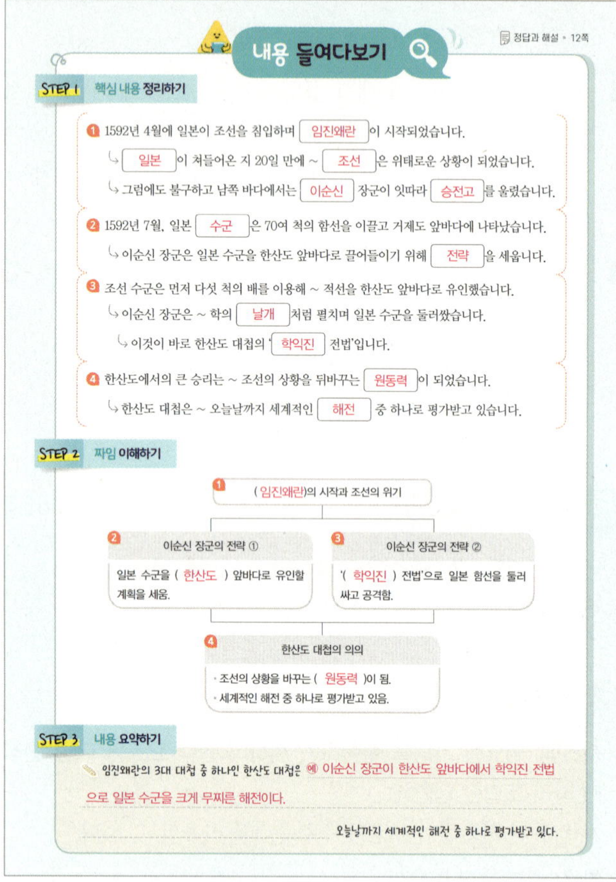

1 ②　　**2** ⑤　　**3** ③　　**4** [1] ○

1 이 글은 이순신 장군이 한산도 앞바다에서 일본 수군을 크게 물리친 한산도 대첩에 대해 이야기하고 있어요. 무엇보다 한산도 대첩에서 펼친 학익진 전법에 대해 자세히 알 수 있는 글이에요.

2 이순신 장군은 거제도 앞바다에 몰려온 일본 수군과 70여 척의 배를 한산도 앞바다로 유인했어요. 물길이 좁고 숨은 바위가 많은 거제도 앞바다보다 사방이 막혀 있지만 넓은 한산도 앞바다가 큰 배를 가진 조선 수군이 전략을 펼치기 훨씬 적당했기 때문이에요.

오답 풀이

① 이순신 장군은 거제도 앞바다의 물길 역시 잘 알고 있었기에 일본 수군을 한산도 앞바다로 유인할 계획을 세울 수

있었어요.

②, ③ 한산도 앞바다는 사방이 막혀 있어 일본 수군을 포위하고 좋고, 물길이 넓고 숨은 바위가 많이 없어 조선 수군이 싸우기 유리했어요.

④ 조선 수군을 쫓아 한산도 앞바다로 들어온 일본 수군을 조선의 배들이 포위했어요.

3 한산도 대첩이 이순신 장군이 마지막으로 참전한 싸움이라는 내용은 글에 등장하지 않아요. 실제로 이순신 장군은 한산도 대첩 이후로도 일본 수군을 여러 차례 무찔렀어요. 명량 해전에서는 단 12척의 배로 일본 배 133척을 물리치는 공을 세웠지요. 그러다 1597년 노량 해전에서 왜군에 맞서 싸우다 숨을 거두셨어요.

4 제시된 글을 통해 이순신 장군이 만든 거북선에 놀라운 기능과 과학이 담겨 있음을 알 수 있어요. 따라서 이 글을 통해 이순신 장군의 지혜를 엿볼 수 있어요.

1 함락　　**2** 피난　　**3** 승전고　　**4** 수군
5 원동력　　**6** 포위

낱말 더 보기

- **침입**: 침범하여 들어가거나 들어옴.
  예) 조선에 함부로 침입한 왜군을 무찔렀다.
- **전략**: 전쟁을 전반적으로 이끌어 가는 방법이나 책략
  예) 장군의 뛰어난 전략 덕분에 전쟁에서 승리했다.
- **함선**: 군함, 선박 따위를 통틀어 이르는 말
  예) 전쟁을 위해 준비된 함선은 290척이었다.
- **진영**: 군대가 진을 치고 있는 곳
  예) 전투를 시작하기 전에 적의 진영에 몰래 가서 상황을 살펴보았다.
- **해전**: 바다에서 벌이는 싸움
  예) 이순신 장군은 노량 해전에서 죽음을 맞이했다.

Day 12 줄어드는 인구 수

 우리나라의 출생아 수와 전체 인구 수의 감소에 대해서 이야기하고 있어요. 이 글은 출산율의 감소로 우리 사회가 저출산 고령화 사회가 되어 가고 있으며, 이로 인해 생기는 문제점과 대책 마련을 호소하고 있어요.

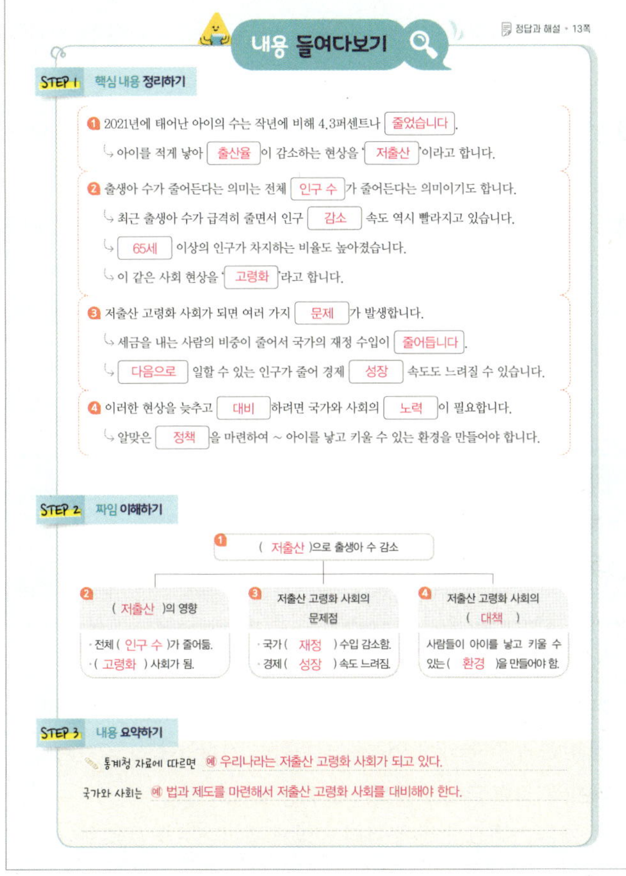

내용 들여다보기　　정답과 해설 · 13쪽

STEP 1 핵심 내용 정리하기

❶ 2021년에 태어난 아이의 수는 작년에 비해 4.3퍼센트나 **줄었습니다**.
↳ 아이를 적게 낳아 **출산율** 이 감소하는 현상을 **저출산** 이라고 합니다.

❷ 출생아 수가 줄어든다는 의미는 전체 **인구 수** 가 줄어든다는 의미이기도 합니다.
↳ 최근 출생아 수가 급격히 줄면서 인구 **감소** 속도도 역시 빨라지고 있습니다.
↳ **65세** 이상의 인구가 차지하는 비율도 높아졌습니다.
↳ 이 같은 사회 현상을 **고령화** 라고 합니다.

❸ 저출산 고령화 사회가 되면 여러 가지 **문제** 가 발생합니다.
↳ 세금을 내는 사람의 비중이 줄어서 국가의 재정 수입이 **줄어듭니다**.
↳ **다음으로** 일할 수 있는 인구가 줄어 경제 **성장** 속도도 느려질 수 있습니다.

❹ 이러한 현상을 늦추고 **대비** 하려면 국가와 사회의 **노력** 이 필요합니다.
↳ 알맞은 **정책** 을 마련하여 ~ 아이를 낳고 키울 수 있는 환경을 만들어야 합니다.

STEP 2 짜임 이해하기

❶ (**저출산**)으로 출생아 수 감소

❷ (**저출산**)의 영향
· 전체 (**인구 수**)가 줄어듦.
· (**고령화**) 사회가 됨.

❸ 저출산 고령화 사회의 문제점
· 국가 (**재정**) 수입 감소함.
· 경제 (**성장**) 속도 느려짐.

❹ 저출산 고령화 사회의 (**대책**)
사람들이 아이를 낳고 키울 수 있는 (**환경**)을 만들어야 함.

STEP 3 내용 요약하기

통계청 자료에 따르면 **예** 우리나라는 저출산 고령화 사회가 되고 있다.

국가와 사회는 **예** 법과 제도를 마련해서 저출산 고령화 사회를 대비해야 한다.

문제로 확인하기　　본문 · 064쪽

1 ④　　**2** ③　　**3** ⑤　　**4** (1) ○ (4) ○

1 이 글은 우리나라 출생아 수와 인구 감소 현상을 주제로 하고 있어요. 통계청 자료와 고령화 사회를 대비하기 위해 필요한 제도와 관련된 내용은 주제를 덧붙여 설명하거나 강조하기 위해 활용한 내용이에요.

2 우리나라의 출생아 수가 매년 줄어들면 열심히 일할 나이의 사람들은 줄어들기 때문에 65세 이상의 고령 인구가 경제 활동을 더 오래 하게 될 거예요.

오답 풀이

①, ④, ⑤ 3문단에서 열심히 일하는 만 15~64세의 인구가 줄어들어 국가의 재정 수입이 줄어들고, 경제 성장 속도도 느려질 수 있다고 했어요.

② 2문단에서 출생아 수가 줄어든다는 의미는 전체 인구 수가 줄어든다는 의미라고 했어요.

3 3문단에서 저출산 고령화 사회가 되면서 발생할 수 있는 문제에 대해서 이야기하고 있어요. 여러 가지 문제 중 일하는 사람이 줄어들면서 국가의 재정 수입이 줄어들고 경제 성장 속도가 늦어질 수 있다는 점 등을 문제점으로 들었어요.

4 저출산 고령화 사회에 대비하기 위해 국가와 사회가 어떠한 노력을 해야 하는지 묻고 있어요. 아이를 낳아도 계속 경제 활동을 할 수 있도록 어린이집이나 유치원을 많이 만들어야 해요. 따라서 지원이의 말은 알맞지 않아요. 또 육아를 위해 직장을 쉴 수 있는 기간은 최대한 길게 주어야 해요. 따라서 재민의 말 역시 맞지 않아요. 알맞은 이야기를 한 친구는 준호와 지수예요.

어휘력 다지기　　본문 · 065쪽

1 ⓒ　　**2** ⊙　　**3** ⓒ　　**4** (1) ○
5 (2) ○

낱말 더 보기

· **통계청:** 통계의 기준 설정과 인구 조사 및 각종 통계에 관한 사무를 맡아보는 기관
  예 정확한 조사를 위하여 통계청의 자료를 활용했다.

· **향상:** 실력, 수준, 기술 따위가 나아짐. 또는 나아지게 함.
  예 수학 실력이 향상되어 문제 풀이 속도가 빨라졌다.

· **세금:** 국가 또는 지방 공공 단체가 국민에게 강제로 거두어들이는 금전
  예 자신의 수입을 정확히 신고하고 그에 맞는 세금을 내야 한다.

· **육아 휴직:** 자녀 양육을 위해 만 8세 이하 또는 초등학교 2학년 이하의 자녀가 있는 근로자가 유급으로 최대 1년 동안 휴직할 수 있는 제도
  예 일 년 동안 육아 휴직을 받은 남자는 아기를 키우고 있다.

· **정책:** 정치적 목적을 실현하기 위한 방책
  예 장관들이 모여 나라에 도움이 될 다양한 정책을 세웠다.

 이 글은 청량음료가 치아에 미치는 영향을 실험한 내용을 소개하고 있어요. 이를 바탕으로 우리 몸에서 치아의 중요성과 치아 관리의 중요성에 대해서도 말해 주고 있어요.

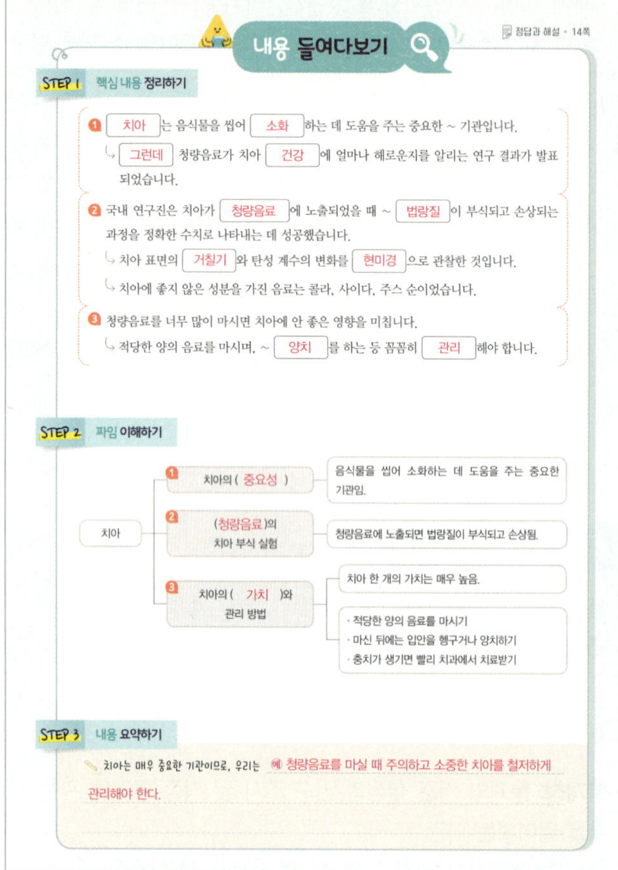

---

③ 청량음료가 소화 기관에 얼마나 해로운지는 이 글에 나와 있지 않아요.

④ 2문단에 따르면 10분간 음료에 담갔던 치아 법랑질의 표면은 처음보다 5배 더 거칠어졌다고 했어요.

⑤ 2문단에 따르면 청량음료가 치아에 미치는 영향을 알아보는 실험은 치아의 내부가 아닌 외부를 관찰한 실험이에요.

3 이 실험에 활용된 콜라, 사이다, 오렌지 주스의 성분에 대한 내용은 이 글에 나와 있지 않아요.

4 콜라·사이다·오렌지 주스 순으로 치아에 좋지 않다고 했어요. 따라서 가장 치아를 많이 상하게 하는 콜라를 오래 물고 있는 ①번 친구의 치아가 가장 많이 썩을 거예요.

본문 · 069쪽

1 ②   **2** ③   **3** 압력   **4** 표면
5 복구   **6** 충치

낱말 더 보기

- **기관**: 일정한 모양과 생리 기능을 가지고 있는 생물체의 부분
  예 간은 우리 몸에서 해독을 관리하는 기관이다.
- **관리**: 사람의 몸이나 동식물 따위를 보살펴 돌봄.
  예 그는 가축들이 병에 걸리지 않게 관리하는 역할을 한다.
- **구조**: 부분이나 요소가 어떤 전체를 짜 이룸.
  예 울릉도에서는 특이한 가옥 구조를 볼 수 있다.
- **측정**: 일정한 양을 기준으로 하여 같은 종류의 다른 양의 크기를 잼.
  예 키를 측정했더니 지난달보다 3센티미터가 자랐다.

문제로 확인하기

본문 · 068쪽

1 ④   **2** ②   **3** ③   **4** ①

1 이 글은 청량음료가 치아에 미치는 영향을 연구한 실험에 대해 이야기하고 있어요. '우리 몸에서 치아의 역할'은 이 글에 나오는 내용이지만 주제를 뒷받침하는 내용으로 이 글의 전체를 아우를 수 없어요.

2 2문단에서 음료에 담갔던 치아의 탄성 계수가 5분 뒤에 약 $\frac{1}{5}$ 로 떨어졌다고 했어요. 탄성 계수는 압력에 저항하는 정도를 나타낸 것으로 낮아질수록 치아가 손상된다는 것을 의미해요.

① 3문단에서 치아는 다이아몬드보다 더욱 가치가 높다고 했어요.

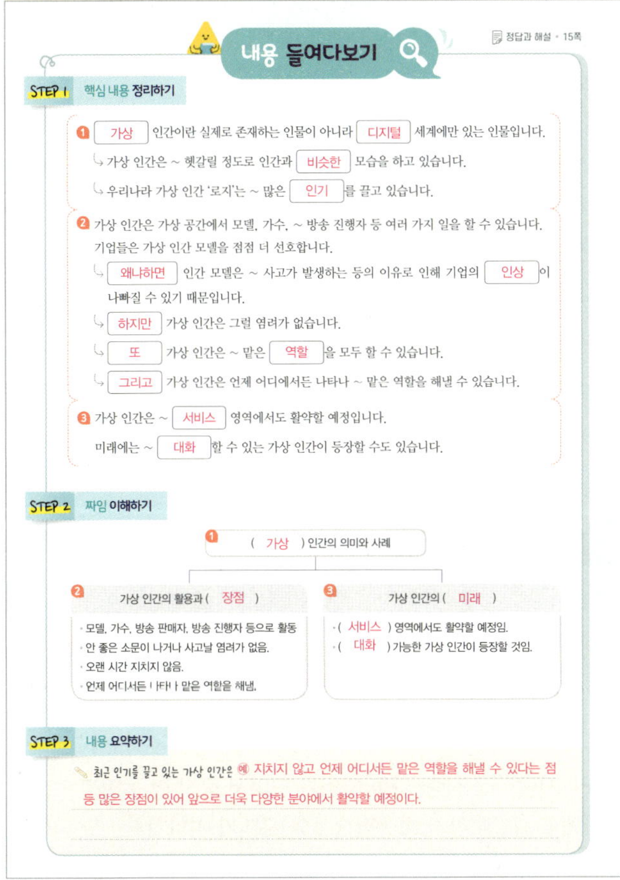

④ 1문단에 따르면 가상 인간은 실제로 존재하는 인물이 아닌 디지털 세계 안에서만 존재하는 인물을 말해요.

⑤ 1문단에 따르면 가상 인간은 가상 공간에서 모델, 가수, 방송 판매자, 방송 진행자 등 사람이 할 수 있는 여러 가지 일을 한다고 했어요.

3 이 글은 가상 인간의 등장 및 활약과 가상 인간의 장점에 대해서 이야기하고 있어요. 가상 인간의 단점에 대한 내용은 다루지 않았어요.

4 보기 는 미래에 발전된 기술로 만든 가상 인간에 대해 이야기하고 있어요. 가상 인간과 대화가 가능해진다면 혼자 사는 노인이나 외로운 사람들에게 사람을 대신해 친구와 가족이 되어 줄 수 있어요. 그러나 가상 인간을 만드는 기술로 실제 인간인 척하여 나쁘게 사용된다면 범죄로 이어질 수도 있어요. 따라서 우리는 가상 인간 기술의 발달과 함께 발생할 수 있는 문제를 고려하여 대책도 함께 고민해야 해요.

어휘력 다지기

본문 • 073쪽

1 거짓　　**2** 현실　　**3** 느낌　　**4** 활약

5 사고　　**6** 기반

낱말 더 보기

• **디지털**: 여러 자료를 유한한 자릿수의 숫자로 나타내는 방식
　예 시내의 대형 전광판에 디지털 광고가 걸렸다.

• **방문**: 어떤 사람이나 장소를 찾아가서 만나거나 봄.
　예 우리 학급 누리집에 많은 친구들이 방문했다.

• **소문**: 사람들 입에 오르내려 전하여 들리는 말
　예 친구가 전학 간다는 소문을 듣고 슬픔에 잠겼다.

• **친근하다**: 사귀어 지내는 사이가 아주 가깝다.
　예 친근한 사이에서는 가끔 별명을 부르기도 한다.

문제로 확인하기

본문 • 072쪽

1 ③　　**2** ②　　**3** ①　　**4** [1] ㉠ [2] ㉡

1 이 글에서 가장 중요한 낱말은 가상 인간이에요. 이 글은 가상 인간의 뜻, 가상 인간의 장점, 가상 인간의 미래에 대해 쓴 글이에요.

2 가상 인간은 실제로 존재하는 인물이 아닌 디지털 세계에만 있는 인물이라고 했어요. 따라서 가상 인간은 가상 공간 안에서만 활동한다고 할 수 있어요.

　오답 풀이
① 1문단에 따르면 우리나라에는 가상 인간 로지가 있다고 했어요.
③ 1문단에 따르면 최근 가상 인간은 디지털 화면에서는 실제 사람과 구분하기 힘들 정도로 똑같은 모습을 지니고 있다고 했어요.

글의 내용 우리나라 사람의 문화와 정서 등이 녹아 있는 아름답고 재미있는 순우리말의 의미와 예에 대해서 설명하고 있어요.

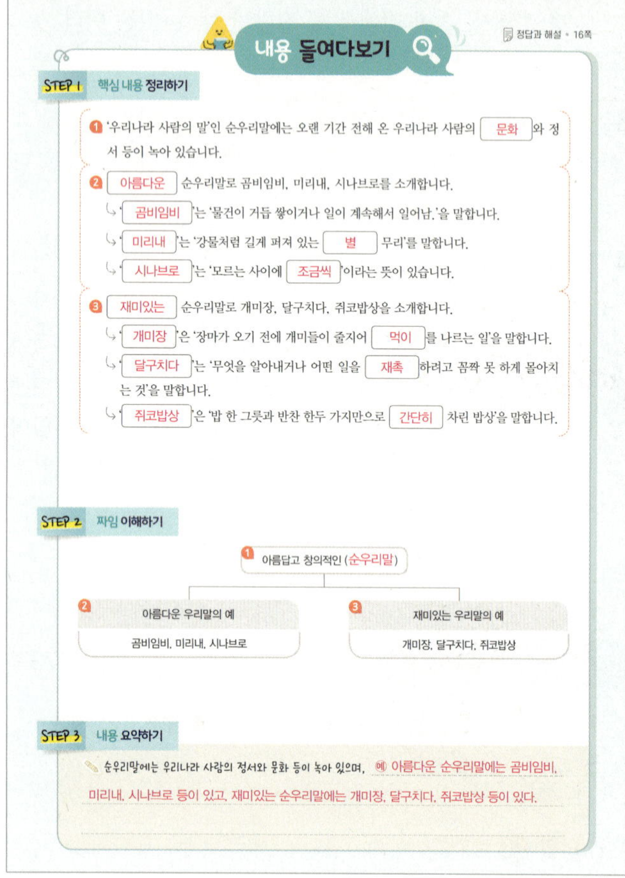

지고 있어요. "나뭇잎이 시나브로 떨어지고 있어요."처럼 쓰여요.

3 이 글에서 알 수 있는 내용은 순우리말에는 우리나라 사람의 문화와 정서가 녹아 있다는 것이에요.

오답 풀이

순우리말은 모두 재미있다는 것은 알맞지 않은 내용이에요. 외래어가 점점 늘어나고 있다는 내용, 순우리말이 점점 사라져 가고 있다는 내용, 시대가 변하면 새로운 말이 생겨난다는 내용은 이 글에서 찾을 수 없어요.

4 순우리말 '달구치다'는 '무엇을 알아내거나 어떤 일을 재촉하려고 꼼짝 못 하게 몰아치다.'라는 뜻이에요. 비슷한 말로는 '다그치다'가 있어요.

어휘력 다지기 본문 · 077쪽

1 ⓒ　　**2** ⊙　　**3** 몰아쳐서　　**4** 재촉하는
5 차려

낱말 더 보기

- **무리**: 사람이나 짐승, 사물 따위가 모여서 뭉친 한 동아리
  예 하교 시간이라서 초등학생들의 무리가 지나간다.
- **진행**: 일 따위를 처리하여 나감.
  예 사회자는 학급 회의를 잘 진행하였다.
- **장마**: 여름철에 여러 날을 계속해서 비가 내리는 현상이나 날씨. 또는 그 비
  예 장마에는 반드시 우산을 챙겨야 한다.
- **창의적**: 새로운 것을 생각해 내는 특성을 띠거나 가진 것
  예 이 건물에는 건축가의 창의적인 생각이 반영되었다.

문제로 확인하기 본문 · 076쪽

1 ①　　**2** ④　　**3** ⑤　　**4** (2) ○

1 이 글은 아름답고 재미있는 순우리말에 대해 예를 들어 소개하고 있어요.

2 순우리말인 '곰비임비'는 물건이 거듭 쌓이거나 일이 계속해서 일어나는 것을 뜻하는 말이에요.

오답 풀이

① '개미장'은 '장마가 오기 전에 개미들이 줄지어 먹이를 나르는 일'을 가리키는데, 곧 큰비가 내린다는 의미도 있어요.

② '미리내'는 '은하수'라고도 하며 '강물처럼 무리 지어 있는 별 무리'를 가리키는 말이에요.

③ '쥐코밥상'은 '쥐가 먹기에도 모자라서 코로 냄새만 맡을 정도의 간단한 밥상'을 가리키는 말이에요.

⑤ '시나브로'는 '모르는 사이에 조금씩 조금씩'이라는 뜻을 가

 이 글은 상상의 동물인 해치의 모습과 해치에 담긴 의미에 대해 설명하고 있어요. 우리 조상들이 해치를 활용한 사례를 통해 현재까지 전해져 내려오는 해치의 의미를 다시 한번 새겨볼 수 있어요.

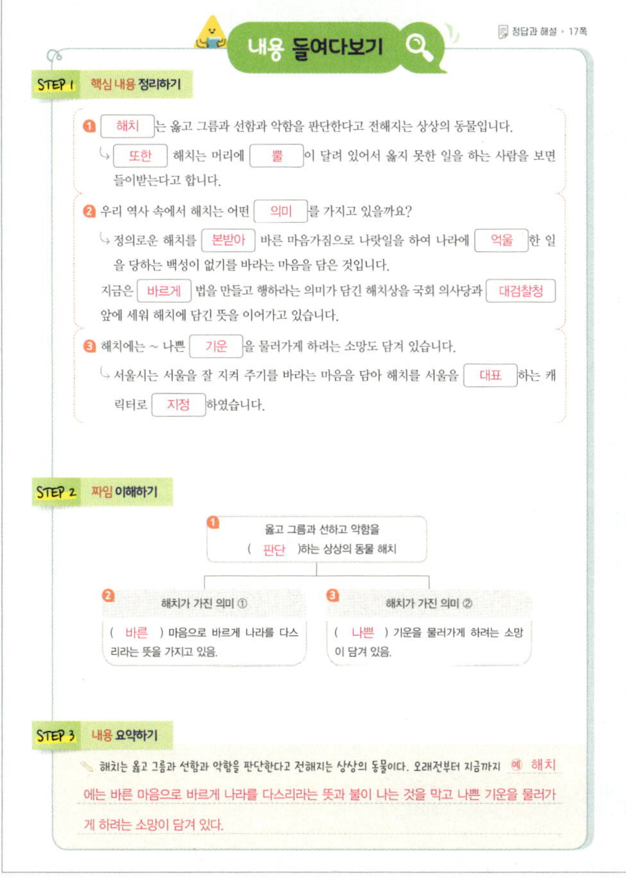

문제로 **확인**하기   본문 · 082쪽

1 ①   **2** ③, ④   **3** [1] ○   **4** ⑤

1 이 글은 해치에 담긴 뜻과 해치를 활용한 사례, 현재 해치의 뜻을 이어가는 노력을 이야기하고 있어요. 따라서 이 글의 중심 낱말은 해치예요.

2 1문단에서 해치는 옳고 그름을 판단하는 동물이라고 했어요. 그리고 3문단에서 나쁜 기운을 물러가게 하려는 소망도 담겨 있다고 했어요.

3 어린이는 '파리'와 '에펠탑', '뉴욕'과 '자유의 여신상'을 떠올리며 이런 것을 '상징물'이라고 한다고 했어요. 한나는 이런 어린이의 말과, 3문단의 서울시는 서울을 잘 지켜 주기를 바라는 마음을 담아 해치를 서울을 대표하는 캐릭터로 지정했다는 것을 연관지어 '해치'와 '상징물'의 관계에 대해 말해야 해

요. 따라서 한나는 '해치는 서울의 상징물'이라고 말할 수 있어요.

오답 풀이

② 2문단에서 조선 시대에 법을 다루는 벼슬아치들이 머리에 쓰는 관을 '해치관'이라고 부른다고 설명하고 있어요. 하지만 '조선 시대'라고 하면 '해치관'이 바로 떠오르는 것은 아니므로 해치관을 조선 시대의 상징물이라고는 볼 수 없어요.

4 2문단에서 정의로운 해치를 본받아 바른 마음가짐으로 나랏일을 하여 나라에 억울한 일을 당하는 백성이 없게 하고, 바르게 법을 만들고 행해야 한다고 했어요. 따라서 법을 다루는 사람이 가져야 할 마음가짐에 대해 옳고 그름을 바르게 가려내어 억울한 사람이 없도록 해야 한다고 말하는 서윤이의 말이 옳아요.

어휘력 **다지기**   본문 · 083쪽

1 ⓒ   **2** 기운   **3** 대검찰청   **4** 벼슬아치
5 관   **6** 비늘

낱말 더 보기

· **악함:** 인간의 도덕적 기준에 어긋나 나쁨.
　예 악함이 가득한 마음으로 상대를 바라보면 얼굴 표정이 좋지 않다.

· **소망:** 어떤 일을 바람. 또는 그 바라는 것
　예 나는 선생님이 되어 어린이들을 교육하고 싶은 소망을 품고 공부하고 있다.

· **캐릭터:** 소설, 만화, 극 따위에 등장하는 독특한 인물이나 동물의 모습을 디자인에 도입한 것
　예 정부에서 우리나라를 나타내는 고유의 캐릭터를 지정하였다.

· **지정하다:** 관공서, 학교, 회사, 개인 등이 어떤 것에 특정한 자격을 주었다.
　예 시에서는 이 지역을 역사 공원으로 지정하였다.

· **상징물:** 추상적인 개념을 구체적으로 나타낸 물체
　예 우리 도시 입구에는 도시의 상징물인 은어가 세워져 있다.

Day 17 가격이 달라져요

글의 내용 이 글은 가격의 개념과 가격이 달라지는 데 영향을 미치는 요소인 수요와 공급, 유통 과정에 대해 설명하고 있어요.

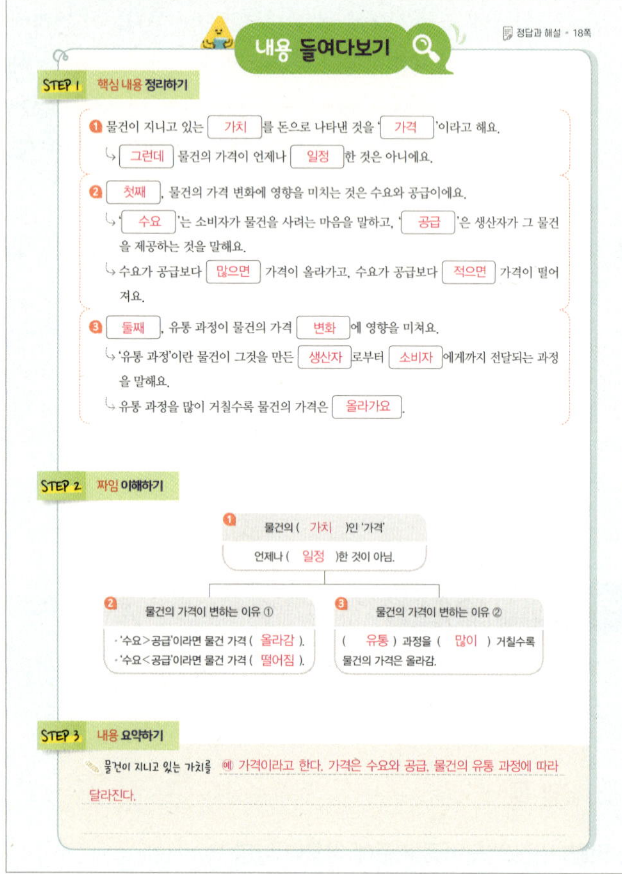

문제로 확인하기

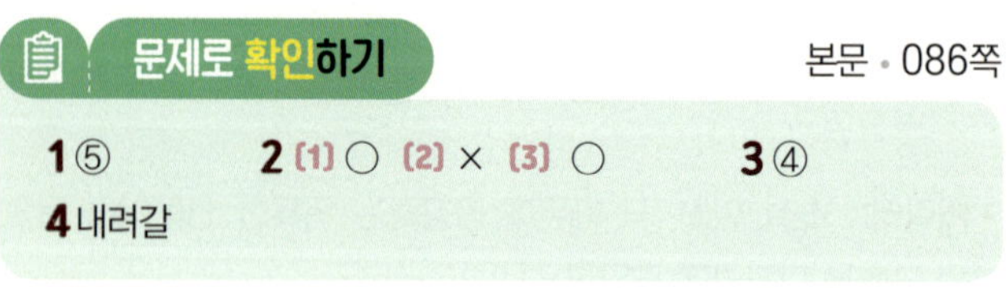

1 이 글은 가격의 개념과 물건의 가격이 변하는 데 영향을 미치는 요소인 수요와 공급, 유통 과정의 뜻과 예시를 통해 자세히 보여 주고 있어요.

오답 풀이

① 물건의 가격에 대해 말하고 있지만 물건을 아껴 써야 한다는 생각을 나타낸 것은 아니에요.

② 물건의 가격이 달라지고, 가격이 달라지는 데 영향을 주는 요소를 설명하고 있어요.

③ 유통 과정을 줄여야 한다는 것을 전하는 것이 아니라 유통 단계에 따라 물건의 가격이 달라짐을 설명하고 있어요.

④ 물건의 구매에 대한 이야기는 나와 있지만 물건을 살 때 품질을 잘 따져 보아야 한다는 것을 말하는 것은 아니에요.

2 1문단에서 물건이 지니고 있는 가치를 돈으로 나타낸 것을 '가격'이라고 한다고 했어요. 그리고 3문단에서 도매상인은 생산자인 어부에게 산 것보다 비싼 가격으로 물건(고등어)을 소매상인에게 판매한다고 했어요. 따라서 이 글의 내용과 일치하는 것은 (1)과 (3)이에요.

오답 풀이

(2) 2문단에서 수요가 공급보다 많으면 물건의 가격이 올라가고, 수요가 공급보다 적으면 물건의 가격이 떨어진다고 했어요. 따라서 수요보다 공급이 많다면 가격은 올라가는 것이 아니라 떨어져요.

3 글에서 처음에는 사과 한 상자의 가격이 만 원이었지만, 유통 과정을 거치면서 만 원에서 만 오천 원으로, 만 오천 원에서 이만 원으로 가격이 올라가는 상황이 제시되어 있어요. 따라서 글을 보고 유통 과정에 따라 물건 가격이 달라진다고 짐작할 수 있어요.

4 글에 따르면 전염병의 영향으로 배추의 소비 즉, 수요는 줄어들었는데, 배추 재배 면적과 생산량 즉, 공급은 늘 것이라고 했어요. 이것은 수요보다 공급이 많아지는 경우이므로 배추의 가격은 내려갈 것으로 예상할 수 있어요.

어휘력 다지기

1 ㉡   2 ㉠   3 가치   4 소비자
5 구매   6 생산자

낱말 더 보기

- **할인**: 일정한 값에서 얼마를 뺌.
  예 겨울이 곧 끝나가는 때라서 털장갑을 많이 할인해 주었다.
- **거치다**: 어떤 과정이나 단계를 겪거나 밟다.
  예 학생들은 초등학교를 거쳐 중학교에 입학한다.
- **전염병**: 전염성을 가진 병들을 통틀어 이르는 말
  예 전염병이 퍼지는 바람에 온라인 수업이 이루어졌다.
- **외식**: 집에서 직접 해 먹지 아니하고 밖에서 음식을 사 먹음. 또는 그런 식사
  예 동생의 생일을 맞아 우리 가족은 외식을 하기로 했다.
- **취향**: 하고 싶은 마음이 생기는 방향. 또는 그런 경향
  예 친구들마다 선물 취향이 다 다르다.
- **비료**: 농사 짓는 땅에 뿌리는 영양 물질
  예 비료를 적당히 주었더니 배추 농사가 잘 되었다.

Day 18 하늘을 나는 드론

글의 내용 이 글은 드론의 뜻과 드론이 우리에게 주는 도움을 드론의 종류로 나누어 설명하고 있어요. 드론이 헬리콥터와 다른 점과 촬영 드론, 구조 드론, 배달 드론이 각각 어떤 일을 하는지 자세히 알려 주고 있어요.

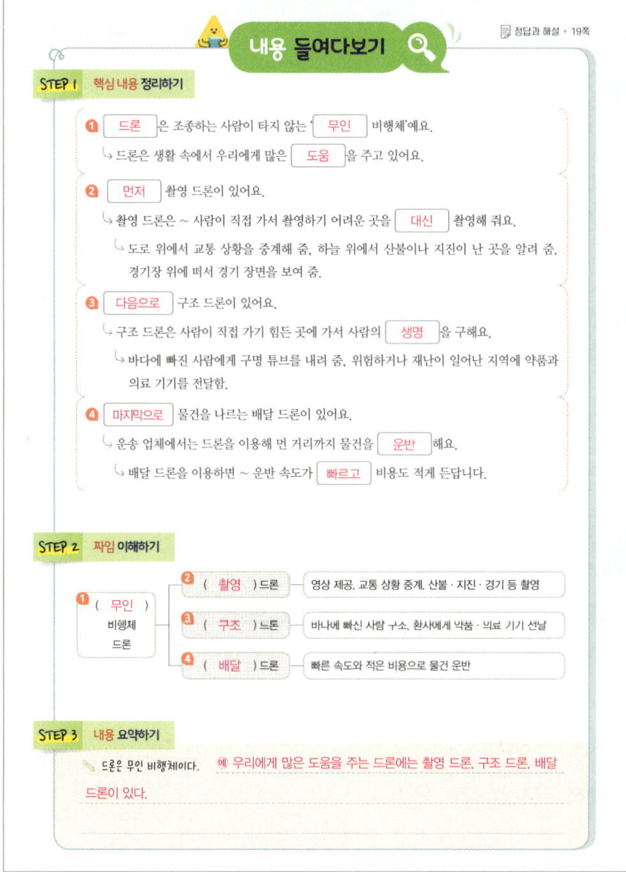

문제로 확인하기

1 ③　　2 ③　　3 ②　　4 촬영

1 이 글은 촬영 드론, 구조 드론, 배달 드론 등 다양한 목적을 가진 드론이 우리 생활에 주는 도움에 대해 알려 주는 글이에요.

2 1문단에서 드론은 조종하는 사람이 타지 않는 무인 비행체라고 했어요.

오답 풀이

① 1문단에서 드론은 헬리콥터처럼 생겼다고 했어요. 따라서 드론도 헬리콥터처럼 날개를 가지고 있어요.

② 드론은 날개가 있어 공중에 높이 떠서 자유자재로 움직일 수 있어요.

④ 1문단에서 드론은 크기가 작아 가볍게 하늘을 날 수 있다고 했어요.

⑤ 2문단과 3문단에서 드론은 사람이 직접 가기 힘든 곳에 가서 촬영하거나 구조해서 우리에게 도움을 준다고 했어요.

3 이 글은 드론을 종류에 따라 나눠 촬영 · 구조 · 배달 드론에 대해 각각 설명하고 있어요. 따라서 이 글의 이어질 내용으로 드론의 다른 종류 중 하나가 오는 것이 알맞아요. 화성을 탐사하는 과학 드론에 대해서도 설명할 수 있을 거예요.

4 제시된 글은 네팔 대지진의 처참한 상황을 드론으로 촬영하여 뉴스로 보도함으로써 전 세계 사람들이 네팔에 도움을 줄 수 있었다는 내용이에요. 2문단에서 촬영 드론은 사람이 직접 가서 촬영하기 어려운 곳을 대신 촬영해 준다고 했어요. 따라서 제시된 글과 관련있는 드론은 촬영 드론이에요.

어휘력 다지기

1 ㉠　　2 ㉡　　3 무인　　4 촬영
5 조종　　6 비행체

낱말 더 보기

- **구명:** 사람의 목숨을 구함.
  예 해수욕장에는 <u>구명</u> 요원이 사람들을 구하려고 항상 대기하고 있다.

- **재난:** 뜻밖에 일어난 재앙과 고난
  예 <u>재난</u>을 막기 위해서 평소에 대비가 필요하다.

- **점원:** 상점에 고용되어 물건을 팔거나 그 밖의 일을 맡아 하는 사람
  예 그는 서점에서 <u>점원</u>으로 일했다.

- **외계인:** 지구 이외의 천체에 존재한다고 생각되는 지적인 생명체
  예 영화에서 <u>외계인</u>이 비행접시를 타고 지구에 왔다.

글의 내용 이 글은 얼음 위에서 이루어지는 경기인 컬링에 대해 소개하고 있어요. 컬링의 개념, 컬링의 경기 도구, 경기 방법 그리고 컬링에서 승부에 영향을 주는 요소에 대해 설명하고 있어요.

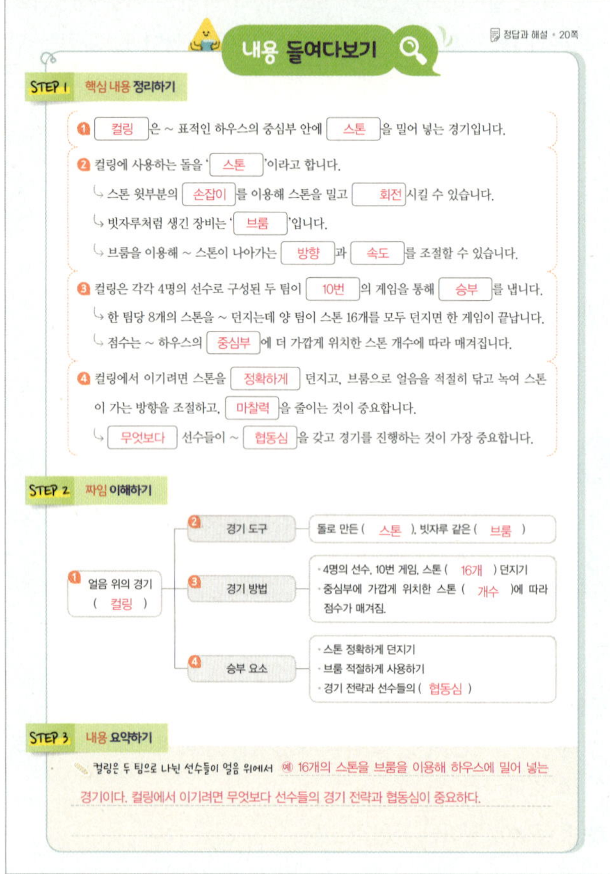

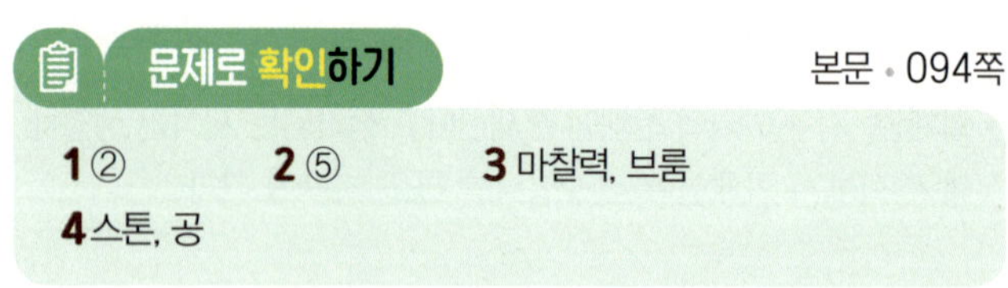

② 상대 팀보다 스톤을 더 많이 움직여야 한다는 내용은 찾을 수 없어요.

③ 상대 팀의 스톤을 못 움직이게 막아야 한다는 내용은 찾을 수 없어요. 각 팀은 순서대로 스톤을 움직여요.

④ 스톤을 상대 팀보다 빨리 하우스로 가져가는 것이 아니라 하우스 중심부에 스톤이 더 가깝게 많이 있게 해야 해요.

3 3문단에서 얼음을 브룸으로 적절히 닦고 녹여 스톤이 가는 방향을 조절하고, 마찰력을 줄이는 것이 승부를 결정짓는 데 중요한 요소라고 했어요. 문장에서 스톤과 얼음 사이에 줄여야 하는 것에는 '마찰력'이 들어가야 해요. 그리고 이렇게 할 수 있는 경기 도구인 '브룸'이 들어가야 해요.

4 볼링과 컬링은 모두 무언가를 밀어 보내는 운동이라는 공통점이 있어요. 하지만 컬링은 얼음 경기장 위에서 '스톤'을, 볼링은 볼링 경기장에서 '공'을 밀어 보낸다는 것이 달라요.

어휘력 다지기　　　　　본문 • 095쪽

1 ⓒ　　**2** ⓖ　　**3** 합성 섬유　**4** 마찰력
5 승부　　**6** 전략

낱말 더 보기

• **표적**: 목표로 삼는 물건
　㉝ 양궁 선수는 표적을 향해 활시위를 당겼다.

• **종목**: 여러 가지 종류에 따라 나눈 항목
　㉝ 야구는 인기 있는 운동 종목이다.

• **가르다**: 승부나 등수 따위를 서로 겨루어 정하다.
　㉝ 승자와 패자를 가르는 마지막 경기가 시작되었다.

• **장비**: 갖추어 차림. 또는 그 장치와 설비
　㉝ 등산 장비를 갖추어 산에 올랐다.

• **천연 섬유**: 솜, 삼 껍질, 명주실, 털 따위의 천연물의 세포로 되어 있는 섬유
　㉝ 면은 천연 섬유이다.

• **연장전**: 운동 경기에서, 정한 횟수나 정한 시간 안에 승부가 나지 않을 때, 횟수나 시간을 연장하여 계속하는 경기
　㉝ 월드컵 결승전은 연장전에 가서야 승부가 가려질 만큼 팽팽한 경기였다.

문제로 확인하기　　　　　본문 • 094쪽

1 ②　　**2** ⑤　　**3** 마찰력, 브룸
4 스톤, 공

1 스톤, 얼음, 마찰력, 동계 올림픽은 모두 이 글에 나오기는 하지만, 컬링에 대해 설명하기 위해 쓰인 낱말이에요. 따라서 이 글에서 가장 중심이 되는 낱말은 컬링이에요.

2 3문단에서 하우스 안에 들어간 스톤 중 상대 팀의 스톤보다 하우스의 중심부에 더 가깝게 위치한 스톤 개수에 따라 점수가 매겨진다고 했어요. 따라서 상대 팀보다 더 많은 스톤이 하우스 중심부에 들어가야 이길 수 있어요.

오답 풀이
① 표적인 하우스에 스톤을 더 많이 넣는 것이 아니라 하우스 중심부에 스톤이 더 가깝게 많이 있어야 해요.

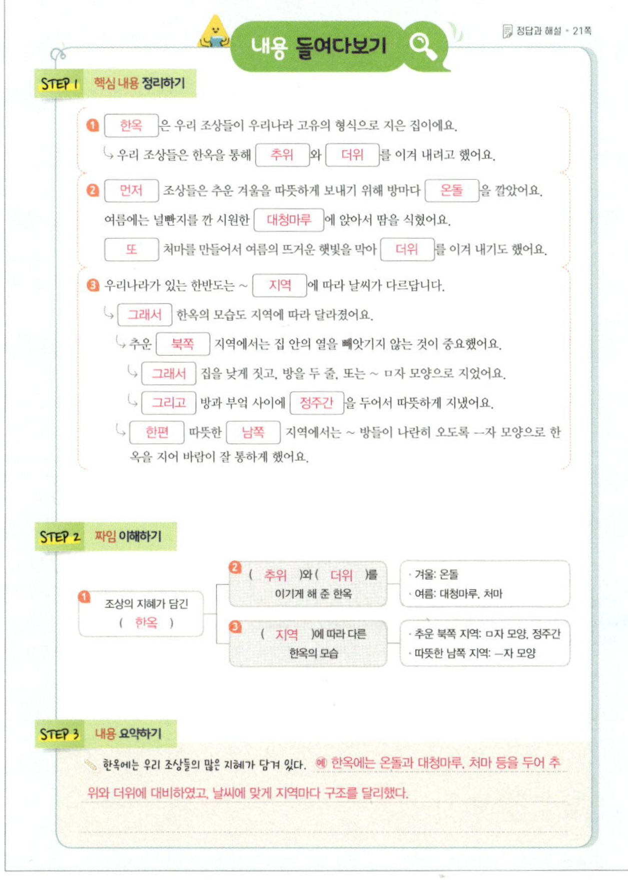

문제로 **확인**하기   본문 · 098쪽

1 ⑤   **2** ⑤   **3** 북쪽   **4** ③

1 이 글은 한옥에 담긴 우리 조상의 지혜에 대해 설명하고 있어요. 특히 우리 조상들은 추위와 더위를 피하기 위해 온돌, 대청마루와 처마 등을 한옥에 설치했고, 지역의 날씨에 따라 한옥의 구조를 달리하며 추위와 더위를 피하기도 했어요.

2 2문단에서 우리 조상들은 여름에 대청마루에 앉아서 땀을 식혔다고 했어요.

오답 풀이

① 창문을 닫아 두는 것은 추위를 피하는 방법이에요.

② 방문을 만들지 않은 것은 추위를 피하는 방법이에요.

③ 방 안을 온돌로 따뜻하게 데우는 것은 추위를 피하는 방법이에요.

④ 정주간은 북쪽 지방에서 추위를 피하기 위해 만든 곳이에요.

3 주어진 글에서 정주간은 추운 북쪽 지역에 설치된 방이에요. 정주간은 부뚜막의 열이 부엌과 안방에 그대로 전해지도록 해 주었다고 했어요. 화로는 숯불을 담아 놓는 그릇을 뜻하는 말로 주로 불씨를 보존하거나 난방을 위하여 쓰는 도구예요. 추위를 피하기 위해 정주간에서 화로 근처에 모여 앉아 있었을 거예요. 따라서 제시된 글에서 설명하고 있는 한옥은 북쪽 지역에 위치하고 있을 거예요.

4 2문단에서 우리 조상들은 추운 겨울을 따뜻하게 보내기 위해 방마다 온돌을 깔았다고 했어요. 따라서 추위를 이겨 내기 위해 온돌을 이용한 조상들의 지혜가 놀랍다고 한 보람이의 말이 알맞아요.

오답 풀이

① 하늘과 가까이 집을 지은 것은 아니에요.

② 여름에 살 집을 숲속에 지었다는 내용은 나오지 않아요.

④ 우리 조상들은 추위와 더위 등 지역마다 다른 날씨에 맞게 한옥을 지었어요.

⑤ 온돌이나 널빤지 등 집의 재료가 구하기 힘든 재료라고 하지 않았어요.

🗨 어휘력 **다지기**   본문 · 099쪽

1 ㉁   **2** ㉠   **3** ㉠   **4** ㉢
5 ㉁   **6** ㉣

🔍 낱말 **더** 보기

· **달다:** 어떤 기기를 설치하다.
 예 사무실에 냉방 장치를 달았더니 시원했다.

· **반영:** 다른 것에 영향을 받아 어떤 현상이 나타냄.
 예 동생의 의견을 반영하여 주말에 피자를 먹기로 했다.

· **양옥:** 서양식으로 지은 집
 예 양옥과 한옥은 재료에서부터 다르다.

· **화로:** 숯불을 담아 놓는 그릇
 예 추운 겨울 밤, 화로에 둘러앉아 군밤을 구워 먹었다.

· **난방:** 실내의 온도를 높여 따뜻하게 하는 일
 예 난방이 잘되어 있는 실내로 들어갔더니 따뜻했다.

· **궤:** 물건을 넣도록 나무로 네모나게 만든 그릇
 예 쌀을 넣은 궤가 정주간 구석에 있었다.

본문 · 102~105쪽

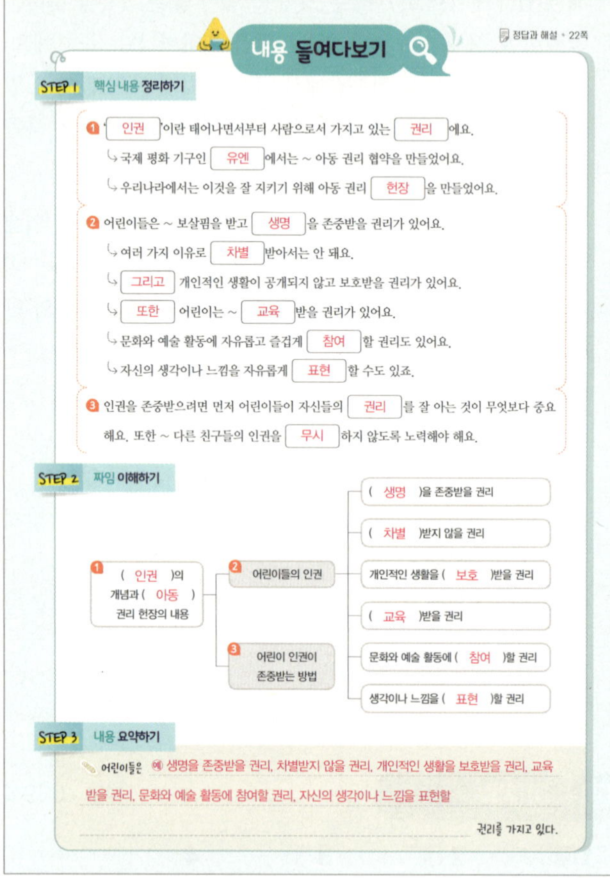

3 신문 기사는 인터넷 통신망이 연결되지 않아서 온라인 수업이 불가능한 학생들이 있다는 내용이에요. 섬에 사는 학생은 인터넷 통신망이 연결되지 않아서 교육받을 권리를 침해받고 있어요. 어린이는 자신의 능력과 소질에 따라 교육받을 권리가 있다고 했으므로 지켜지지 않은 어린이 인권은 ⑴이에요.

4 언니의 일기장을 보고 싶을 때 마음대로 보겠다는 것은 개인적인 생활을 보호받을 권리를 무시하는 행동이에요. 따라서 어린이 인권 헌장의 내용으로 알맞지 않아요.

오답 풀이

㉠ 주말에는 원하는 시간에 좋아하는 음악을 듣겠다는 것은 휴식과 여가를 누리며 여러 가지 놀이, 문화와 예술 활동에 자유롭고 즐겁게 참여할 권리에 해당되어요.

㉢ 우리 마을의 문제점에 대한 생각을 자유롭게 말하겠다는 것은 자신의 생각이나 느낌을 자유롭게 표현할 수 있는 권리를 의미해요.

어휘력 다지기

본문 · 105쪽

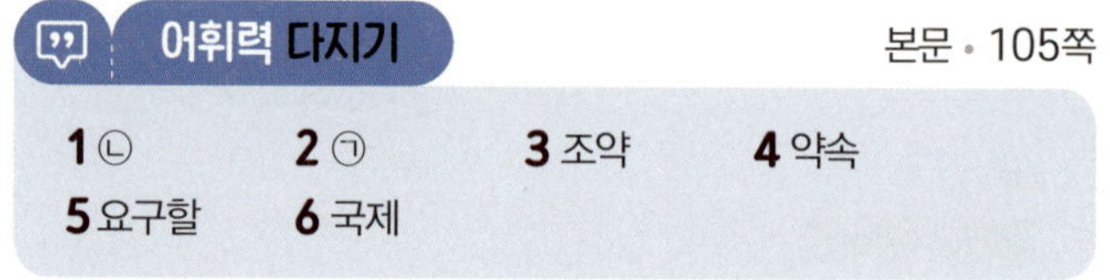

1 ㉢ **2** ㉠ **3** 조약 **4** 약속
5 요구할 **6** 국제

낱말 더 보기

- **출신:** 어떤 지방이나 파벌, 학교, 직업 따위에서 규정되는 사회적인 신분이나 이력 관계
  ㉠ 지도자가 어느 지역 출신인지 중요하지 않다.
- **여가:** 일이 없어 남는 시간
  ㉠ 나는 여가 시간에 주로 운동을 한다.
- **이행:** 실제로 행함.
  ㉠ 이행을 하기 힘든 약속을 하면 지키기 힘들다.
- **우호:** 개인끼리나 나라끼리 서로 사이가 좋음.
  ㉠ 두 나라의 대통령은 만나서 돈독한 우호 관계를 맺기로 약속했다.
- **촉진:** 다그쳐 빨리 나아가게 함.
  ㉠ 이웃 돕기 성금 모금 촉진 방법으로 동영상을 찍기로 했다.

문제로 확인하기

본문 · 104쪽

1 ② **2** ③, ④, ⑤ **3** ⑴ ○
4 ㉢

1 이 글은 어린이가 가지고 있는 권리에 대해서 아동 권리 헌장을 중심으로 자세히 설명하고 있는 글이에요. 이 글의 주제는 어린이가 누려야 할 권리예요.

2 2문단에서 어린이는 나이 등의 이유로 차별받아서는 안 되고, 자신의 의견을 자유롭게 표현할 권리가 있으며, 부모님이나 가족의 보살핌을 받을 권리가 있다고 했어요.

오답 풀이

① 학교뿐만 아니라 어디에서든 어린이의 개인 정보가 공개되어서는 안 된다고 했어요.

② 어린이는 자신의 소질에 따라 교육받을 권리가 있어요. 어린이에게 노동을 하게 해서는 안 돼요.

Day 22 지도에 담긴 약속

글의 내용 이 글은 지도를 그리기 위해 필요한 요소인 방위표, 기호, 축척에 대해 알려 주는 글이에요. 실제 모습을 지도로 나타내기 위해 필요한 요소에 대해 자세히 알아보아요.

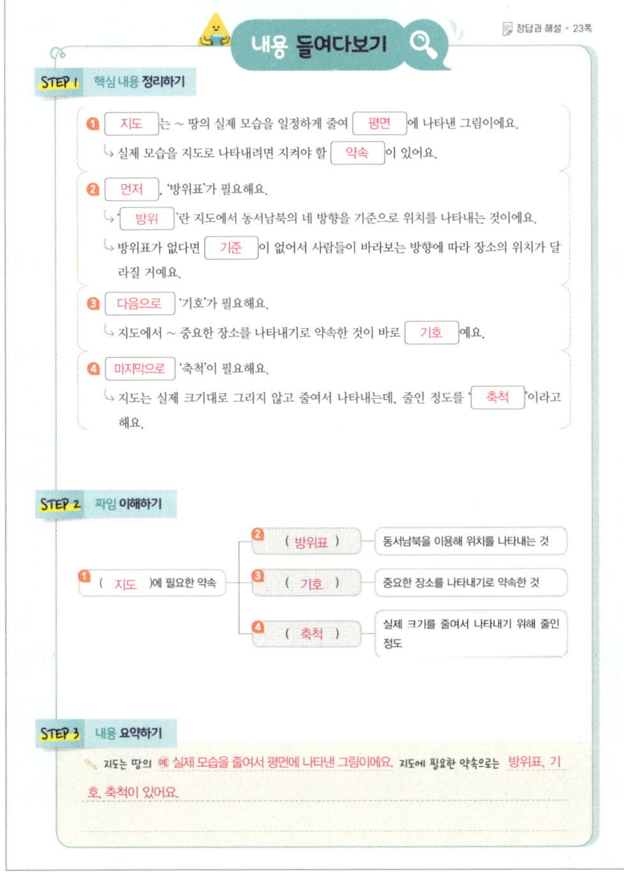

---

③ 3문단에 따르면 장소를 기호로 나타내는 까닭은 실제로 그리는 것이 복잡하기 때문에 간단하게 나타내기 위해서예요.

④ 4문단에 따르면 축척은 실제 거리를 늘린 정도가 아니라 줄인 정도를 말해요.

⑤ 2문단에 따르면 방위표의 오른쪽은 서쪽이 아니라 동쪽이에요. 방위표가 없는 경우에도 마찬가지예요.

3 소리는 가까운 동네 마트가 나와 있는 동네 지도가 필요해요. 좁은 지역을 조금 축소하여 자세하게 나타낸 대축척 지도가 필요한 것이에요.

4 제시된 지도에서 우체국은 현아네 집의 오른쪽에 있으므로 동쪽에 있어요.

오답 풀이

① 방위표가 표시되어 있어요.

② 하늘에서 직접 찍은 항공 사진이 아니라 지도예요.

③ 하나 병원 옆에는 우체국이 있어요.

⑤ 이 지도에서 3센티미터는 1.5킬로미터를 나타내요.

어휘력 다지기

1 ⓒ **2** ⓒ **3** ㉠ **4** (1) ○
5 (1) ○ **6** (1) ○

🔍 낱말 더 보기

- **대축척 지도**: 축척의 비가 매우 큰 지도. 보통 10만분의 1보다 축척이 큰 지도를 이름.
  예 우리 동네를 자세히 나타내는 동네 지도는 대축척 지도이다.

- **소축척 지도**: 축척의 비가 매우 작은 지도. 보통 100만분의 1 이하의 지도를 이름.
  예 세계 지도는 소축척 지도이다.

- **전용**: 특정한 목적으로 일정한 부문에만 한하여 씀.
  예 버스 전용 차로에 승용차가 들어가서는 안 된다.

- **민간**: 일반 백성들 사이
  예 도깨비 이야기는 민간에 많이 전해 온다.

- **풍속**: 옛날부터 그 사회에 전해 오는 생활 전반에 걸친 습관 따위를 이르는 말
  예 지방마다 풍속이 달라서 먹는 음식도 다르다.

- **전승**: 문화, 풍속, 제도 따위를 이어받아 계승함. 또는 그것을 물려주어 잇게 함.
  예 사람들 사이에 전승되어 온 옛날이야기들이 많다.

문제로 확인하기

1 ⑤ **2** ① **3** (1) ○ **4** ④

1 이 글은 지도에 담긴 약속, 즉, 지도를 그리는 데 필요한 요소에 대해 설명하고 있는 글이에요. 지도, 방위, 기호, 축척은 중요한 낱말이지만, 박물관은 지도에 필요한 요소와는 관련이 없어요.

2 2문단에서 방위표의 오른쪽은 동쪽, 왼쪽은 서쪽, 위쪽은 북쪽, 아래쪽은 남쪽을 나타낸다고 했어요.

오답 풀이

② 4문단에서 좁은 지역을 조금 축소하여 자세하게 나타낸 대축척 지도도 있고, 세계 지도처럼 넓은 지역을 많이 줄여서 간략하게 나타낸 소축척 지도도 있다고 했어요. 그러므로 지도마다 축척은 항상 일정한 것이 아니에요.

Day 23 로봇, 우주로 향한 꿈

글의 내용 이 글은 로봇의 뜻과 어원을 밝히고, 우주 탐사 로봇에 대해 자세히 설명하는 글이에요. 우주 탐사 로봇의 종류와 업적, 우주 탐사 로봇의 미래에 대한 전망을 알려 주고 있어요.

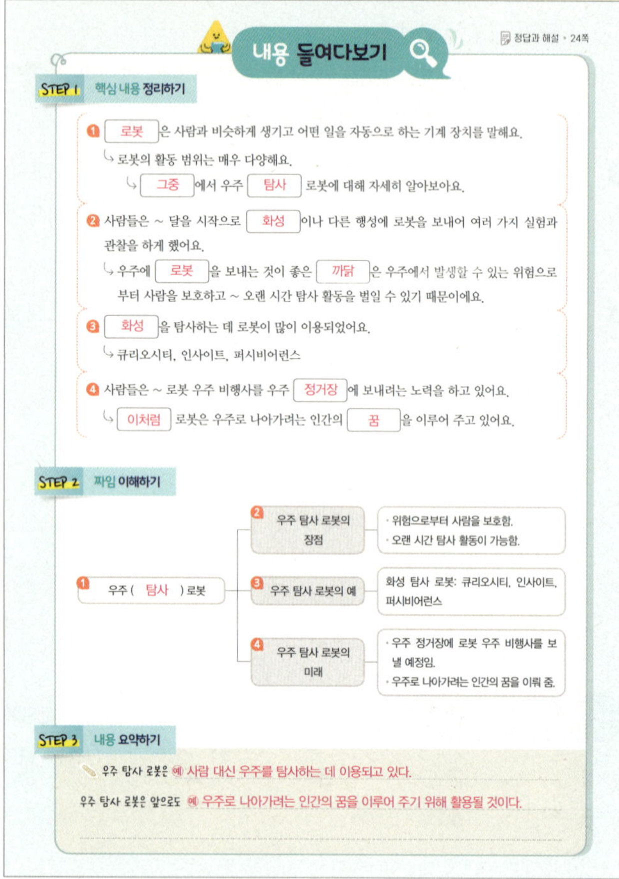

문제로 확인하기

1 ② **2** ⑤ **3** 물 **4** ⑤

1 이 글은 로봇에 대해 설명하는 글이에요. 여러 가지 종류의 로봇 중에서 특히 우주 탐사 로봇에 대해 자세히 설명하고 있어요.

2 2문단에 따르면 우주에 사람보다 로봇을 보내는 것이 좋은 까닭은 우주에서 발생할 수 있는 위험으로부터 사람을 보호하고, 우주의 위험한 환경에서 오랜 시간 탐사 활동을 벌일 수 있기 때문이라고 했어요.

오답 풀이

① 개발 비용이 적게 든다는 내용은 글에 드러나지 않아요. 실제 로봇 제작에는 많은 비용이 들어요.

② 빨리 우주에 도착할 수 있다는 내용은 글에 드러나지 않아서 알 수 없어요.

③ 우주에 대해 몰라도 갈 수 있다는 내용은 글에 드러나지 않아요. 우주에 로봇을 보내기 위해서는 많은 연구가 필요할 거예요.

④ 로봇이 사람의 도움 없이 혼자 갈 수 있다는 내용은 글에 드러나지 않아요. 로봇을 만들고 우주로 보내는 일은 사람이 하는 일이에요.

3 화성 표면에 얼음이 있다는 것을 발견했다는 사실을 근거로 화성에 물이 있음을 예상해 볼 수 있어요. 얼음이 녹으면 물이 되기 때문이에요.

4 로봇에 대한 글쓴이의 관점은 긍정적이에요. 로봇이 인간에게 도움이 되고 좋은 점이 많다는 생각을 가지고 있어요. ①~④의 친구들은 모두 로봇의 좋은 점에 대해 말하고 있으므로 로봇에 대해 긍정적인 관점에서 말한 것으로 볼 수 있어요. 하지만 ⑤의 '마은'이는 로봇을 만들어 사용하는 사람들이 잘못 사용하면 인간이 로봇에게 지배당할 수도 있다는 것은 로봇으로 대해 부정적인 관점을 말한 것이에요.

어휘력 다지기

1 ㉠ **2** ㉡ **3** 해저 **4** 생명체
5 행성 **6** 미생물

낱말 더 보기

• **우주 정거장**: 지구 주위의 궤도를 도는 유인 인공위성. 우주 비행사나 연구자가 장기간 머물 수 있도록 설계한 기지로, 관측이나 실험이 가능하고 연료 공급도 받을 수 있음.
  예 우리나라는 달에 <u>우주 정거장</u>을 건설하여 달을 탐사하려고 한다.

• **부품**: 기계 따위의 어떤 부분에 쓰는 물품
  예 로봇 장난감 <u>부품</u>이 없어져서 장난감이 작동하지 않는다.

• **비용**: 어떤 일을 하는 데 드는 돈
  예 로봇을 제작하는 데에는 엄청난 <u>비용</u>이 든다.

• **감시**: 단속하기 위하여 주의 깊게 살핌.
  예 군인들은 적군의 상태를 빈틈없이 <u>감시</u>했다.

• **간호**: 다쳤거나 앓고 있는 환자나 노약자를 보살피고 돌봄.
  예 아픈 친구의 <u>간호</u>를 위해 집에 찾아갔다.

• **묵다**: 일정한 곳에서 나그네로 머무르다.
  예 해외에 여행을 가서 낯선 도시에서 <u>묵었다</u>.

글의 내용 이 글은 우리나라 전통 놀이인 윷놀이에 대해 알려 주는 글이에요. 윷놀이의 특징, 윷놀이의 준비물, 윷놀이에서 이기는 방법에 대해 알 수 있어요.

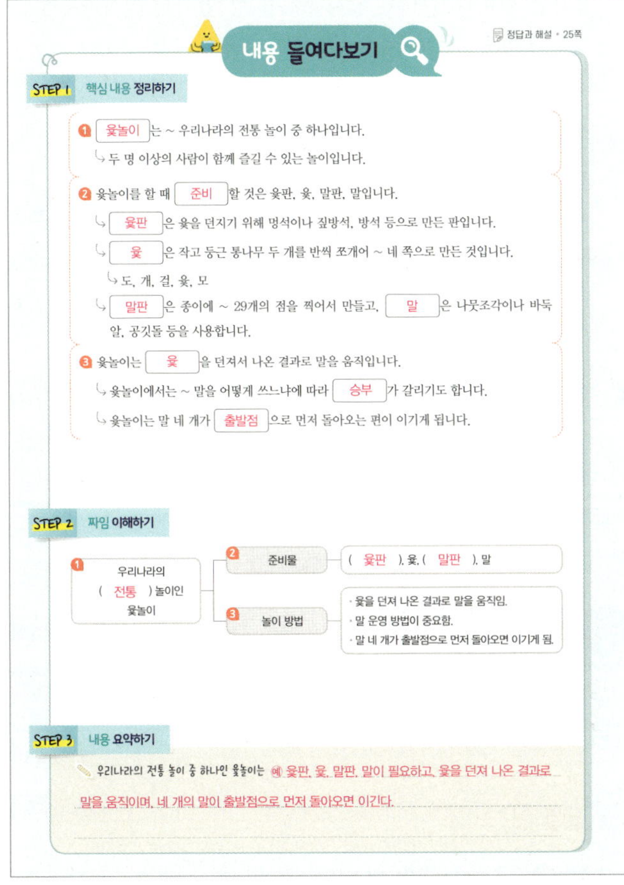

③ 2문단에 따르면 네 개의 윷은 뒤집어지는 개수에 따라 각각 동물을 나타낸다고 했어요. 도는 돼지, 개는 개, 걸은 양, 윷은 소, 모는 말을 의미해요.

④ 1문단에 따르면 윷놀이는 어른이나 아이 가릴 것 없이 누구나 즐길 수 있는 놀이라고 했어요.

3 4문단에 따르면 윷놀이는 말 네 개가 모두 출발점으로 상대편보다 먼저 돌아오는 편이 이긴다고 했어요. 따라서 하석이가 윷놀이에서 승리할 거예요.

4 3문단에 따르면 상대편 말이 있는 곳에 자기편 말이 가면 상대편 말을 잡을 수 있다고 했어요. 제시된 그림에서 파란색 말이 세 칸 앞에 가 있으므로 빨간색 말을 가진 편이 '걸'을 던지면 세 칸 가서 파란색 말을 잡을 수 있게 돼요.

오답 풀이

도가 나오면 1칸, 개는 2칸, 윷은 4칸, 모는 5칸 움직여야 하므로 파란색 말을 잡을 수 없어요.

💬 **어휘력 다지기** 본문 • 117쪽

1 ㉠	**2** ㉡	**3** 멍석	**4** 부족
5 승부	**6** 벼슬		

🔍 **낱말 더 보기**

- **정월**: 음력으로 한 해의 첫째 달
  ⟨예⟩ 설날은 정월 초하룻날이다.
- **대보름**: 음력 정월 보름날을 명절로 이르는 말. 새벽에 귀밝이술을 마시고 부럼을 깨물며 약밥, 오곡밥 따위를 먹음.
  ⟨예⟩ 우리 가족은 대보름에 연을 날리며 소원을 빈다.
- **전통**: 어떤 집단이나 공동체에서, 지난 시대에 이미 이루어져 계통을 이루며 전하여 내려오는 사상·관습·행동 따위의 양식
  ⟨예⟩ 가을에 운동회를 하는 것이 우리 학교의 전통이다.
- **말**: 윷놀이 따위를 할 때 말판에서 정해진 규칙에 따라 옮기는 패
  ⟨예⟩ 윷놀이를 할 때 전략을 잘 짜는 아버지께서 말을 잡고 말판 위에서 움직이셨다.

📋 **문제로 확인하기** 본문 • 116쪽

1 ③	**2** ①, ⑤	**3** ⑤	**4** ③

1 이 글은 우리나라의 전통 놀이인 윷놀이에 대해 설명하는 글이에요. 윷놀이의 특징, 준비물, 놀이 방법 등을 알 수 있어요.

2 1문단에 따르면 윷놀이는 실내에서만 하는 것이 아니라 방 안이나 마당 어디에서나 할 수 있어요. 따라서 실내에서만 할 수 있다는 것은 윷놀이에 대해 잘못 이해한 것이에요(①). 지금은 윷놀이를 하는 사람이 없다는 내용은 글에 드러나지 않아요(⑤).

오답 풀이

② 3문단에 따르면 윷놀이는 윷을 잘 던지는 것도 중요하지만 말을 어떻게 쓰느냐에 따라 승부가 갈릴 수 있다고 했어요.

글의 내용 이 글은 온라인 대화에 쓰이는 그림말의 뜻과 사용하면 좋은 점과 바르게 사용하는 방법을 알려 주는 글이에요. 그림말에 대해 알고 바르게 사용하는 자세를 가져 보세요.

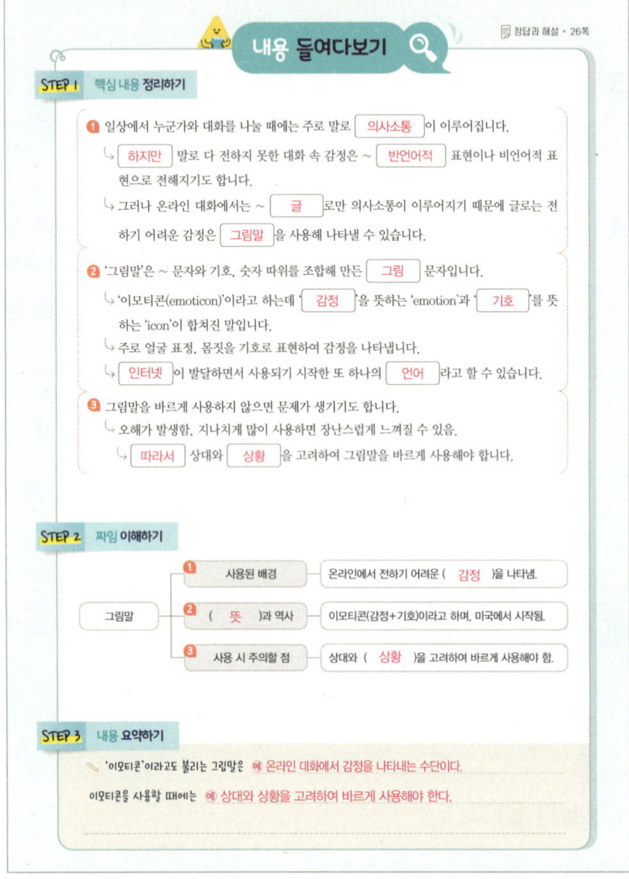

문제로 확인하기   본문 · 120쪽

1 ④   **2** ④   **3** [3] ○   **4** ①

1 이 글은 그림말에 대해 설명하는 글이에요. 그림말은 온라인 대화에서 글로 전하기 어려운 감정을 나타낼 수 있다고 했으므로 의사소통 수단의 하나라고 할 수 있어요.

2 1문단에 따르면 그림말은 온라인 대화에서 글로는 전하기에 어려운 감정을 전달해 준다고 했으므로, 이는 그림말을 온라인 대화에서 사용하면 좋은 점이라고 할 수 있어요.

오답 풀이

① 맞춤법에 맞지 않게 글을 써도 된다는 것은 이 글에 드러나지 않은 내용이에요. 그리고 맞춤법에 맞게 써야 해요.

② 그림말로 물건의 모습을 자세히 설명할 수는 없어요.

③ 온라인 대화에서 그림말만으로는 누구인지 알 수 없어요.

⑤ 말을 쓰지 않고 그림말만으로 자신의 생각을 모두 전할 수 있는 것은 아니에요.

3 할머니와 온라인 대화를 할 때에 그림말을 지나치게 많이 사용하면 할머니께서 못 알아들으실 수 있어서 의사소통에 어려움이 있을 수 있어요. 따라서 그림말을 잘못 사용한 경험을 알맞게 말한 사람은 효리에요.

오답 풀이

숙제가 너무 많아서 힘들어하는 친구에게 응원하는 그림말을 보내 주었더니 고마워했다는 우람이의 경험과 재미있는 책을 읽고 친구에게 소개할 때 그림말을 썼더니 친구가 책 내용이 더 잘 이해된다고 했다는 나루의 경험은 그림말을 써서 좋았던 경험이에요.

4 동글이는 "어제 줄넘기 대회에서 상을 받지 못했어."라는 사실을 전하며 "(T_T)(T_T)"라는 그림말을 써서 속상한 마음, 슬픈 마음을 전하고 있어요.

어휘력 다지기   본문 · 121쪽

1 급격하게   **2** 창의적으로   **3** 오해
4 말투   **5** 의사소통   **6** 시초

낱말 더 보기

- **조합:** 여럿을 한데 모아 한 덩어리로 짬.
  예 그 과일 음료는 여러 가지 과일의 <u>조합</u>으로 색다른 맛이 났다.
- **서서히:** 동작이나 태도가 급하지 아니하고 느리게.
  예 날씨가 따뜻해지면서 눈이 <u>서서히</u> 녹았다.
- **전시회:** 특정한 물건을 벌여 차려 놓고 일반에게 참고가 되게 하는 모임
  예 졸업 작품 <u>전시회</u>에 전시할 작품을 만드는 중이다.
- **지루하다:** 시간이 오래 걸리거나 같은 상태가 오래 계속되어 따분하고 싫증이 나다.
  예 동우는 말이 많아서 대화가 <u>지루하게</u> 느껴졌다.
- **관람객:** 연극, 영화, 운동 경기, 미술품 따위를 구경하는 손님
  예 이번 어머니의 그림 전시회에는 많은 <u>관람객</u>이 몰려들어 대성황을 이루었다.
- **낯설다:** 사물이 눈에 익지 아니하다.
  예 <u>낯선</u> 학교로 전학을 와서 친구 사귀기가 힘들었다.

Day 26 온라인 대화 시 지켜야 할 예절

 이 글은 온라인 대화 예절에 대해 자세히 알려 주는 글이에요. 온라인 대화의 특징을 알고 온라인 대화 예절을 지키려면 어떻게 해야 하는지 잘 알 수 있어요.

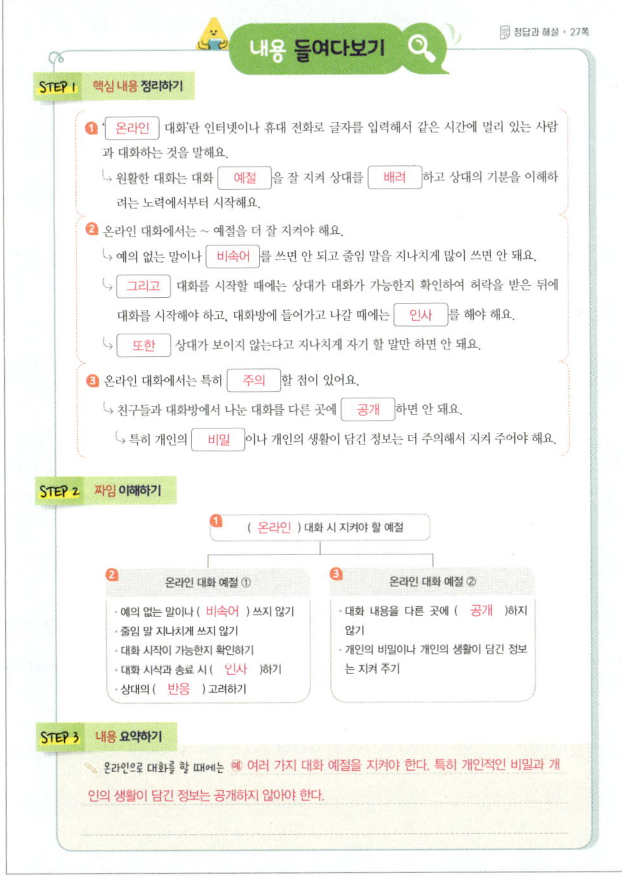

문제로 확인하기
본문 • 126쪽

1 온라인 대화 예절을 지키자 2 ⑤
3 ② 4 도진

1 이 글은 온라인 대화 예절에 대해 알려 주는 글이에요. 온라인 대화 예절을 지키자는 중심 생각이 잘 드러나 있어요.

2 온라인 대화의 특징은 직접 만나지 않고 멀리 있어도 언제 어디에서든지 의사소통을 할 수 있다는 점이에요.

오답 풀이

① 온라인 대화 내용은 글로 대화한 것이기 때문에 대화한 내용을 볼 수 있어요.
② 여러 사람과 한꺼번에 대화할 수 있어요.
③ 온라인 대화에서는 상대의 몸짓을 볼 수 없어요.
④ 온라인 대화에서는 상대의 표정을 볼 수 없어요.

3 친구가 자신에게 털어놓은 비밀을 다른 대화방에 그대로 가져다 쓰면 안 돼요.

오답 풀이

① 온라인 대화를 할 때 고운 말을 쓴 것은 온라인 대화 예절을 잘 지킨 것이에요.
③ 할머니는 줄임 말을 잘 모르시므로 줄임 말을 많이 쓰면 의사소통이 어려워져요.
④ 친구와 온라인 대화를 하기 전에 대화가 가능한지 확인한 뒤에 식사 중이라서 온라인 대화를 하지 못한 상황이므로 나중에 다시 하기로 했어요. 온라인 대화를 시작하기 전에 확인했기 때문에 온라인 예절을 잘 지킨 거예요.
⑤ 온라인 대화를 하는 중에 대화를 이어나갈 수 없는 상황이 생겨서 인사를 하고 대화방을 나왔으므로 온라인 예절을 잘 지킨 거예요.

4 효나와 지우의 온라인 대화에서 지우는 선생님과 대화를 하는 것이 아니라 친구 효나와 대화하고 있어요. 따라서 높임말을 쓸 필요가 없어요.

오답 풀이

효나는 대화를 시작하기 전에 지우에게 "지우야, 안녕?"이라고 반갑게 인사를 했어요. 그리고 효나는 대화를 하기 전에 친구에게 지금 숙제를 물어봐도 되는지 허락을 받았어요. 이처럼 대화를 시작하기 전에 반갑게 인사를 하고 허락을 받는 것은 온라인 대화 예절을 잘 지킨 경우예요.

어휘력 다지기
본문 • 127쪽

1 (2) ○ 2 (1) ○ 3 친, 근 4 입, 력
5 배, 려 6 공, 개

낱말 더 보기

· **원활**: 거침이 없이 잘되어 나감.
  예 터널이 개통되어 우리 마을의 교통 흐름이 원활해졌다.
· **의사소통**: 가지고 있는 생각이나 뜻이 서로 통함.
  예 내 말을 듣지 않는 친구와 의사소통이 안 되어 답답했다.
· **어긋나다**: 기대에 맞지 아니하거나 일정한 기준에서 벗어나다.
  예 식사할 때 소리 내어 먹는 것은 식사 예절에 어긋난다.
· **반응**: 자극에 대응하여 어떤 현상이 일어남. 또는 그 현상
  예 전화를 할 때에는 상대의 말에 반응을 해 주어야 한다.
· **속되다**: 고상하지 못하고 천하다.
  예 속된 말로 친구를 놀리면 안 된다.
· **허물없다**: 서로 매우 친하여, 체면을 돌보거나 조심할 필요가 없다.
  예 유빈이는 허물없는 나의 오랜 친구이다.

글의 내용 이 글은 통신 수단의 뜻을 밝힌 후 옛날의 통신 수단에 대해 소개하고 있어요. 그중 위급한 상황에서 필요한 봉수와 파발에 대해 자세히 설명한 글이에요.

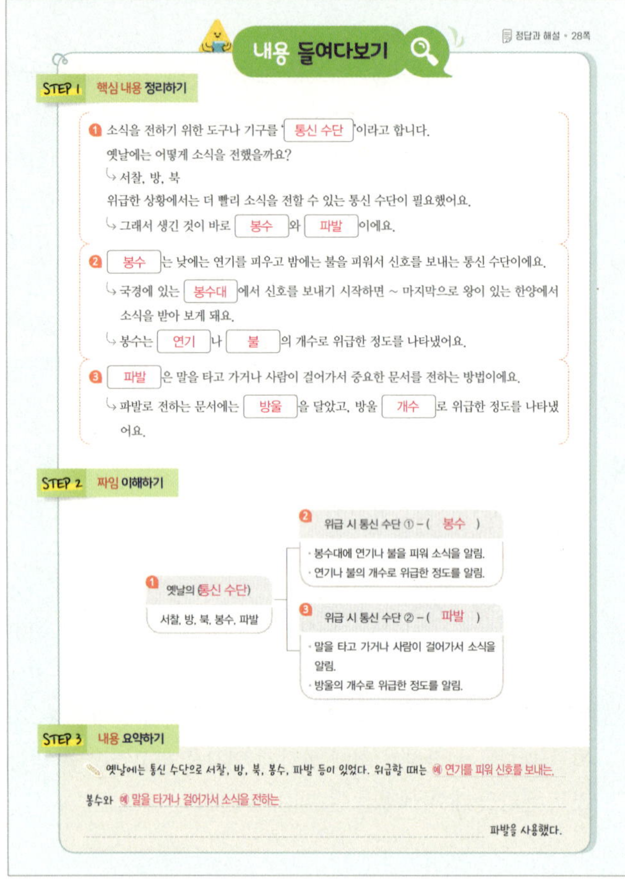

는 뜻을 나타냈어요. 따라서 방울 세 개가 달린 파발을 받은 임금은 위급한 소식이라는 것을 알아차려서 빨리 문서를 읽고 문제를 해결하려고 했을 거예요.

오답 풀이

① 파발은 위급한 때에 소식을 알리는 통신 수단이므로 '나라가 편안하니 기쁘구나'라는 생각을 할 수 있는 상황은 파발을 받지 않을 때일 거예요.

② 파발은 나라에 위급한 일이 있을 때 소식을 전하였기 때문에 파발을 받고 '반가운 소식이 도착했구나.'라고 생각하기 힘들 거예요.

③ 방울이 세 개 달린 파발을 받았으므로 '소식이 없으니 궁금하구나.'라고 생각한 것은 잘못되었어요.

④ 방울이 세 개 달린 파발을 받았으므로 '위험한 일이 일어나지 않아 다행이구나.'라고 생각하지 않을 거예요.

4 2문단에서 봉수대에 불을 피우는 개수에 따라 위급한 정도를 알 수 있다고 했어요. 군인 그는 멀리서 적군이 나타났다는 것을 알려야 하는 상황이므로 봉수 두 개를 피워야 해요.

오답 풀이

㉮ 봉수대에 불 한 개를 피우는 것은 편안한 상태를 나타내므로 적군이 나타났다는 것을 알리는 봉수의 개수가 아니에요.

㉰ 적과 싸우게 되었을 때라면 봉수대 다섯 개에 불을 피워야 해요.

💬 **어휘력 다지기**　　본문 · 131쪽

1 전하고　　**2** 위급한　　**3** ⓛ　　**4** ㉣
5 ㉢　　**6** ㉠

🔍 **낱말 더 보기**

- **행사:** 어떤 일을 시행함. 또는 그 일
  ㉮ 운동장에서 학교 행사가 열려서 소란스러웠다.

- **문서:** 글이나 기호 따위로 일정한 의사나 관념 또는 사상을 나타낸 것
  ㉮ 임금은 신하들에게 과거 시험을 당장 시행하라는 문서를 전했다.

- **경계:** 지역이 구분되는 한계
  ㉮ 우리 동네와 옆 동네의 경계는 큰 도로로 나뉜다.

- **용무:** 해야 할 일
  ㉮ 용무를 보러 구청에 들렀다.

- **지시:** 일러서 시킴. 또는 그 내용
  ㉮ 선생님의 지시에 따라 청소 구역을 나누었다.

📋 **문제로 확인하기**　　본문 · 130쪽

1 ②, ③　　**2** ②　　**3** ⑤　　**4** ④

1 이 글은 옛날 통신 수단의 종류 중에서 봉수와 파발에 대해 자세히 설명하는 글이에요. 따라서 이 글의 중심 낱말은 봉수와 파발이에요.

2 1문단에서 옛날 통신 수단의 종류에 대해서 알 수 있어요. 옛날에는 직접 서찰을 전하거나, 방을 붙이거나, 북을 울려서 소식을 전했다고 했어요. 위급한 상황에서는 봉수대에 연기나 불을 피워 전하는 봉수로 소식을 전하기도 했지요. 전자 우편을 보내는 것은 오늘날의 통신 수단이에요.

3 3문단에서 파발로 전하는 문서에는 방울을 달아 위급함의 정도를 알렸다고 했어요. 방울 한 개는 보통으로 급한 문서, 방울 두 개는 좀 더 급한 문서, 방울 세 개는 아주 급한 문서라

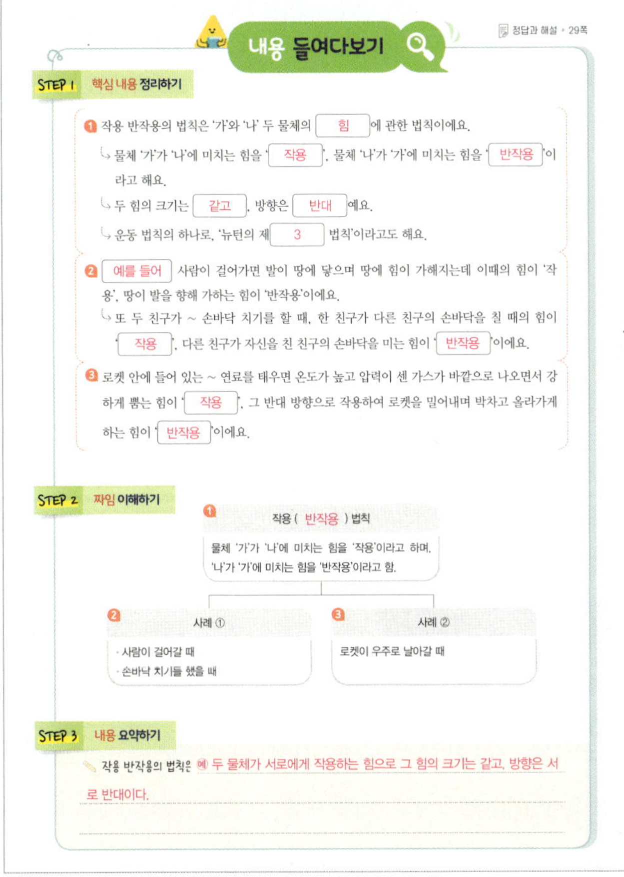

문제로 확인하기 본문 • 134쪽

1 ② **2** ⑤ **3** ③ **4** 작용, 반작용

1 이 글은 작용과 반작용의 법칙의 의미와 그 법칙이 적용되는 사례에 대해 설명하는 글이에요. 따라서 가장 중요한 내용은 작용 반작용 법칙이에요.

2 '뉴턴의 제3 법칙'은 작용 반작용의 법칙을 이르는 말이에요. 뉴턴의 제3 법칙은 물체가 하나만 있을 때에는 적용되지 않아요. 작용 반작용 법칙은 두 물체 사이의 힘에 관한 법칙이에요.

오답 풀이
① 작용 반작용 법칙은 운동 법칙의 하나에요.
② 작용 반작용 법칙은 로켓 발사에 적용된다고 했어요. 로켓의 안에 들어 있는 가스가 바깥으로 나오면서 강하게 뿜는 힘이 '작용'이고, 그 반대 방향으로 작용하여 로켓을 밀어

내며 박차고 올라가는 힘이 '반작용'이라고 했어요.
③ 작용과 반작용이 물체 '가'와 '나'에 각각 미치는 힘의 크기는 같아요.
④ 작용과 반작용에서 힘은 서로 반대 방향으로 작용해요.

3 공을 바닥에 떨어뜨렸을 때 공이 바닥에 떨어지는 힘은 '작용'이고, 바닥이 공을 밀어내는 힘이 '반작용'이에요.

4 제시된 글은 새가 날 때 적용되는 작용 반작용의 법칙에 대해 설명하고 있어요. 새의 날개가 공기를 밀어내는 힘을 '작용'이라고 하고, 공기가 새의 날개를 밀어내는 힘을 '반작용'이라고 해요. 작용 반작용 법칙이 없다면 새가 날 수 없을 거예요.

어휘력 다지기 본문 • 135쪽

1 ㉠ **2** ㉡ **3** 고체 **4** 압력
5 액체 **6** 연료

낱말 더 보기

• **떡잎**: 씨앗에서 움이 트면서 최초로 나오는 잎
예 씨앗을 뿌리고 삼 일 뒤에 떡잎이 나왔다.

• **양분**: 영양이 되는 성분
예 양분이 많은 흙에서 나무가 잘 자란다.

• **변형**: 모양이나 형태가 달라지거나 달라지게 함. 또는 그 달라진 형태
예 우리의 전통문화가 변형이 되지 않도록 지켜 가자는 움직임이 일고 있다.

• **접촉면**: 서로 맞닿는 면
예 사과끼리의 접촉면이 더 많이 상했다.

• **화합**: 둘 또는 그 이상의 화학종이 결합하여 본래의 성질을 잃어버리고 새로운 성질을 가진 화학종이 됨.
예 산소와 수소가 화합을 하면 물이 된다.

• **동력**: 전기 또는 자연에 있는 에너지를 쓰기 위하여 기계적인 에너지로 바꾼 것
예 자전거의 동력이 약하여 오래 달리지 못한다.

Day 29 솟대의 꿈

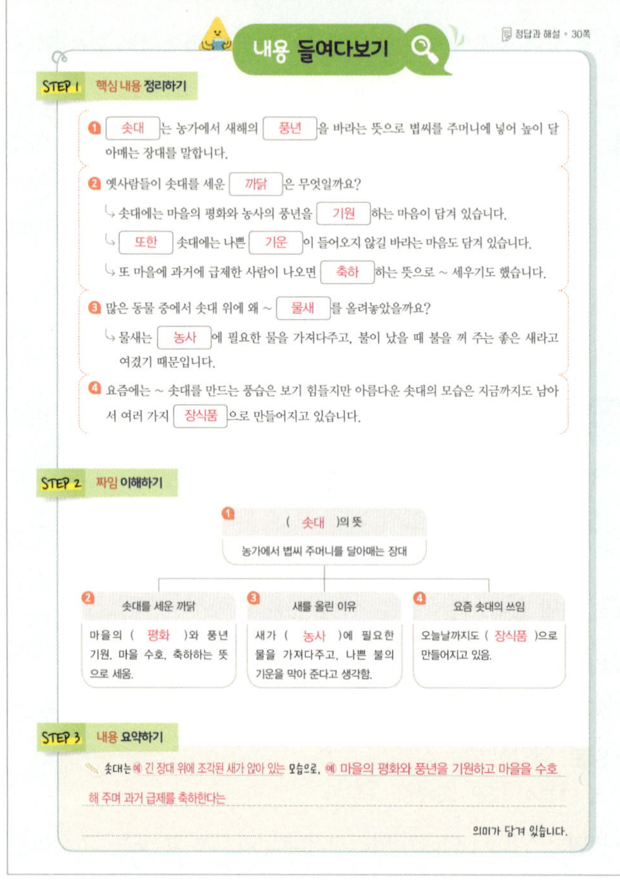

문제로 확인하기

본문 · 138쪽

1 ③ **2** ①, ②, ③ **3** 하루 **4** (2) ○

1 이 글은 솟대에 대해 설명하는 글이므로, 중심 화제는 솟대예요.

2 솟대에 담긴 의미, 오늘날 솟대의 활용, 솟대의 새에 담긴 의미 등은 이 글에서 알 수 있는 내용이에요. 솟대에는 마을의 평화와 풍년을 기원하는 마음이 담겨 있어요. 오늘날에는 솟대를 장식품으로 사용하고 있다고 했고, 솟대에 새를 올려놓은 까닭은 새가 풍년을 상징하고, 새의 머리 방향에 따라 복을 가져오고 나쁜 기운을 몰아내는 뜻이 담겨 있기 때문이라고 했어요.

오답 풀이
④ 지방마다 다른 솟대의 모양과 관련된 내용은 글에 나타나 있지 않아요.

⑤ 다른 나라의 솟대와 우리나라 솟대의 차이점과 관련된 내용은 글에 나타나 있지 않아요.

3 글을 읽고 나서 더 알아보고 싶은 내용은 글과 관련 있는 내용이어야 해요. 따라서 하루가 말한 나무로 만든 전통 조각품에 대해 더 알아보고 싶다는 내용은 이 글을 정확하게 이해하고 관련 있는 다른 내용을 더 알아보고 싶다고 말한 것으로 알맞아요.

오답 풀이
솟대에 물새를 조각해 매단 까닭과 우리 조상들이 솟대 위 새의 방향을 다르게 한 의미는 이미 글에 제시되어 있으므로 더 알고 싶은 내용으로 적절하지 않아요.

4 보기 는 장승의 역할과 모양에 대해 이야기하고 있어요. 솟대와 장승은 모두 나쁜 기운이 마을로 들어오는 것을 막아 주는 역할을 해요. 하지만 언제, 누가 장승을 만드는지는 주어진 글에 나타나 있지 않아요.

어휘력 다지기

본문 · 139쪽

1 ㉡ **2** ㉠ **3** ○ **4** ○
5 × **6** ○

낱말 더 보기

- **농가**: 농사를 본업으로 하는 사람의 집. 또는 그런 가정
  예 농가에서는 가을걷이를 할 때 매우 바쁘다.
- **볍씨**: 못자리에 뿌리는 벼의 씨
  예 농부는 삼 년 흉년에 굶주려도 못자리할 볍씨는 마련해 두는 법이다.
- **기원**: 바라는 일이 이루어지기를 빎.
  예 우리 가족의 기원대로 어머니의 병환은 빨리 나았다.
- **활용**: 충분히 잘 이용함.
  예 재활용품의 활용 가치를 올려야 한다.
- **낙제**: 시험이나 검사 따위에 떨어짐.
  예 입학 시험에서 낙제를 하고 말았다.
- **흉년**: 농작물이 예년에 비하여 잘되지 아니하여 굶주리게 된 해
  예 흉년이 들어 백성들이 굶주렸다.
- **여물다**: 과실이나 곡식 따위가 알이 들어 딴딴하게 잘 익다.
  예 가을이 되니 벼가 점점 여물어 가고 있다.
- **부럼**: 음력 정월 대보름날 새벽에 깨물어 먹는 딱딱한 열매류인 땅콩, 호두, 잣, 밤, 은행 따위를 통틀어 이르는 말
  예 대보름날 부럼을 먹어야 피부병이 생기지 않는다고 한다.

Day 30 숨쉬는 옹기

 이 글은 우리나라 전통 그릇인 옹기에 대해 알려 주는 글이에요. 옹기를 만드는 방법, 옹기에 김치를 담아 오랫동안 보관할 수 있었던 이유, 옹기에 음식을 담아 보관하면 좋은 점 등을 소개하고 있어요.

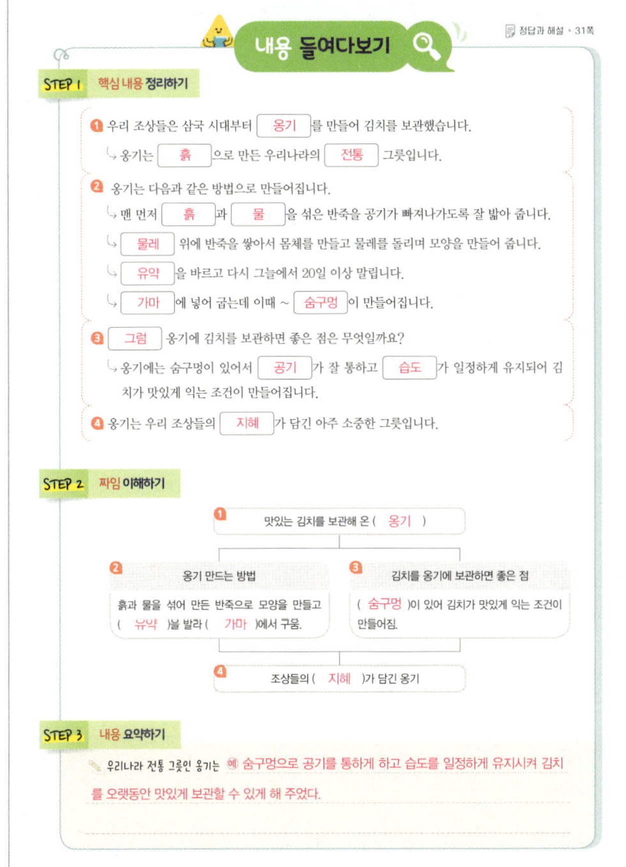

내용 들여다보기

정답과 해설 · 31쪽

STEP 1 핵심 내용 정리하기

❶ 우리 조상들은 삼국 시대부터 옹기 를 만들어 김치를 보관했습니다.
→ 옹기는 흙 으로 만든 우리나라의 전통 그릇입니다.

❷ 옹기는 다음과 같은 방법으로 만들어집니다.
→ 맨 먼저 흙 과 물 을 섞은 반죽을 공기가 빠져나가도록 잘 밟아 줍니다.
→ 물레 위에 반죽을 쌓아서 몸체를 만들고 물레를 돌리며 모양을 만들어 줍니다.
→ 유약 을 바르고 다시 그늘에서 20일 이상 말립니다.
→ 가마 에 넣어 굽는데 이때 ~ 숨구멍 이 만들어집니다.

❸ 그럼 옹기에 김치를 보관하면 좋은 점은 무엇일까요?
→ 옹기에는 숨구멍이 있어서 공기 가 잘 통하고 습도 가 일정하게 유지되어 김치가 맛있게 익는 조건이 만들어집니다.

❹ 옹기는 우리 조상들의 지혜 가 담긴 아주 소중한 그릇입니다.

STEP 2 짜임 이해하기

❶ 맛있는 김치를 보관해 온 (옹기)

❷ 옹기 만드는 방법
흙과 물을 섞어 만든 반죽으로 모양을 만들고 (유약)을 발라 (가마)에서 구움.

❸ 김치를 옹기에 보관하면 좋은 점
(숨구멍)이 있어 김치가 맛있게 익는 조건이 만들어짐.

❹ 조상들의 (지혜)가 담긴 옹기

STEP 3 내용 요약하기
→ 우리나라 전통 그릇인 옹기는 예 숨구멍으로 공기를 통하게 하고 습도를 일정하게 유지시켜 김치를 오랫동안 맛있게 보관할 수 있게 해 주었다.

문제로 확인하기

1 ③　　**2** ⑤　　**3** 유라　　**4** 숨구멍

1 이 글은 옹기에 숨구멍이 있어서 김치를 오랫동안 맛있게 보관할 수 있다는 것을 말하고 있어요. 따라서 이 글의 글쓴이가 말하고자 하는 것은 옹기에 담긴 조상의 지혜예요.

오답 풀이
① 김치 냉장고가 필요한 까닭이 아니라 오늘날의 김치 냉장고를 대신했던 전통 그릇 옹기에 대해 말하고 있어요.
② 우리나라 김치의 우수성이 아니라 옹기의 우수성을 알려 주고 있어요.
④ 김치를 오랫동안 보관하면 좋은 점이 아니라 김치를 오랫동안 보관할 수 있는 옹기의 우수성에 대해 알려 주고 있어요.

---

⑤ 옹기보다 훌륭한 그릇이 많다는 것이 아니라 옹기의 훌륭한 점을 알려 주고 있어요.

2 이 글의 제목인 '숨쉬는 옹기'에는 옹기에 숨구멍이 있어서 공기가 잘 통한다는 뜻이 담겨 있어요. 옹기에 있는 숨구멍 덕분에 공기가 잘 통하고 습도가 일정하게 유지되어 김치를 맛있게 보관할 수 있었던 것이죠.

3 이 글과 관련 있는 내용을 경험해 보았다면 글을 더 쉽게 이해할 수 있었을 거예요. 김치가 발효되는 과정이 담긴 다큐멘터리를 본 유라가 이 글을 읽었다면 숨구멍이 있어서 공기가 잘 통하여 발효를 도와주는 옹기에 대한 글을 더 잘 이해할 수 있을 거예요.

오답 풀이
냉장고가 고장 나서 냉장고에 넣어 둔 얼음이 녹은 것을 본 적이 있다는 동우의 경험은 냉장고 사용과 관련된 경험이기 때문에 옹기에 대한 글을 이해하는 데 도움이 되지 않아요.

4 친구들은 옹기의 과학적 원리에 대해 이야기를 나누고 있어요. 옹기가 공기가 잘 통할 수 있도록 해 주는 것은 숨구멍이에요. 따라서 옹기에 담긴 과학적 원리는 숨구멍으로 공기가 잘 통할 수 있다는 거예요.

어휘력 다지기

1 ⓛ　　**2** ㉠　　**3** ㉢　　**4** 발효
5 유약　　**6** 유산균

낱말 더 보기

- **보관**: 물건을 맡아서 간직하고 관리함.
  예 어머니께서는 나의 어릴 적 사진을 잘 보관해 두셨다.
- **습도**: 공기 가운데 수증기가 들어 있는 정도
  예 장마철이 되니 집 안의 습도가 높아졌다.
- **다큐멘터리**: 실제로 있었던 어떤 사건을 사실적으로 담은 영상물이나 기록물
  예 전쟁 다큐멘터리를 보고 전쟁이 다시는 일어나면 안 된다는 생각이 들었다.
- **원리**: 사물의 근본이 되는 이치
  예 곱셈의 원리를 알고 나니 나눗셈이 쉬워졌다.
- **윤기**: 반질반질하고 매끄러운 기운
  예 신선한 쌀에서 윤기가 났다.

고향으로 돌아간 모아이 석상

🧠 핵심 내용 이해

Q. 다음 글자 카드를 활용하여 글쓴이가 이 글을 쓴 목적을 완성해 보자!

✏️ 글쓴이는 독자에게 모아이 석상 중 하나인 '모아이 타우'가 고향으로 돌아간 소식을 전하기 위한 목적으로 글을 썼다.

📡 새로 알게 된 사실

Q. 이 글을 읽고 새롭게 알게 된 내용을 적어 보자!

✏️ 예 이스터섬 원주민들은 모아이 석상을 조상들의 영혼을 지닌 신성한 존재로 여긴다는 사실을 알게 되었다.

⭐ 나의 생각 정리

Q. 다음 글을 읽고 '문화재가 무엇이라고 생각하는지 써 보자!

> **문화재란 무엇인가?**
>
> 　문화재는 조상들이 남긴 것 중에서 역사적, 문화적 가치가 높아서 보호하고 지켜 나가야 할 것을 말합니다. 문화재를 통해 과거의 생활 모습과 문화를 알 수 있고, 문화재는 역사의 중요한 자료가 되기도 합니다. 또한 앞으로의 문화를 더욱 발전시키는 밑거름이 될 수도 있습니다.

✏️ '나'는 예 문화재를 역사적 · 문화적 가치를 보호하고 지켜 나가야 할 대상이자, 우리 역사의 중요한 자료이며, 문화를 발전시키는 바탕이 된다고 생각한다.

🎯 어휘력 확인

1~2 다음 뜻에 알맞은 낱말을 글자의 첫소리를 참고하여 써 보세요.

1 거칠고 피폐하여 쓸쓸함.　→ ㅎ ㄹ : 　황량

2 빌리거나 차지했던 것을 되돌려줌.　→ ㅂ ㅎ : 　반환

3~5 다음 밑줄 친 말과 바꾸어 쓸 수 있는 낱말을 보기 에서 찾아 내용에 어울리게 써 보세요.

> **보기**
> 요청하다　　전시하다　　운반하다

3 나는 우리 모둠에게 도움이 되는 필요한 일과 행동을 청했다.　→ 요청했다

4 아침 일찍부터 사람들이 몰려 와서 트럭에 물건을 옮겨 날랐다.　→ 운반했다

5 우리 반 아이들이 그린 그림들을 누구나 감상하도록 뒤쪽 게시판에 벌여 놓고 보게 했다.　→ 전시했다

6~7 다음 문장에 어울리는 낱말을 괄호 안에서 골라 ○표 해 보세요.

6 내가 승부에서 졌다는 사실을 순순히 ((받아들였다)/ 맞아들였다).

7 새로운 사실을 (해결해 내기 / (밝혀내기)) 위해 밤낮없이 연구했다.

민주 정치를 꽃피운 아테네

🧠 핵심 내용 이해

Q. 다음 글자 카드를 활용하여 이 글의 핵심 문장을 완성해 보자!

✏️ 이 글은 그리스 시민이면 누구나 정치에 참여할 수 있었던 아테네 민주 정치에 대해서 알려 주고 있다.

📡 새로 알게 된 사실

Q. 이 글을 읽고 새롭게 알게 된 내용을 적어 보자!

✏️ 예 민주 정치가 시작된 것은 고대 아테네이며, 18세 이상의 그리스 시민이라면 누구나 정치에 참여할 수 있었다. 하지만 여성과 노예, 외국인은 참여하지 못하는 제한된 민주 정치였다.

⭐ 나의 생각 정리

Q. 다음 글을 읽고 '도편 추방제의 역할에 대해 써 보자!

> 　고대 아테네에는 위험한 사람을 선정하여 10년간 나라 밖으로 추방하는 제도가 있었다. 아테네 시민들은 도자기 조각에 위험한 사람의 이름을 써 내는 비밀 투표를 통해 그 사람의 추방을 결정했다.

✏️ 예 도편 추방제는 민주 사회에 독재자가 나오지 않도록 막는 역할을 했다.

🎯 어휘력 확인

1~3 다음 낱말의 알맞은 뜻을 찾아 선으로 이어 보세요.

1 참여　•　　　• ㉠ 어떤 일에 끼어들어 관계함.

2 제도　•　　　• ㉡ 모든 일을 독단적으로 판단하여 처리하는 사람

3 독재자　•　　　• ㉢ 관습이나 도덕, 법률 따위의 규범이나 사회 구조의 체계

4~6 다음 문장의 빈칸에 알맞은 낱말을 보기 에서 찾아 써 보세요.

> **보기**
> 참석　　소수　　추방

4 아무리 소수 의 의견이라도 무시해서는 안 된다.
　　적은 수효

5 학급 회의는 반 학생 모두가 빠짐없이 참석 해야 한다.
　　모임이나 회의 자리에 참여함.

6 잘못을 저지른 독재자는 시민들의 의해 영원히 추방 되었다.
　　일정한 지역 밖으로 쫓아냄.

7~8 다음 밑줄 친 말과 바꾸어 쓸 수 있는 낱말에 ○표 해 보세요.

7 누가 앞장서서 달릴지 추첨으로 결정하자.　→ 다수결　(제비뽑기)

8 별명을 부르는 것에 대해 자유롭게 의견을 말하자.　→ (생각)　행동

멸종 위기에 처한 루돌프

핵심 내용 이해

Q. 다음 글자 카드를 활용하여 글쓴이가 이 글을 쓴 목적을 완성해 보자!

| 제 | 번 | 기 | 문 | 후 | 화 |

글쓴이는 독자에게 멸종 위기에 처한 순록에 대해 이야기하며 **기 후 변 화 문 제**의 심각성을 알리기 위한 목적으로 글을 썼다.

새로 알게 된 사실

Q. 이 글을 읽고 새롭게 알게 된 내용을 적어 보자!

예 지구 온난화와 같은 기후 변화 문제가 계속 된다면 앞으로 많은 동물들이 멸종될 위기에 처할 것이다.

나의 생각 정리

Q. 다음 친구의 이야기를 듣고 알게 된 사실을 적어 보자!

친구: 국제 환경 단체 그린피스의 발표에 의하면 남극의 코끼리 섬에 사는 턱끈펭귄이 1971년보다 7만 쌍이나 줄었다고 해. 북극곰 역시 삶의 터전인 빙하가 계속 녹는 바람에 멸종 위기에 처했어.

'나'는 예 지구 온난화로 인해 빙하가 계속 녹고 있어 추운 지방에 사는 동물들이 삶의 터전을 잃고 점점 멸종되어 간다는 사실을 알게 되었다.

어휘력 확인

1~2 다음 뜻에 알맞은 낱말을 글자의 첫소리를 참고하여 써 보세요.

1 하나의 독립된 생물체 → ㄱ ㅊ : 개체

2 생물의 한 종류가 아주 없어짐. → ㅁ ㅈ : 멸종

3~5 다음 뜻에 해당하는 낱말을 보기에서 찾아 써 보세요.

보기: 변화하다　시급하다　처하다

3 어떤 형편이나 처지에 놓이다. → 처하다

4 시각을 다툴 만큼 몹시 절박하고 급하다. → 시급하다

5 사물의 성질, 모양, 상태 따위가 바뀌어 달라지다. → 변화하다

6~7 다음 뜻풀이를 참고하여 십자말 풀이를 완성해 보세요.

6 ㉠ 어려운 형편이나 처지 → 곤 ㉠

7 ㉡ 정신을 차리고 주의 깊게 살펴어 경계하는 마음 → 경 각 심 ㉡

스페인 건축가 가우디의 건축물

핵심 내용 이해

Q. 다음 낱말 카드를 활용하여 '안토니오 가우디'에 대해 정리해 보자!

| 건축 | 스페인 | 예술 | 곡선미 | 색채 | 건축가 |

안토니오 가우디는 예 스페인 역사상 가장 위대한 건축가이다.

안토니오 가우디는 예 건축물의 곡선미를 살리고 섬세한 장식과 색채를 사용하였다.

안토니오 가우디는 예 평생 건축과 예술에만 몰두하였다.

새로 알게 된 사실

Q. 이 글을 읽고 새롭게 알게 된 내용을 적어 보자!

예 안토니오 가우디가 죽는 날까지 건축했던 사그라다 파밀리아 성당이 아직까지도 완공되지 않았다는 사실을 알게 되었다.

나의 생각 정리

Q. 다음 글을 읽고 안토니오 가우디의 생애에 대해 어떻게 생각하는지 써 보자!

안토니오 가우디는 평생 독신으로 살며 오직 건축과 예술에만 몰두했다. 그런 그의 열정으로 인해 오늘날까지 그의 작품과 건축물은 사람들의 찬사를 받으며 전해지고 있다. 그가 만든 건축물은 여러 개가 유네스코 세계 문화유산으로 지정되었을 정도이다. 게다가 그는 삶의 마지막 순간까지 사그라다 파밀리아 성당의 완공을 위해 노력하다가 세상을 떠났다.

'나'는 예 자신의 일에 평생을 바쳐 열정을 쏟은 안토니오 가우디의 생애가 놀랍고 경이로우며, 그의 삶 자체가 예술이었다고 생각한다.

어휘력 확인

1~3 다음 낱말의 알맞은 뜻을 찾아 선으로 이어 보세요.

1 완공 · · ㉠ 공사를 완성함.

2 열정 · · ㉡ 매우 훌륭한 작품

3 걸작 · · ㉢ 열렬한 애정을 가지고 열중하는 마음

4~6 다음 문장의 빈칸에 알맞은 낱말을 보기에서 찾아 써 보세요.

보기: 설계　반영　미완성

4 소설과 영화는 모두 현실을 반영 한다.
　　다른 것에 영향을 받아 어떤 현상이 나타남.

5 지진과 태풍에 대비할 수 있는 건물을 설계 하였다.
　　건축 목적에 따라 도면으로 명시하는 일

6 유명한 작가의 그림이 사고로 인해 미완성 으로 남았다.
　　아직 덜 됨.

7~8 다음 문장에 어울리는 낱말을 괄호 안에서 골라 ○표 해 보세요.

7 작품성을 (인정받은○ / 허락받은) 작가의 소설이 큰 상을 받게 되었다.

8 경찰은 범인이 남긴 증거를 찾는 데 밤낮을 가리지 않고 (몰락했다 / 몰두했다○).

우리말의 표준어와 방언

핵심 내용 이해

Q. 다음 글자 카드를 활용하여 이 글의 핵심 문장을 완성해 보자!

이 글은 표준어 와 방언 의 차이점과 예시를 알려 주며, 이를 지켜 나가려는 노력의 필요성에 대해서 설명하고 있다.

새로 알게 된 사실

Q. 이 글을 읽고 새롭게 알게 된 내용을 적어 보자!

예 우리말에서 표준어와 방언은 모두 소중한 문화유산이며, 표준어는 의사소통이 잘 이루어지게 해 주고, 방언은 각 지역의 특성과 전통을 이해하는 데 도움을 준다는 사실을 알게 되었다.

나의 생각 정리

Q. 다음 글을 읽고 방언을 사용했을 때 일어날 수 있는 일에 대해 어떻게 생각하는지 써 보자!

> **민수:** 얼마 전 우리 할머니께서 나에게 '가세'를 가져오라고 하셨어. 나는 '가세'가 무엇인지 몰라 한참을 찾아 헤맸는데 알고 보니 '가위'를 말씀하시는 거였어.
> **성훈:** 정말? 우리 할머니는 '가위'를 자꾸 '거시기(그것)'라고 말씀하셔서 너무 헷갈려!

'나'는 예 방언을 사용했을 때 그 방언을 모르는 사람들과의 의사소통이 힘들어질 수 있다고 생각한다.

어휘력 확인

1~2 다음 뜻에 알맞은 낱말을 글자의 첫소리를 참고하여 써 보세요.

1 빠짐없이 골고루　→　ㄷ ㄹ : 두루

2 학문, 지식, 사회활동을 바탕으로 이루어지는 품위　→　ㄱ ㅇ : 교양

3~4 다음 문장의 빈칸에 알맞은 낱말을 **보기**의 글자 카드를 활용하여 써 보세요.

3 아나운서는 뉴스를 원 활 하게 진행해 나갔다.
　거침이 없이 잘되어 나감.

4 오늘 처음 만난 친구인데도 친 근 감 이 느껴졌다.
　사귀어 지내는 사이가 아주 가까운 느낌

5~6 다음 문장에 어울리는 낱말을 괄호 안에서 골라 ○표 해 보세요.

5 친구의 조언을 (업신여기다가 / 우러러보다가) 큰코다쳤다.

6 나는 (주먹구구로 / 체계적으로) 겨울 방학 학습 계획을 세웠다.

올림픽을 상징하는 불꽃, 성화

핵심 내용 이해

Q. 다음 낱말 카드를 활용하여 성화의 특징을 정리해 보자!

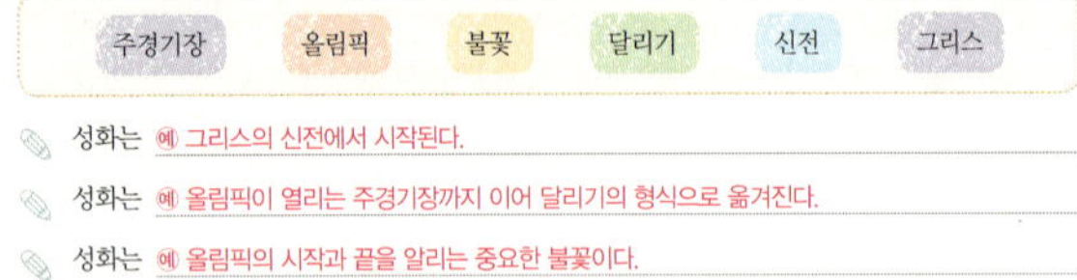

성화는 예 그리스의 신전에서 시작된다.

성화는 예 올림픽이 열리는 주경기장까지 이어 달리기의 형식으로 옮겨진다.

성화는 예 올림픽의 시작과 끝을 알리는 중요한 불꽃이다.

새로 알게 된 사실

Q. 이 글을 읽고 새롭게 알게 된 내용을 적어 보자!

예 올림픽과 성화의 유래가 고대 그리스에서 유래되었다는 점과 최근 올림픽에서는 재미있고 이색적인 성화 봉송이 등장했다는 사실을 알게 되었다.

나의 생각 정리

Q. 다음 글을 읽고 이색 성화 봉송에 대해 어떻게 생각하는지 써 보자!

> 2018년 평창 동계 올림픽에서는 다양하고 이색적인 성화 봉송이 인기를 끌었다. 춘천의 열기구 봉송과 동해 바다 열차 봉송, 횡성 소달구지 봉송, 정선 짚와이어 봉송 등 각 지역의 자연과 문화 관광 요소를 적극 활용하였다.

'나'는 예 전 세계인이 관심을 가지고 지켜보는 성화 봉송을 할 때 우리나라의 자연과 문화 관광 요소를 이용함으로써 아름다운 우리나라를 널리 알리는 좋은 기회가 되었다고 생각한다.

어휘력 확인

1~3 다음 낱말의 알맞은 뜻을 찾아 선으로 이어 보세요.

1 유래　·　· ㉠ 모임이나 회의 따위를 주최하여 엶.

2 이색　·　· ㉡ 보통의 것과 색다름. 또는 그런 것이나 곳

3 개최　·　· ㉢ 사물이나 일이 생겨남. 또는 그 사물이나 일이 생겨난 바

4~5 다음 밑줄 친 말과 바꾸어 쓸 수 있는 낱말을 **보기**에서 찾아 내용에 어울리게 써 보세요.

> **보기**
> 연출하다　밝히다　등장하다　옮기다

4 회장으로서 졸업식을 총지휘하여 효과적으로 진행했다.　→　연출했다

5 무대가 어두워지자 조명이 켜지고 주인공이 무대에 나왔다.　→　등장했다

6~7 주어진 글자의 첫소리와 그 뜻에 알맞은 낱말을 빈칸에 넣어 문장을 완성해 보세요.

6 ㅎ ㅂ : 법을 어긴 사람들에게 주는 벌이나 제재
　→ 프로메테우스는 제우스에게 가혹한 형벌 을 받았다.

7 ㅎ ㄴ : 바닷속에 들어가 해삼, 전복, 미역 따위를 따는 것을 직업으로 하는 여자
　→ 제주도에서 해녀 가 따온 전복으로 만든 요리를 먹었다.

춘천 레고 랜드와 중도 유적

핵심 내용 이해

Q. 다음 글자 카드를 활용하여 이 글의 핵심 문장을 완성해 보자!

| 드 | 고 | 도 | 레 | 중 | 랜 |

이 글은 강원도 춘천시의 **레 고 랜 드** 개발 과정에서 발견된 **중 도** 유적에 대해 알리고 문제를 해결하기 위한 강원도의 노력을 설명하고 있다.

새로 알게 된 사실

Q. 이 글을 읽고 새롭게 알게 된 내용을 적어 보자!

예 레고 랜드가 세워진 춘천시의 중도가 선사 시대부터 수많은 유물과 유적이 쌓인 역사적 가치가 매우 높은 중요한 유적지라는 것을 알게 되었다.

나의 생각 정리

Q. 다음 글을 읽고 우리 유적과 유물을 지키기 위해 할 수 있는 노력은 무엇인지 써 보자!

> 춘천시의 중도뿐만 아니라 우리나라 곳곳의 건설 현장에서 그동안 숨어 있던 유물과 유적들이 발굴되는 경우가 많다. 건설을 위해 땅을 깊이 파 내려가다 보면 오래전 조상들이 남겨 둔 흔적을 찾게 되는 것이다. 하지만 건설 현장에서 발견된 유적과 유물은 여러 가지 문제 때문에 온전하게 보존되기가 힘들다.

예 건설 현장에서 발견된 유물과 유적이 제대로 보존되지 못한다는 것이 안타깝다. 앞으로 우리는 우리 문화유산에 대해 더 많은 관심을 가지고 건설 현장에서 출토된 유물과 유적을 지키고 사람들에게 널리 알리기 위해 노력해야 한다.

어휘력 확인

1~2 다음 뜻에 알맞은 낱말을 글자의 첫소리를 참고하여 써 보세요.

1 선대의 인류가 후대에 남긴 물건 → ㅇ ㅁ : **유물**

2 역사적인 일이 벌어졌던 곳이나 건물의 터 등이 남아 있는 자취 → ㅇ ㅈ : **유적**

3~5 다음 문장의 빈칸에 알맞은 낱말을 **보기** 에서 찾아 써 보세요.

> **보기**
> 개발　전시　조화

3 집 앞에 핀 붉은 꽃은 노란 대문과 묘하게 **조화** 를/을 이룬다.
　　서로 잘 어울림.

4 새로 개발된 로봇들이 나란히 **전시** 되어 사람들의 눈길을 끈다.
　　여러 가지 물품을 한곳에 벌여 놓고 보임.

5 무너져 가는 우리 지역의 산업을 **개발** 하기 위해 주민 모두가 노력하고 있다.
　　산업이나 경제 따위를 발전하게 함.

6~7 다음 밑줄 친 말과 바꾸어 쓸 수 있는 낱말에 ○표 해 보세요.

6 이 기업은 어린이 환자를 돕는 기관을 만들어 세웠다. → (**설립했다**) 설치했다

7 국민을 생각하지 않은 정책에 대해 사람들은 단체로 들고일어났다. → 솔깃했다 (**반발했다**)

달의 흙에서 싹틔운 지구 씨앗

핵심 내용 이해

Q. 다음 낱말 카드를 활용하여 달에서 가져온 흙에 애기장대 씨앗을 심는 과정을 완성해 보자!

| 5밀리미터 | 달의 흙 | 0.9그램 | 화분 | 애기장대 | 12그램 |

첫째, 예 달의 흙 12그램을 준비한다.

둘째, 예 작은 화분 12개에 0.9그램의 흙을 5밀리미터 깊이로 넣는다.

셋째, 예 애기장대 씨앗을 3~5개씩 심는다.

새로 알게 된 사실

Q. 이 글을 읽고 새롭게 알게 된 내용을 적어 보자!

예 달의 흙에서 지구의 식물이 자랄 수 있다는 사실과 우주에서 지구 식물을 자라게 하기 위해서는 많은 연구가 필요하다는 사실을 알게 되었다.

나의 생각 정리

Q. 다음 글을 읽고 미래에 일어날 일에 대해 어떻게 생각하는지 써 보자!

> 얼마 전 달에서 가져온 흙에서 지구의 식물인 애기장대가 싹을 틔웠다는 소식을 들은 지우와 수정이는 놀라워하며 이야기를 나누었다.
> "우주에서 가져온 흙에서도 식물이 자랄 수 있다니 정말 놀라워!"
> "그렇다면 머지않아 달에서 식물을 재배할 수도 있겠네?"
> "그래, 영화에서와 같은 일이 일어나는 거지!"

'나는 예 미래에는 우주에서 기른 식물을 마트의 채소 코너에서 볼 수 있을 거라고 생각한다. 또한 우주의 환경에 맞게 개량된 식물들도 많이 나올 것이라고 생각한다.

어휘력 확인

1~3 다음 낱말의 알맞은 뜻을 찾아 선으로 이어 보세요.

1 성장 · · ㉠ 청하는 일을 하도록 들어줌.

2 허락 · · ㉡ 구성된 무리에서 처져 뒤떨어짐.

3 낙오 · · ㉢ 사람이나 동식물 따위가 자라서 점점 커짐.

4~6 다음 문장의 빈칸에 알맞은 낱말을 **보기** 에서 찾아 써 보세요.

> **보기**
> 가능성　구조　재배

4 어린이들에게는 무한한 **가능성** 이/가 있다.
　　앞으로 실현될 수 있는 성질이나 정도

5 외국에서 들어온 신품종 식물의 **재배** 이/가 성공했다.
　　식물을 심어 가꿈.

6 대원들은 실종된 사람의 **구조** 신호를 듣고 바로 출발했다.
　　어려운 처지에 빠진 사람을 구하여 줌.

7~8 다음 문장에 어울리는 낱말을 괄호 안에서 골라 ○표 해 보세요.

7 일주일이 지나자 씨앗은 연둣빛 새싹을 (**틔웠다**/ 띠웠다).

8 김포 공항에서 우리가 탄 비행기는 잠시 후 제주 공항에 (**착륙**/ 이륙)한다.

백악관을 방문한 우리나라 가수들

핵심 내용 이해

Q. 다음 글자 카드를 활용하여 글쓴이가 이 글을 쓴 목적을 완성해 보자!

| 들 | 차 | 가 | 인 | 별 | 수 | 종 |

글쓴이는 독자에게 우리나라 [가][수][들]이 미국 백악관에 초청받아 [인][종][차][별]에 대한 생각을 밝히고, 아시아 사람들에 대한 범죄에 대해 경각심을 불러일으켰음을 알리기 위한 목적으로 글을 썼다.

새로 알게 된 사실

Q. 이 글을 읽고 새롭게 알게 된 내용을 적어 보자!

예 미국에서 아시아 사람들에 대한 범죄가 늘어났다는 사실과 이 문제가 해결되기 위해서는 전 세계 사람들의 노력이 필요하다는 사실을 알게 되었다.

나의 생각 정리

Q. 다음 글을 읽고 '인종 차별'에 대해 어떻게 생각하는지 써 보자!

발표자 1: 미국은 아시아인에 대한 인종 차별뿐만 아니라 흑인에 대한 인종 차별이 여전히 존재하여 사회적인 문제가 되고 있습니다.
발표자 2: 얼마 전에는 경찰이 무기를 갖고 있지 않은 흑인을 과하게 진압하는 사건이 일어났습니다.
발표자 3: 이런 사건으로 인해 인종 차별을 반대하는 대규모 시위도 일어났습니다.

'나'는 예 피부색이 다르다는 이유로 차별을 받는 것은 정말 불공평하며, 전 세계 사람들이 서로 다름을 인정하고 평등한 세상을 만들기 위해 노력해야 한다고 생각한다.

어휘력 확인

1~2 다음 뜻에 알맞은 낱말을 글자의 첫소리를 참고하여 써 보세요.

1 법규를 어기고 저지른 잘못 → ㅂ ㅈ : 범죄

2 아주 사무치게 미워하거나 그런 마음 → ㅈ ㅇ : 증오

3~5 다음 문장의 빈칸에 알맞은 낱말을 보기에서 찾아 써 보세요.

> **보기**
> 이목　　백악관　　초청

3 미국 대통령이 업무를 보는 곳은 백악관 이다.
　미국 워싱턴에 있는 대통령의 관저

4 국내에서 가장 큰 어린이 토론 대회에 초청 을 받았다.
　사람을 청하여 부름.

5 남의 이목 을 신경 쓰기보다는 하고 싶은 일에 집중해야 한다.
　주의나 관심

6~7 다음 밑줄 친 낱말의 뜻으로 알맞은 것을 괄호 안에서 골라 ○표 해 보세요.

6 지구 온난화로 인해 이상 기후 현상이 급증하고 있다.
　→ (갑작스럽게 줄어듦. / (갑작스럽게 늘어남))

7 교통사고로 다친 사람들의 숫자를 보여 주며 안전 운전에 대한 경각심을 높였다.
　→ ((주의 깊게 살피어 경계하는 마음) / 굳세고 튼튼한 마음)

인공 지능의 도덕적 판단

핵심 내용 이해

Q. 다음 글자 카드를 활용하여 글쓴이가 말하고자 하는 핵심 내용을 완성해 보자!

| 지 | 인 | 리 | 공 | 몰 | 능 | 트 |

글쓴이는 독자에게 [인][공][지][능]에 대해 설명하며 [트][롤][리] 딜레마를 예로 들어 인공 지능 활용의 한계를 알리고 있다.

새로 알게 된 사실

Q. 이 글을 읽고 새롭게 알게 된 내용을 적어 보자!

예 인공 지능이 우리 삶에 점점 많이 활용되고 있다는 사실과 지금까지 개발된 인공 지능은 도덕적 판단을 하는 것은 어렵다는 문제가 있음을 알게 되었다.

나의 생각 정리

Q. 다음 글을 읽고 인공 지능에 대해 어떻게 생각하는지 써 보자!

인공 지능은 이미 우리 생활에 많은 부분을 차지하고 있다. TV, 세탁기, 냉장고, 청소기 같은 가전은 물론 자동차와 로봇 등에 활용되면서 우리의 생활을 보다 편리하게 만들어 주고 있다. 하지만 사람도 쉽게 결정하지 못하는 문제를 인공 지능은 어떻게 선택하고 행동할 것인지 등 아직까지 해결해야 할 과제가 많이 남아 있다.

'나'는 예 인공 지능이 우리 삶에 많은 편리함을 가져다주었다고 생각하며, 앞으로 인공 지능을 활용할 때는 꼭 필요한 경우에만 사용하는 게 좋다고 생각한다.

어휘력 확인

1~3 다음 낱말의 알맞은 뜻을 찾아 선으로 이어 보세요.

1 일상 · · ㉠ 현실에 실제로 있음.
2 존재 · · ㉡ 날마다 반복되는 생활
3 사물 · · ㉢ 일과 물건을 아울러 이르는 말

4~5 다음에서 설명하는 알맞은 낱말을 보기에서 찾아 써 보세요.

> **보기**
> 직면하다　　깨우치다

4 어떤 것의 본질을 알게 되었을 때 쓰는 말이야. 깨달아 알게 한다는 뜻이 있어.
　→ 깨우치다

5 어떤 일을 정면으로 맞닥뜨릴 때 많이 쓰는 말이야. 어떠한 일이나 사물을 직접 당하거나 접한다는 뜻이 있어.
　→ 직면하다

6~7 다음 문장에 어울리는 낱말을 괄호 안에서 골라 ○표 해 보세요.

6 (중요한 / (합성한)) 사진을 범죄에 악용하는 일이 많아졌다.

7 1교시가 시작되기 전의 학습은 학생들에게 ((자율적) / 타율적)으로 맡겼다.

이순신 장군과 한산도 대첩

핵심 내용 이해

Q. 다음 글자 카드를 활용하여 글쓴이가 이 글을 쓴 목적을 완성해 보자!

산	대	한	첩	도

글쓴이는 독자에게 임진왜란 때 이순신 장군이 일본 함대를 크게 무찌른 **한 산 도 대 첩**의 과정과 역사적 가치에 대해 알리기 위한 목적으로 글을 썼다.

새로 알게 된 사실

Q. 이 글을 읽고 새롭게 알게 된 내용을 적어 보자!

예 한산도 대첩은 학익진 전법을 전술로 사용하여 조선군이 일본군을 상대로 싸워 크게 이긴 임진왜란의 3대 대첩 중 하나라는 역사적 사실을 알게 되었다.

나의 생각 정리

Q. 다음 글을 읽고 이순신 장군에 대해 어떻게 생각하는지 써 보자!

전쟁 상황이 점점 나빠지자 상부에서는 이순신 장군에게 차라리 해군을 해산하고 육군에 합류하라고 권했다. 그러나 그때 이순신 장군은 이렇게 말했다.
"신에게는 아직 12척의 배가 있습니다."

'나는 예 이순신 장군이 최악의 상황에서도 절망하기보다는 최선을 다해 상황을 극복해 나가려는 불굴의 의지를 가진 사람이라고 생각한다.

어휘력 확인

1~2 다음 뜻에 알맞은 낱말을 글자의 첫소리를 참고하여 써 보세요.

1 재난을 피하여 멀리 옮겨 감. → ㅍ ㄴ : 피난

2 적의 성, 요새, 진지 따위를 공격하여 무너뜨림. → ㅎ ㄹ : 함락

3~6 다음 뜻에 해당하는 낱말을 보기 에서 찾아 써 보세요.

보기
울리다	유인하다	유리하다	둘러싸다

3 이익이 있다. → 유리하다

4 둥글게 에워싸다. → 둘러싸다

5 어떤 물체가 소리를 내다. → 울리다

6 주의나 흥미를 일으켜 꾀어내다. → 유인하다

7 다음 문장의 빈칸에 알맞은 낱말을 보기 의 글자 카드를 활용하여 써 보세요.

보기
책	수	속	무

→ 일본 수군은 이순신이 이끈 조선 수군에 의해 한산도 앞바다에서 **속 수 무 책**으로 당했다.
손을 묶은 것처럼 어찌할 도리가 없어 꼼짝 못 함.

줄어드는 인구 수

핵심 내용 이해

Q. 다음 글자 카드를 활용하여 글쓴이가 이 글을 쓴 목적을 완성해 보자!

출	저	령	산	화	고

글쓴이는 독자에게 출생아 수가 점점 줄어들며 나타나는 **저 출 산 고 령 화** 현상과 그로 인해 발생할 문제 및 그 해결 방법에 대해 알려 주기 위한 목적으로 글을 썼다.

새로 알게 된 사실

Q. 이 글을 읽고 새롭게 알게 된 내용을 적어 보자!

예 출생아 수가 점점 줄어들어 저출산 고령화 사회가 되면 국가의 재정 수입이 감소하고 경제 성장 속도도 느려질 수 있다는 사실을 알게 되었다.

나의 생각 정리

Q. 다음 글을 읽고 저출산 고령화 현상의 대책에 대해 어떻게 생각하는지 써 보자!

<저출산 고령화 현상의 대책>
첫째, 어린이집과 같은 양육 시설을 누구나 이용할 수 있게 충분히 만들어야 한다.
둘째, 아이를 낳으면 출산 장려금을 지원한다.
셋째, 육아 휴직을 하는 여성들이 다시 일터로 돌아갈 수 있도록 적극 지원한다.

'나는 예 저출산 고령화 현상을 늦추고 대비하기 위해서는 국가와 사회의 체계적인 지원이 필요하다고 생각한다.

어휘력 확인

1~3 다음 낱말의 알맞은 뜻을 찾아 선으로 이어 보세요.

1 고령 • • ㉠ 계산하여 얻은 값
2 수치 • • ㉡ 많은 나이가 된 사람
3 재정 • • ㉢ 돈에 관한 여러 가지 일

4~6 다음 문장의 빈칸에 알맞은 낱말을 보기 에서 찾아 써 보세요.

보기
대비	비중	추세

4 애완견을 키우는 가정의 **비중** 이/가 높아졌다.
다른 것과 비교할 때 차지하는 중요도

5 다음 주에 있을 시험에 **대비** 하여 공부를 열심히 했다.
어떤 일에 대응하기 위하여 미리 준비함.

6 인간의 평균 수명이 증가하는 것은 세계적인 **추세** 이다.
어떤 현상이 일정한 방향으로 나아가는 경향

7~8 다음 문장에 어울리는 낱말을 괄호 안에서 골라 ○표 해 보세요.

7 어려운 사람들을 돕기 위한 제도가 (가르침 / 뒷받침)되어야 한다.

8 경제 활동을 하는 국민이 많아지면 나라 경제의 (성장 / 감소) 속도도 증가할 것이다.

청량음료가 치아에 미치는 영향

📢 핵심 내용 이해

Q. 다음 글자 카드를 활용하여 글쓴이가 이 글을 쓴 목적을 완성해 보자!

✏️ 글쓴이는 독자에게 [청][량][음][료]가 [치][아]에 어떤 영향을 미치는지 알아보는 실험과 그 결과를 알려 주고 치아를 건강하게 관리하는 방법을 소개하기 위한 목적으로 글을 썼다.

✈️ 새로 알게 된 사실

Q. 이 글을 읽고 새롭게 알게 된 내용을 적어 보자!

✏️ 예 치아에 좋지 않은 음료는 콜라, 사이다, 주스 순이며, 음료를 마신 후에는 입안을 헹구거나 양치를 하는 게 좋다는 것을 알게 되었다.

⭐ 나의 생각 정리

Q. 다음 글을 읽고 우리 몸의 치아의 중요성에 대해 어떻게 생각하는지 써 보자!

> 입안에 작은 염증만 생겨도 음식을 씹고 삼킬 때 불편함을 느낀다. 그런데 치아가 손상되면 어떨까? 통증도 심하겠지만 음식을 씹고 삼키는 게 어려워지며 심하면 영양이 부족하고 면역력이 떨어지는 상황까지 올 수 있다. 따라서 치아가 손상되기 전에 잘 관리하는 게 무엇보다 중요하다.

✏️ '나'는 예 치아가 망가지면 우리 몸이 약해질 수 있는 것은 물론 건강까지 해칠 수 있기 때문에 평소에 건강한 치아를 위해 꾸준히 관리해야 한다고 생각한다.

💫 어휘력 확인

1~2 다음 뜻에 알맞은 낱말을 글자의 첫소리를 참고하여 써 보세요.

1 물체가 깨지거나 상함.　→ ㅅ ㅅ : **손상**

2 손실 이전의 상태로 회복함.　→ ㅂ ㄱ : **복구**

3~5 다음 문장의 빈칸에 알맞은 낱말을 [보기]에서 찾아 써 보세요.

> **보기**
> 성분　기관　관리

3 위장은 음식물을 소화하고 흡수하는 신체 **기관** 이다.
　일정한 모양과 기능을 가지고 있는 생물체의 부분

4 행복한 삶을 살기 위해서는 건강 **관리** 을/를 철저하게 해야 한다.
　사람의 몸을 보살펴 돌봄.

5 식품에 들어 있는 **성분** 을/를 꼼꼼히 확인하는 습관을 가져야 한다.
　통일체를 이루고 있는 것의 한 부분

6~7 다음 문장에 어울리는 낱말을 괄호 안에서 골라 ○표 해 보세요.

6 불량 식품에는 몸에 ((해로운)/ 유익한) 성분이 많이 들어 있다.

7 강한 햇볕에 ((노출된)/ 숨겨진) 책상과 의자의 색이 누렇게 바랬다.

가상 인간의 인기와 활약

📢 핵심 내용 이해

Q. 다음 낱말 카드를 활용하여 가상 인간의 특징을 정리해 보자!

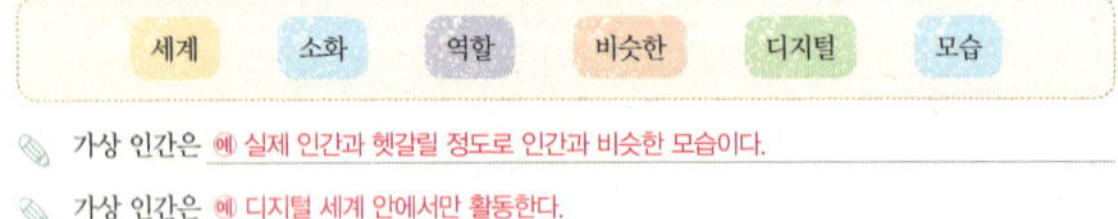

✏️ 가상 인간은 예 실제 인간과 헷갈릴 정도로 인간과 비슷한 모습이다.

✏️ 가상 인간은 예 디지털 세계 안에서만 활동한다.

✏️ 가상 인간은 예 지치지 않고 맡은 역할을 모두 소화한다.

✈️ 새로 알게 된 사실

Q. 이 글을 읽고 새롭게 알게 된 내용을 적어 보자!

✏️ 예 가상 인간은 언제 어디서든 맡은 역할을 지치지 않고 수행할 수 있으며, 인간 모델과 다르게 도덕적 문제가 발생하지 않는 등의 장점이 있어 앞으로 가상 인간의 활동 범위는 점점 늘어날 것이라는 점을 알게 되었다.

⭐ 나의 생각 정리

Q. 다음 글을 읽고 가상 인간에 대해 어떻게 생각하는지 써 보자!

> 스스로 생각하고 말할 수 있는 수준의 가상 인간을 제작하는 연구가 활발히 진행 중이다. 앞으로 가상 인간이 진짜 사람과 비슷한 수준으로 제작된다면 안내원, 상담사, 교육자, 개인 비서 등 우리 사회의 다양한 직업에 진출하게 될 것이다.

✏️ '나'는 예 앞으로 가상 인간을 볼 수 있는 영역이 넓어지는 것이 기대가 되기도 하지만, 가상 인간은 인간만이 할 수 있는 세밀한 감정 표현은 못할 것 같다는 생각이 들기도 하였다.

💫 어휘력 확인

1~4 다음 낱말의 알맞은 뜻을 찾아 선으로 이어 보세요.

1 존재　　⊙ 기초가 되는 바탕

2 기반　　ⓒ 현실에 실제로 있음.

3 염려　　ⓒ 앞일에 대하여 여러 가지로 마음을 써서 걱정함.

4 디지털　　② 여러 자료를 유한한 자릿수의 숫자로 나타내는 방식

5~6 주어진 글자의 첫소리와 그 뜻에 알맞은 낱말을 빈칸에 넣어 문장을 완성해 보세요.

5 ㅅ ㅎ 하다: 여럿 가운데서 특별히 가려서 좋아하다.
　→ 나는 붉은색 옷을 유난히 **선호** 하는 편이다.

6 ㅂ ㅅ 하다: 전체적 또는 부분적으로 일치하는 점이 많은 상태이다.
　→ 언니와 나는 겉모습이 아주 **비슷** 하게 보인다.

7~8 다음 밑줄 친 말과 바꾸어 쓸 수 있는 낱말에 ○표 해 보세요.

7 누구도 예상하지 못한 큰 사고가 발생했다.　→ (일어났다)　탄생했다

8 로봇을 우리 삶에 활용했을 때 수많은 장점이 있다.　→ 어려운 점　(좋은 점)

아름답고 재미있는 순우리말

핵심 내용 이해

Q. 다음 글자 카드를 활용하여 글쓴이가 이 글을 쓴 목적을 완성해 보자!

글쓴이는 독자에게 아름답고 재미있는 **순 우 리 말** 의 예시와 그 가치를 알려 주기 위해 이 글을 썼다.

새로 알게 된 사실

Q. 이 글을 읽고 새롭게 알게 된 내용을 적어 보자!

예 아름다운 순우리말에는 곰비임비, 미리내, 시나브로가 있고, 재미있는 순우리말에는 개미장, 달구치다, 쥐코밥상 등이 있다는 것을 알게 되었다.

나의 생각 정리

Q. 다음 글을 읽고 '신조어와 줄임말'에 대해 어떻게 생각하는지 써 보자!

<MZ 세대의 신조어와 줄임말>

최근 MZ 세대를 중심으로 다양한 신조어와 줄임말이 등장하고 있다. '어쩔티비('어쩌라고'를 더욱 강조해 쓰는 말)', '어사(어색한 사이)', '인싸(대인 관계가 넓은 사람)', '이생망(이번 생은 망했다.)' 등이 실생활과 각종 미디어에서도 사용되고 있다.

'나는 예 신조어와 줄임말은 사용하기에 재미있고 효율적인 면도 있지만, 모두가 알아들을 수는 없는 말인 만큼 상황과 상대에 따라 적절히 사용해야 한다고 생각한다.

어휘력 확인

1~3 다음 뜻에 알맞은 낱말을 글자의 첫소리를 참고하여 써 보세요.

1 어떤 일을 되풀이하여 → ㄱ ㄷ   거듭

2 한때로부터 다른 때까지의 동안 → ㅅ ㅇ   사이

3 사람의 마음에 일어나는 여러 가지 감정 → ㅈ ㅅ   정서

4~6 다음 밑줄 친 말과 바꾸어 쓸 수 있는 낱말을 **보기** 에서 찾아 내용에 어울리게 써 보세요.

보기
> 느릿하다   녹다   몰아치다

4 그 글에는 작가의 경험이 스며들고 동화되어 있었다. → 녹아

5 조용한 마을에 갑자기 관광객들이 한꺼번에 몰려들었다. → 몰아쳤다

6 그는 아무리 바쁜 일이 있어도 동작이 재지 못하고 느렸다. → 느릿했다

7~8 다음 문장에 어울리는 낱말을 괄호 안에서 골라 ○표 해 보세요.

7 점심시간에 밥이 (모자라서 / 넉넉해서) 야단이 났다.

8 버스 출발 시간이 다가오자 엄마는 아이들을 (진정했다 / 재촉했다).

상상의 동물 해치

핵심 내용 이해

Q. 다음 낱말 카드를 활용하여 글쓴이가 이 글을 쓴 목적을 완성해 보자!

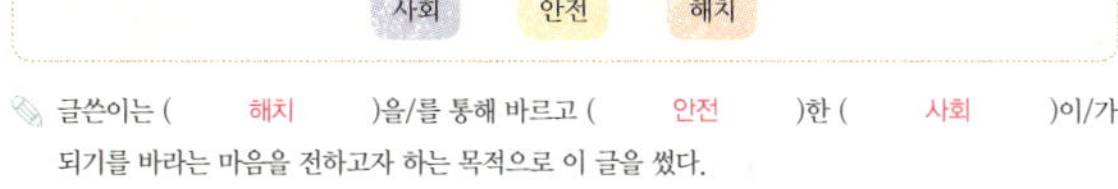

글쓴이는 (해치)을/를 통해 바르고 (안전)한 (사회)이/가 되기를 바라는 마음을 전하고자 하는 목적으로 이 글을 썼다.

새로 알게 된 사실

Q. 이 글을 읽고 새롭게 알게 된 내용을 적어 보자!

예 바른 마음으로 바르게 나라를 다스리라는 뜻을 담아 신라 시대부터 벼슬아치들이 입는 옷에 해치를 그려 넣었다는 것을 알게 되었다.

나의 생각 정리

Q. 다음 글을 읽고 서울시 소방서 상징물에 담긴 의미는 무엇인지 써 보자!

서울시 소방서는 상상의 동물인 해치를 활용해 상징물을 만들었다. 소방복을 입고 엄지를 추켜올리는 해치, 정복을 입고 있는 해치, 구급상자를 들고 한손을 번쩍 든 해치가 그것이다. 맡아서 하는 일에 따라 소방복장을 사용하여 상징적으로 표현한 것이다.

예 불이 나지 않기를 바라는 마음과 불이 난 곳에 찾아가 불을 꺼 주어 시민들을 안전하게 지켜 주겠다는 의미를 담고 있다.

어휘력 확인

1~3 다음 뜻에 알맞은 낱말을 주어진 글자의 첫소리를 참고하여 써 보세요.

1 관청에 나가서 나랏일을 맡아보는 사람 → ㅂ ㅅ ㅇ ㅊ : 벼슬아치

2 검은 머리카락이나 말총으로 엮어 만든 쓰개 → ㄱ : 관

3 지방 검찰청과 고등 검찰청을 지휘하고 감독하는 관청. → ㄷ ㄱ ㅊ ㅊ : 대검찰청

4~5 다음 밑줄 친 말과 바꾸어 쓸 수 있는 낱말을 **보기** 에서 찾아 내용에 어울리게 써 보세요.

보기
> 들이받다   물러가다   억울하다

4 나영이가 내가 하지도 않은 말을 했다고 해서 분한 마음이 들었다. → 억울한

5 친구와 정신없이 이야기하며 걷다가 커다란 간판에 머리를 부딪쳤다. → 들이받았다

6~7 다음 문장에 어울리는 낱말을 괄호 안에서 골라 ○표 해 보세요.

6 재판관은 두 사람의 잘잘못을 (측정하여 / 판단하여) 주었다.

7 동생이 미안하다는 말에는 전혀 반성의 (기운 / 변화)이/가 느껴지지 않았다.

17일차

공부한 날   월   일

가격이 달라져요

핵심 내용 이해

Q. 다음 낱말 카드를 활용하여 물건의 가격이 달라지는 데 영향을 미치는 요소를 정리해 보자!

> 과정   공급   수요   유통

가격은 예 수요와 공급에 따라 달라진다.

가격은 예 유통 과정에 따라 달라진다.

새로 알게 된 사실

Q. 이 글을 읽고 새롭게 알게 된 내용을 적어 보자!

예 수요가 공급보다 많으면 가격이 올라가고 수요가 공급보다 적으면 가격이 떨어진다는 것을 알게 되었다.

나의 생각 정리

Q. 다음 대화를 통해 수박 가격이 내려간 까닭은 무엇일지 써 보자!

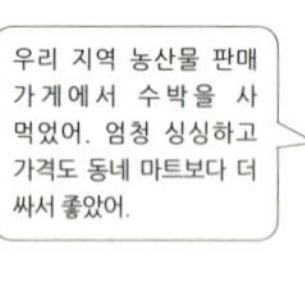

예 생산자로부터 수박을 바로 구매했기 때문에 수박의 유통 과정이 줄어들었다. 유통 과정을 많이 거칠수록 물건의 가격은 올라가게 된다.

어휘력 확인

1~3 다음 낱말의 알맞은 뜻을 찾아 선으로 이어 보세요.

1 가치 — ㉡ 사물이 지니고 있는 쓸모
2 어부 — ㉢ 물고기 잡는 일을 직업으로 하는 사람
3 소비자 — ㉠ 물건을 소비하는 사람

4~6 다음 문장의 빈칸에 알맞은 낱말을 보기 에서 찾아 써 보세요.

> **보기**
> 공급   도매   소매   생산자

4 농산물은 **공급** 을/를 예측하기 힘들다.
   시장에 재화나 용역을 제공하는 일

5 **소매** 상인은 도매 상인에게 물건을 산다.
   물건을 직접 소비자에게 팖.

6 **생산자** 은/는 항상 소비자가 무엇을 원하는지 관심을 가져야 한다.
   재화의 생산에 종사하는 사람

7~8 다음 밑줄 친 말과 바꾸어 쓸 수 있는 낱말을 골라 ○표 해 보세요.

7 학교에서 점심시간마다 급식을 제공한다. → **준다** / 가져간다

8 학생들은 정해진 교육 과정을 밟아 간다. → **거쳐** / 돌아

18일차

공부한 날   월   일

하늘을 나는 드론

핵심 내용 이해

Q. 다음 글자 카드를 활용하여 드론의 종류에는 무엇이 있는지 써 보자!

> 구   달   배   영   조   촬

드론의 종류에는 **촬 영**, **구 조**, **배 달** 드론이 있다.

새로 알게 된 사실

Q. 이 글을 읽고 새롭게 알게 된 내용을 적어 보자!

예 드론은 조종하는 사람이 타지 않는 무인 비행체라서 사람이 하기 힘든 일을 대신할 수 있다는 것을 알게 되었다.

나의 생각 정리

Q. 다음 글을 읽고 자신이 드론 제작자라면 어떤 드론을 만들고 싶은지 써 보자!

> 바다 깊은 곳은 물고기가 사는 안식처일 뿐만 아니라 사람에게 필요한 자원이 많이 묻혀 있는 보물 창고이다. 반짝이는 금뿐만이 아니라 전자 제품 제작에 필요한 망간, 니켈, 구리, 코발트 등 매우 귀한 금속들이 많이 숨겨져 있다. 그러나 바다 깊은 곳은 사람이 들어가기에는 기압이 너무 높고 공기가 부족해서 매우 위험하다.

예 내가 만약 드론 제작자라면 오랜 시간 동안 바다 깊은 곳을 탐사하는 드론을 만들고 싶다. 이렇게 되면 사람 대신 위험한 바다에 들어가 귀한 금속 등을 캐내 올 수 있을 것이다.

어휘력 확인

1~2 다음 뜻풀이를 참고하여 십자말 풀이를 완성해 보세요.

1 ㉠ 사람, 사물, 풍경 따위를 사진이나 영화로 찍음.

2 ㉡ 영사막이나 브라운관, 모니터 따위에 비추어진 상.

(십자말 풀이) 촬 **영** / **상**

3~5 다음 설명에 해당하는 낱말을 보기 에서 찾아 써 보세요.

> **보기**
> 구조   배달   해양   비행체

3 공중에서 날아다니는 물체를 뜻하는 말이야. 예를 들면 비행기, 우주선, 로켓 등을 말해. → **비행체**

4 물건을 가져다가 몫몫으로 나누어 돌린다는 뜻이야. 우유 ○○, 신문 ○○ 등의 종류가 있어. → **배달**

5 재난 따위를 당하여 어려운 처지에 빠진 사람을 구하여 준다는 뜻이야. 119 구급 대원들이 전문적으로 하는 일이야. → **구조**

6~7 다음 문장의 빈칸에 알맞은 낱말을 보기 에서 찾아 써 보세요.

> **보기**
> 재난   중계

6 **재난** 지역에 구호의 손길이 끊이지 않고 있다.
   뜻밖에 일어난 재앙과 고난

7 야구 **중계** 을/를 하기 위해 아나운서가 야구 경기장에 나가 있다.
   방송국 밖에서의 실황을 방송국이 방송하는 일

얼음 위의 경기, 컬링

핵심 내용 이해

Q. 다음 낱말 카드를 활용하여 이 글의 핵심 내용을 완성해 보자!

> 브룸   표적   스톤

컬링은 (**스톤**)을 밀고 (**브룸**)으로 얼음을 닦아 속도와 방향을 조절하여 상대편 스톤보다 (**표적**)의 중심부에 더 많은 스톤을 넣는 경기이다.

새로 알게 된 사실

Q. 이 글을 읽고 새롭게 알게 된 내용을 적어 보자!

예 컬링에 필요한 도구인 스톤은 매우 단단한 돌인 화강암으로 만들어졌다는 것을 알게 되었다.

나의 생각 정리

Q. 다음 글을 읽고 브룸으로 얼음을 닦는 까닭은 무엇일지 써 보자!

> 컬링은 얼음 위에서 하는 경기이다. 얼음은 매끄러울 것 같지만 우리가 생각하는 것보다 거칠다. 컬링을 하기 전에는 처음 얼린 얼음 위에 다시 분무기로 물을 뿌린다. 그래서 이 물들은 작은 얼음 알갱이가 되고 얼음 위는 더 거칠어진다. 이 얼음 알갱이들이 강한 마찰력을 만들어서 스톤이 너무 빠르게 미끄러지지 않게 한다. 컬링을 할 때에는 스톤의 속도와 방향을 바꾸어야 할 때가 있다.

예 브룸으로 얼음을 닦는 이유는 얼음 위에 생긴 마찰력을 줄여서 스톤을 원하는 방향으로 빠르게 움직이게 하기 위해서이다. 이렇게 해야 스톤이 하우스에 더 가깝게 들어가게 할 수 있기 때문이다.

어휘력 확인

1~2 다음 뜻에 해당하는 낱말을 보기 에서 찾아 써 보세요.

> 보기
>
> 가르다   채택하다   회전하다

1 어떤 것을 축으로 물체 자체가 빙빙 돌다. → 회전하다

2 작품, 의견, 제도 따위가 골라져서 다루어지거나 뽑혀 쓰다. → 채택하다

3~4 다음 밑줄 친 낱말의 뜻으로 알맞은 것을 찾아 ○표 해 보세요.

3 사냥꾼은 활을 당겨 표적을 겨냥했다.
→ (목표로 삼는 물건 / 마음속에 품은 감정이 겉으로 드러남.)

4 자전거를 탈 때에는 안전모, 무릎 보호대 등 안전 장비를 갖추고 타야 한다.
→ (주어 차림, 또는 그 장치와 설비 / 일정한 목적과 계획 아래 하는 일)

5~7 다음 문장의 빈칸에 알맞은 낱말을 보기 의 글자 카드로 만들어 써 보세요.

> 보기
>
> 동   마   략   력   심   전   찰   협

5 줄다리기에서 이기기 위해 협 동 심 이 필요하다.
서로 마음과 힘을 하나로 합하려는 마음

6 물건을 팔기 전에는 먼저 판매 전 략 을 잘 세워야 한다.
정치, 경제 따위의 사회적 활동을 하는 데 필요한 책략

7 운동장의 흙은 마 찰 력 이 있어서 자전거가 멈출 수 있다.
어떤 운동을 막는 방향으로 작용하는 저항력

조상의 지혜가 담긴 한옥

핵심 내용 이해

Q. 다음 낱말 카드를 활용하여 날씨에 따라 다른 한옥의 모습을 써 보자!

> 온돌   대청마루

추위를 피하기 위한 한옥의 구조: (**온돌**), 정주간, ㅁ자 모양의 구조

더위를 피하기 위한 한옥의 구조: (**대청마루**), —자 모양의 구조

새로 알게 된 사실

Q. 이 글을 읽고 새롭게 알게 된 내용을 적어 보자!

예 한옥을 만들 때 추운 겨울을 대비하기 위해 집을 낮게 지었다는 것을 알게 되었다.

나의 생각 정리

Q. 다음 글을 읽고 온돌의 과학적 원리는 무엇인지 써 보자!

> 온돌은 아궁이에 불을 지펴서 방바닥 아래에 깔린 구들장을 뜨겁게 달구어 방 안 전체를 따뜻하게 하는 우리나라 고유의 난방 장치입니다. 아궁이가 있는 부엌쪽을 '아랫목', 반대쪽을 '윗목'이라고 하는데, 아랫목의 더운 공기는 모락모락 위로 올라가고, 그 자리를 메우기 위해 윗목의 찬 공기가 아래쪽으로 들어오면 공기가 순환을 하며 방 안을 따뜻하게 해 줍니다.

예 온돌은 뜨거운 공기는 위로 올라가고 차가운 공기는 아래로 내려오면서 공기가 순환하는 과학적 원리를 사용하여 방 안을 따뜻하게 해 준다.

어휘력 확인

1~3 다음 낱말의 알맞은 뜻을 찾아 선으로 이어 보세요.

1 널빤지 — ㉠ 판판하고 넓게 켠 나뭇조각

2 온돌 — ㉢ 따뜻한 기운이 방 밑을 통과하여 방을 덥히는 장치

3 처마 — ㉡ 지붕이 도리 밖으로 내민 부분

4~6 주어진 글자의 첫소리와 그 뜻에 알맞은 낱말을 빈칸에 넣어 문장을 완성해 보세요.

4 ㅂ ㄸ ㅁ : 아궁이 위에 솥을 걸어 놓는 언저리
→ 부엌에 있는 부뚜막 에 가마솥을 올려놓고 밥을 지었다.

5 ㄱ ㄷ ㅈ : 방고래 위에 깔아 방바닥을 만드는 얇고 넓은 돌
→ 할머니 집 안방 뜨뜻한 구들장 에 누우니 스르르 잠이 왔다.

6 ㄷ ㅊ ㅁ ㄹ : 한옥에서, 몸채의 방과 방 사이에 있는 큰 마루
→ 더운 여름에 대청마루 에 누워 잠이 들면 어머니께서 부채를 부쳐 주셨다.

7~8 다음 밑줄 친 말과 바꾸어 쓸 수 있는 낱말을 보기 에서 찾아 내용에 어울리게 써 보세요.

> 보기
>
> 때다   식히다   대비하다

7 아궁이에 장작을 지폈다. → 땠다

8 추운 겨울을 준비하기 위하여 따뜻한 장갑을 마련했다. → 대비하기

정답과 해설 • 42쪽

소중한 인권을 지켜요

핵심 내용 이해

Q. 다음 낱말 카드를 활용하여 이 글의 핵심 내용을 완성해 보자!

| 보호 | 존중 | 차별 | 생명 |

어린이들은 인간으로서 (**존중**)받고 어떤 이유에 의해서든 (**차별**)받지 않을 권리가 있다. 또한 (**생명**)을/를 존중받고 (**보호**)받을 수 있는 권리가 있다.

새로 알게 된 사실

Q. 이 글을 읽고 새롭게 알게 된 내용을 적어 보자!

예 어린이들은 존중받아야 할 인권이 있으며, 자신의 인권뿐만 아니라 친구의 인권도 지켜 주어야 한다는 것을 알게 되었다.

나의 생각 정리

Q. 다음 글을 읽고 세화의 행동이 인권을 잘 지킨 행동인지 판단해 보자!

> 세화는 미도가 문자 메시지로 보내 준 가족들과 생긴 재미있는 이야기를 미도의 허락없이 친구들에게 전해 주었어요.
> "내 허락 없이 내 개인적인 생활이 담긴 글을 친구들에게 공개하면 어떻게 해?"
> 미도가 세화에게 화가 나서 말했어요.
> 그러자 세화는 다음과 같이 말했어요.
> "별일도 아닌데 뭘. 재미있어서 친구들과 함께 보려고 했지. 나도 자유롭게 말할 권리가 있다고."

예 세화의 행동은 미도의 개인적인 생활이 지켜져야 하는 권리를 침해한 잘못된 행동이다. 개인적인 생활은 이유 없이 공개되지 않고 보호받아야 한다.

어휘력 확인

1~2 다음 뜻풀이를 참고하여 십자말 풀이를 완성해 보세요.

1 ㉠ 남녀나 암수의 구별

2 ㉡ 둘 이상의 대상을 각각의 등급이나 수준 따위의 차이를 두어서 구별함.

㉠ **성**
㉡ → **차별**

3~5 다음 문장의 빈칸에 알맞은 낱말을 보기 에서 찾아 써 보세요.

보기
| 권리 | 존중 | 협약 |

3 두 나라는 자유롭게 오고갈 수 있는 **협약** 을/를 맺었다.
　서로 의논하여 조약을 맺음.

4 개성은 개인이 가지고 있는 고유한 특성이므로 **존중** 해야 한다.
　높이어 귀중하게 대함.

5 **권리** 을/를 누리려면 먼저 자기가 해야 할 의무도 잘 지켜야 한다.
　당연히 요구할 수 있는 힘이나 자격

6~7 다음 밑줄 친 말과 바꾸어 쓸 수 있는 낱말을 골라 ○표 해 보세요.

6 나의 비밀을 친구들에게 공개하면 안 된다.　→　감추면　(드러내면)

7 우리 반 친구들은 학급 회의에 참여할 권리가 있다.　→　누릴　(참가할)

정답과 해설 • 42쪽

지도에 담긴 약속

핵심 내용 이해

Q. 다음 낱말 카드를 활용하여 지도를 볼 때 필요한 요소에 대해 정리해 보자!

| 기호 | 축척 | 방위표 |

지도에서 줄인 정도를 나타내는 (**축척**)을/를 알아야 한다.

지도에서 장소를 간단하게 나타낸 (**기호**)을/를 알아야 한다.

지도에서 동서남북 방향을 알 수 있는 (**방위표**)을/를 알아야 한다.

새로 알게 된 사실

Q. 이 글을 읽고 새롭게 알게 된 내용을 적어 보자!

예 땅을 조금 줄여서 크게 그린 지도를 대축척 지도라 하고, 땅을 많이 줄여서 작게 그린 지도를 소축척 지도라고 한다는 것을 알게 되었다.

나의 생각 정리

Q. 다음 글을 읽고 지도가 왜 중요하다고 생각하는지 써 보자!

> 하나는 오늘 학교 과학실 청소 담당입니다. 학교 교실 배치도를 보고 과학실을 찾아가서 청소를 했습니다. 학교를 마친 뒤에 버스 노선도를 보고 버스를 타고 도서관에 갔습니다. 책을 다 읽고 나서 돌아오는 길에는 지하철 노선도를 보고 지하철을 타고 집으로 돌아왔습니다.
> 주말에 가족들과 놀이공원을 갈 때에 스마트폰 길 도우미의 도움을 받아 놀이공원까지 가는 길을 잘 찾을 수 있었습니다. 놀이공원에서는 놀이공원 안내도를 보고 놀이 기구, 식당, 휴게실 등을 찾아 안전하고 편하게 즐길 수 있었습니다.

'나'는 예 지도는 우리가 여러 장소를 쉽게 찾는 데 도움을 주는 등 우리가 생활하는 데 없어서는 안 될 중요한 자료라고 생각한다.

어휘력 확인

1~3 다음 설명에 해당하는 낱말을 보기 에서 찾아 써 보세요.

보기
| 민속 | 축척 | 고속도로 |

1 차의 빠른 통행을 위하여 만든 차 전용의 도로　→　**고속도로**

2 지도에서의 거리와 지표에서의 실제 거리와의 비율　→　**축척**

3 민간 생활과 관련된 신앙, 습속, 풍속, 전설, 기술, 전승 문화 따위를 통틀어 이르는 말　→　**민속**

4~5 다음 문장의 빈칸에 알맞은 낱말을 보기 에서 찾아 써 보세요.

보기
| 실제 | 평면 |

4 **평면** 도형은 선으로 이루어진다.
　평평한 표면

5 사진으로 본 풍경과 **실제** 모습과는 차이가 있을 수 있다.
　사실의 경우나 형편

6~7 다음 밑줄 친 낱말과 바꾸어 쓸 수 있는 낱말을 골라 ○표 해 보세요.

6 지구는 일정하게 태양 주위를 돈다.　→　가끔　(변함없이)

7 선생님의 말씀을 간단하게 정리해서 공책에 써야겠다.　→　(간략하게)　복잡하게

로봇, 우주로 향한 꿈

핵심 내용 이해

Q. 다음 글자 카드를 활용하여 글쓴이가 이 글을 쓴 목적을 완성해 보자!

| 꿈 | 로 | 봇 | 우 | 주 |

글쓴이는 독자에게 **로봇**이 인간이 **우주**로 나가는 **꿈**을 이루어 주고 있다는 것을 전달하기 위한 목적으로 글을 썼다.

새로 알게 된 사실

Q. 이 글을 읽고 새롭게 알게 된 내용을 적어 보자!

예 화성 탐사에 로봇이 많이 활용되고 있다는 것을 알게 되었다.

나의 생각 정리

Q. 다음 글을 읽고 우주 탐사에 로봇이 필요한 까닭은 무엇일지 써 보자!

국제 우주 정거장(ISS)에는 사람들이 머물면서 탐사를 하고 있는데 어려움이 많다. 공기가 없는 우주 정거장 바깥에는 아침, 저녁으로 무려 수백도의 온도 차이가 난다. 우주 먼지와 우주 쓰레기가 날아와서 부딪칠 수 있는 위험도 있다. 그리고 아주 작은 중력만 작용하고 있어 몸이 둥둥 떠다닌다. 우주 정거장 바깥으로 잘못 나갔다가는 저 멀리 우주로 날아가 버리고 만다.
우주 정거장 내부도 아주 작은 중력 상태라서 물체의 무게를 느낄 수 없고, 고정되지 않은 모든 물체는 둥둥 떠오른다. 그래서 무거운 덧신이나 손잡이 등을 이용해 몸을 고정시켜 생활한다.

예 사람이 오랜 시간 우주에 머물면서 우주를 탐사하기에는 매우 위험하다. 따라서 사람 대신 로봇을 보내면 사람이 위험한 우주에 가지 않고도 우주를 탐사할 수 있다.

어휘력 확인

1~2 다음 뜻에 알맞은 낱말을 글자의 첫소리를 참고하여 써 보세요.

1 오랫동안 누적된 변형 에너지가 갑자기 방출되면서 지각이 흔들리는 일
→ ㅈ ㅈ : 지진

2 중심 별의 강한 인력의 영향으로 타원 궤도를 그리며 중심 별의 주위를 도는 천체
→ ㅎ ㅅ : 행성

3~4 다음 문장의 밑줄 친 낱말의 뜻으로 알맞은 것을 찾아 ○표 해 보세요.

3 육지와 섬을 연결하는 해저 터널이 생겼다.
(1) 바다의 밑바닥 (○)
(2) 험하고 좁은 골짜기 ( )

4 해저 탐사 로봇이 바닷속 광물을 조사하고 있다.
(1) 새로운 방법이나 형식을 사용해 봄. ( )
(2) 알려지지 않은 사물이나 사실 따위를 샅샅이 더듬어 조사함. (○)

5~7 다음 문장에 어울리는 낱말을 괄호 안에서 골라 ○표 해 보세요.

5 철새들은 이 저수지에 (머물다 / 돌보다) 간다.
6 우리 편은 축구를 하기 전에 상대편 선수들의 실력을 (실험했다 / 탐지했다).
7 과학자들은 우주가 어떻게 생겼는지 알기 위해 오래전부터 (거부했다 / 탐구했다).

우리나라의 전통 놀이, 윷놀이

핵심 내용 이해

Q. 다음 낱말 카드를 활용하여 윷놀이 방법을 정리해 보자!

| 네 | 말 | 출발점 | 윷 | 두 |

(**두**) 편으로 나누어 윷판을 깔고 (**윷**)을/를 던진다.
던진 윷의 결과에 따라 말판에서 (**말**)을/를 도는 1칸, 개는 2칸, 걸은 3칸, 윷은 4칸, 모는 5칸 움직인다.
(**출발점**)(으)로 (**네**) 개의 말이 먼저 되돌아오는 편이 이긴다.

새로 알게 된 사실

Q. 이 글을 읽고 새롭게 알게 된 내용을 적어 보자!

예 윷놀이를 할 때에는 네 개의 말을 어떻게 쓰느냐에 따라서 승부가 갈릴 수 있다는 것을 알게 되었다.

나의 생각 정리

Q. 다음 글을 읽고 윷놀이에 담긴 조상들의 생각은 무엇일지 써 보자!

우리 조상들은 주로 농사를 지으며 살았습니다. 가을에 가을걷이를 하고 한 해 농사가 마무리되면 겨울에는 휴식을 합니다. 설날부터 정월 대보름까지 일 년 중 가장 한가하고 여유로운 때 함께 모여서 윷놀이를 즐겼습니다. 윷놀이는 재미로도 하지만 한 해의 풍년을 기원하는 소망이 담겨 있기도 합니다. 윷판은 농사를 짓는 땅이고, 말판과 말은 계절의 변화를 나타내어 풍년을 가져온다고 여겼습니다.

예 우리 조상들에게 윷놀이는 재미를 줄 뿐만 아니라 풍년을 기원하는 소망이 담긴 놀이이기도 하였다.

어휘력 확인

1~3 주어진 글자의 첫소리와 그 뜻에 알맞은 낱말을 빈칸에 넣어 문장을 완성해 보세요.

1 ㅁ ㅅ : 짚으로 새끼 날을 만들어 네모지게 걸어 만든 큰 깔개
→ 시골 할머니 집에서 마당에 **멍석** 을 깔고 앉아 저녁을 먹었다.

2 ㅁ : 고누나 윷놀이 따위를 할 때 말판에서 정해진 규칙에 따라 옮기는 패
→ 윷놀이에서는 **말** 을 어떻게 움직이느냐에 따라 승부가 결정나기도 한다.

3 ㅂ ㅈ : 같은 조상·언어 등을 가진, 원시 사회의 구성 단위가 되는 지역적 생활 공동체
→ 고조선 시대에는 같은 **부족** 끼리 모여 살았다.

4~5 다음 설명에 해당하는 낱말을 보기 에서 찾아 써 보세요.

| 보기 |
| 업다   갈리다 |

4 윷놀이에서 쓰이는 낱말이야. 한 말이 다른 말을 한데 합쳐서 함께 움직인다는 뜻이야.
→ **업다**

5 승부나 등수 따위가 서로 거루어져 정해진다는 뜻이야. 누가 이긴 편인지 진 편인지 결정난다는 말이야.
→ **갈리다**

6~7 다음 문장에 어울리는 낱말을 괄호 안에서 골라 ○표 해 보세요.

6 바위가 (평평해서 / 볼록해서) 앉아 있기 편했다.
7 어머니께서는 우리 건강에 좋은 음식을 (가려서 / 빠뜨려서) 만들어 주신다.

25일차

또 하나의 언어, 그림말

핵심 내용 이해

Q. 다음 글자 카드를 활용하여 글쓴이가 이 글을 쓴 목적을 완성해 보자!

글쓴이는 독자에게 <u>그</u><u>림</u><u>말</u>의 좋은 점과 나쁜 점을 알고 <u>상</u><u>대</u>와 <u>상</u><u>황</u>을 고려하며 바르게 사용해야 한다는 것을 말하고자 하는 목적으로 글을 썼다.

새로 알게 된 사실

Q. 이 글을 읽고 새롭게 알게 된 내용을 적어 보자!

에 그림말을 뜻하는 이모티콘은 '감정'을 뜻하는 'emotion'과 '기호'를 뜻하는 'icon'이 합쳐진 말이라는 것을 알게 되었다.

나의 생각 정리

Q. 다음 문자 대화를 보고 그림말을 사용할 때는 어떤 점을 주의해야 하는지 써 보자!

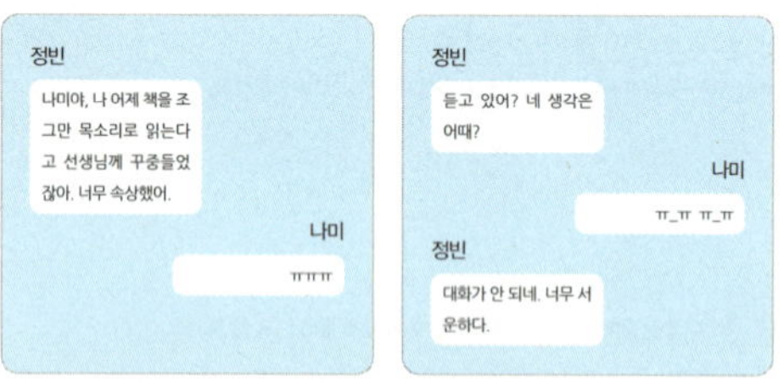

에 나미가 대화 상대인 정빈이의 마음을 위로해 주기 위해서는 속상함에 공감하는 그림말만 사용하지 말고 자세하게 말과 함께 그림말을 사용하여 자신의 마음을 전달해야 한다.

어휘력 확인

(1~3) 다음 낱말의 알맞은 뜻을 찾아 선으로 이어 보세요.

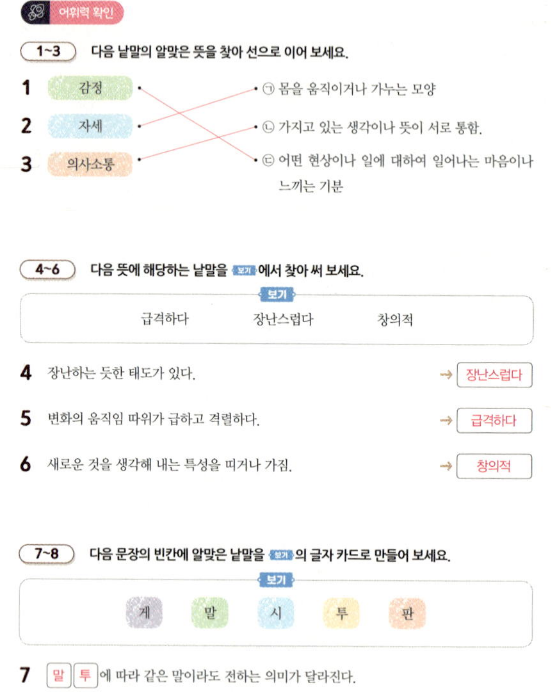

(4~6) 다음 뜻에 해당하는 낱말을 보기에서 찾아 써 보세요.

보기

급격하다	장난스럽다	창의적

4 장난하는 듯한 태도가 있다. → 장난스럽다

5 변화의 움직임 따위가 급하고 격렬하다. → 급격하다

6 새로운 것을 생각해 내는 특성을 띠거나 가짐. → 창의적

(7~8) 다음 문장의 빈칸에 알맞은 낱말을 보기의 글자 카드로 만들어 보세요.

보기

게	말	시	투	판

7 <u>말</u><u>투</u>에 따라 같은 말이라도 전하는 의미가 달라진다.
말을 하는 버릇이나 될임이

8 우리 학급 전자 <u>게</u><u>시</u><u>판</u>에 친구들의 작품이 여러 개 올라왔다.
인터넷상에서 글을 보거나 글을 올릴 수 있는 공간

26일차

온라인 대화 시 지켜야 할 예절

핵심 내용 이해

Q. 다음 낱말 카드를 활용하여 이 글의 핵심 내용을 완성해 보자!

공개	예절	대화	온라인

(온라인) 대화를 할 때는 (예절)을/를 잘 지키고, (대화) 내용을 다른 곳에 (공개)해서는 안 된다.

새로 알게 된 사실

Q. 이 글을 읽고 새롭게 알게 된 내용을 적어 보자!

에 온라인 대화를 시작할 때는 상대에게 대화가 가능한지 확인한 뒤에 대화를 시작해야 한다는 것을 알게 되었다.

나의 생각 정리

Q. 다음 온라인 대화를 보고 '우주'가 지켜야 할 온라인 대화 예절은 무엇인지 써 보자!

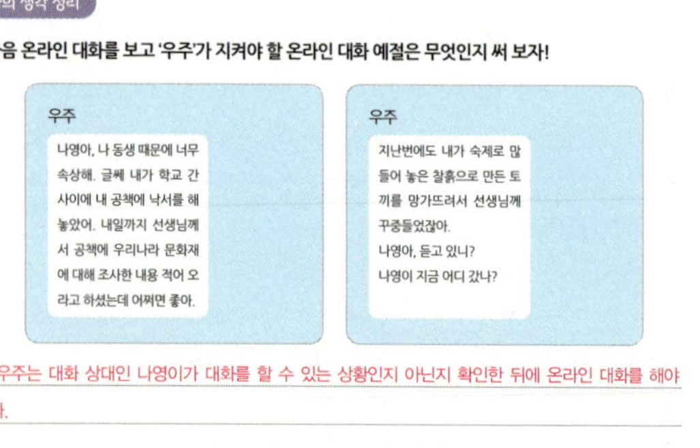

에 우주는 대화 상대인 나영이가 대화를 할 수 있는 상황인지 아닌지 확인한 뒤에 온라인 대화를 해야 한다.

어휘력 확인

(1~2) 다음 뜻풀이를 참고하여 십자말 풀이를 완성해 보세요.

1 ㉠ 격이 낮고 속된 말

2 ㉡ 숨기어 남에게 드러내거나 알리지 말아야 할 일

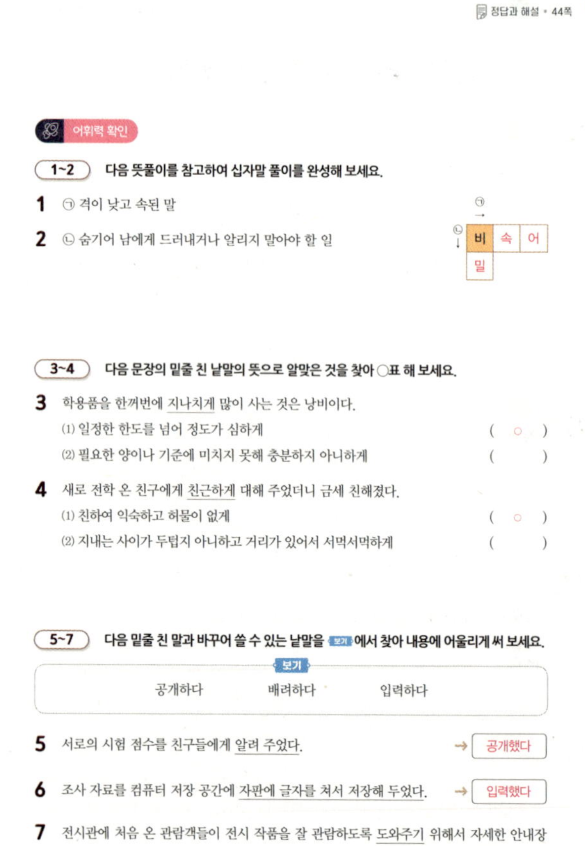

(3~4) 다음 문장의 밑줄 친 낱말의 뜻으로 알맞은 것을 찾아 ○표 해 보세요.

3 학용품을 한꺼번에 <u>지나치게</u> 많이 사는 것은 낭비이다.
(1) 일정한 한도를 넘어 정도가 심하게 (○)
(2) 필요한 양이나 기준에 미치지 못해 충분하지 아니하게 ( )

4 새로 전학 온 친구에게 <u>친근하게</u> 대해 주었더니 금세 친해졌다.
(1) 친하여 익숙하고 허물이 없게 (○)
(2) 지내는 사이가 두텁지 아니하고 거리가 있어서 서먹서먹하게 ( )

(5~7) 다음 밑줄 친 말과 바꾸어 쓸 수 있는 낱말을 보기에서 찾아 내용에 어울리게 써 보세요.

보기

공개하다	배려하다	입력하다

5 서로의 시험 점수를 친구들에게 <u>알려 주었다</u>. → 공개했다

6 조사 자료를 컴퓨터 저장 공간에 자판에 글자를 쳐서 저장해 두었다. → 입력했다

7 전시관에 처음 온 관람객들이 전시 작품을 잘 관람하도록 <u>도와주기</u> 위해서 자세한 안내장을 준비했다. → 배려하기

봉수와 파발로 소식을 전해요

핵심 내용 이해

Q. 다음 낱말 카드를 활용하여 봉수와 파발의 공통점과 차이점을 정리해 보자!

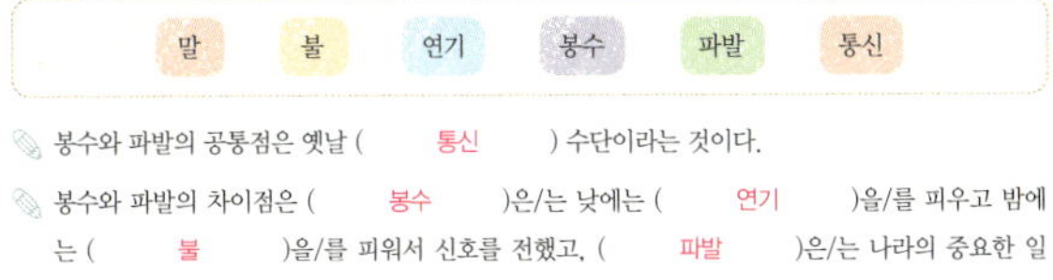

✎ 봉수와 파발의 공통점은 옛날 (통신) 수단이라는 것이다.

✎ 봉수와 파발의 차이점은 (봉수)은/는 낮에는 (연기)을/를 피우고 밤에는 (불)을/를 피워서 신호를 전했고, (파발)은/는 나라의 중요한 일을 쓴 문서를 (말)을/를 타고 가거나 사람이 걸어가서 전했다는 것이다.

새로 알게 된 사실

Q. 이 글을 읽고 새롭게 알게 된 내용을 적어 보자!

✎ 예 봉수에서는 연기나 불의 개수로, 파발은 방울의 개수로 위급한 정도를 나타냈다는 것을 알게 되었다.

나의 생각 정리

Q. 다음 글을 읽고 어떤 통신 수단을 사용하는 것이 더 좋은지 판단하여 써 보자!

> 봉수는 연기와 불을 피워 소식을 전하기 때문에 자세한 소식을 전하기 어려웠다. 그리고 구름과 안개가 낀 날에는 잘 보이지 않기도 하였고 실수로 봉수를 보지 못해 한양까지 소식이 전달되지 못하는 경우도 있었다.
> 한편 파발은 봉수보다 비용이 많이 드는 단점이 있었다. 그러나 파발은 문서로 전달되어 비밀이 비교적 잘 지켜졌고 적의 군사 수, 무기의 이동 상황, 우리 군사의 상황 등 자세한 소식을 전할 수 있는 장점이 있었다.

✎ 예 전쟁 중 적군의 상황과 우리 군사의 상황을 한양에 자세하게 알려야 할 필요가 있을 때에는 봉수보다 파발을 쓰는 것이 더 좋다.

어휘력 확인

1~3 다음 뜻에 해당하는 낱말을 보기 에서 찾아 써 보세요.

> **보기**
> 방　　문서　　봉수대

1 봉화를 올리던 둑 → 봉수대

2 글이나 기호 따위로 일정한 의사나 관념 또는 사상을 나타낸 것 → 문서

3 어떤 일을 널리 알리기 위하여 사람들이 다니는 길거리나 많이 모이는 곳에 써 붙이는 글 → 방

4~5 다음 뜻에 알맞은 낱말을 글자의 첫소리를 참고하여 써 보세요.

4 어떤 일을 시행함. 또는 그 일 → ㅎ ㅅ : 행사

5 나라와 나라의 영역을 가르는 경계 → ㄱ ㄱ : 국경

6~7 다음 밑줄 친 낱말과 바꾸어 쓸 수 있는 낱말을 골라 ◯표 해 보세요.

6 김 서방은 딸의 결혼 소식을 알리는 <u>서찰</u>을 친척들에게 보냈다. → 교훈　(편지)

7 119 소방대원은 <u>위급한</u> 상황에서 재빠르게 부상자를 구해 냈다. → 안전한　(위태한)

생활 속 작용 반작용 법칙

핵심 내용 이해

Q. 다음 낱말 카드를 활용하여 이 글의 핵심 내용을 완성해 보자!

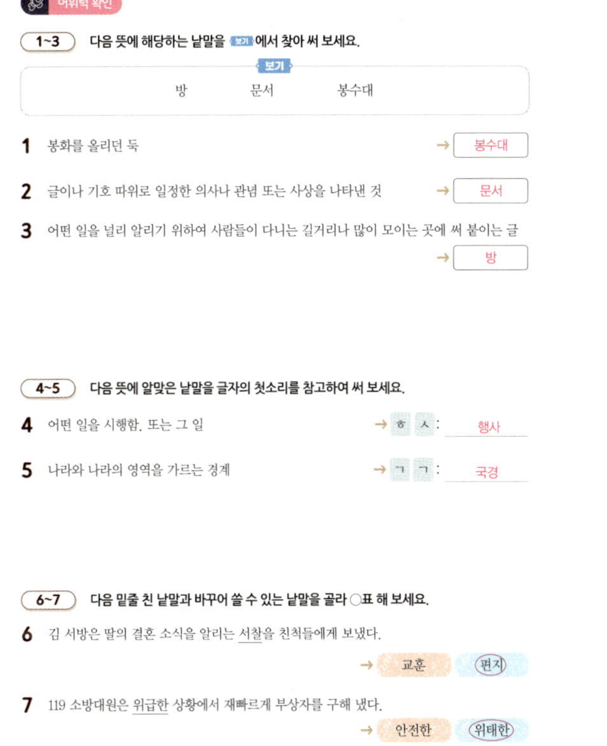

✎ 작용 반작용 법칙은 (운동) 법칙의 하나로 작용이 있으면 반드시 (반작용)이/가 있다. 그리고 그 힘의 (크기)은/는 같고 (방향)은/는 반대이다.

새로 알게 된 사실

Q. 이 글을 읽고 새롭게 알게 된 내용을 적어 보자!

✎ 예 사람이 길을 걸어갈 때에도 작용 반작용 법칙이 작용한다는 것을 알게 되었다.

나의 생각 정리

Q. 다음 글을 읽고 달리기 선수가 서서 출발하지 않고 다음과 같은 방법으로 출발하는 까닭을 작용 반작용 법칙과 관련지어 써 보자!

> 달리기를 할 때 출발선에 선 선수는 몸을 잔뜩 웅크리고 있다가 총소리가 들리는 순간 몸을 피고 앞으로 나가면서 최대한 힘을 많이 줍니다. 이때 발을 뒤로 힘차게 밀어 줄수록 앞으로 빠른 속도로 뛰어나갈 수 있습니다.

✎ 예 몸을 웅크렸다가 출발하면 서서 출발할 때보다 더 큰 힘으로 땅을 밀기 때문에 반작용을 더 많이 받게 되어 더 빠른 속도로 출발할 수 있다.

어휘력 확인

1~3 다음 뜻에 해당하는 낱말을 보기 에서 찾아 써 보세요.

> **보기**
> 미치다　　박차다　　발사하다

1 발길로 냅다 차다. → 박차다

2 활·총·로켓이나 빛·소리 따위를 쏘다. → 발사하다

3 영향이나 작용 따위가 대상에 가하여지다. 또는 그것을 가하다. → 미치다

4~5 다음 문장의 빈칸에 알맞은 낱말을 보기 의 글자 카드로 만들어 보세요.

> **보기**
> 고　　료　　물　　액　　연　　체

4 물은 [액][체] 이고, 얼면 얼음이 된다.
일정한 부피는 가졌으나 일정한 형태를 가지지 못한 물질

5 환경 오염을 줄일 수 있는 대체 [연][료] 개발이 시급하다.
물질이 산소와 화합하여 빛을 열을 내어서 에너지를 얻을 수 있는 물질

6~7 주어진 글자의 첫소리와 그 뜻에 알맞은 낱말을 빈칸에 넣어 문장을 완성해 보세요.

6 ㄹ ㅋ : 고온 고압의 가스를 발생·분출시켜 그 반동으로 추진하는 장치
→ [로켓] 이 발사되기 직전 매우 커다란 소리가 났다.

7 ㅂ ㅊ : 모든 사물과 현상의 원인과 결과 사이에 내재하는 보편적·필연적인 불변의 관계
→ 작용 반작용 [법칙] 은 뉴턴의 세 가지 운동 법칙 가운데 하나이다.

솟대의 꿈

🔲 핵심 내용 이해

Q. 다음 글자 카드를 활용하여 글쓴이가 이 글을 쓴 목적을 완성해 보자!

✎ 글쓴이는 솟대에는 마을의 **평** **화** 와 **풍** **년** 을 기원하는 마음과 **마** **을** 을 지켜 주고 과거 급제를 축하하는 마음이 담겨 있다는 것을 알리기 위한 목적으로 이 글을 썼다.

✏ 새로 알게 된 사실

Q. 이 글을 읽고 새롭게 알게 된 내용을 적어 보자!

✎ 예 솟대에 주로 올려놓은 새는 농사에 필요한 물을 가져다주고, 불을 꺼 주는 물새인 오리와 기러기라는 것을 알게 되었다.

☆ 나의 생각 정리

Q. 다음 글을 읽고 솟대를 세운 의미는 무엇이라고 생각하는지 써 보자!

> 시골에 계신 할머니 댁에 가는 길이었어요.
> 마을 입구에 할아버지 장승과 새가 앉아 있는 기다란 장대가 보였어요.
> "할머니, 장승은 본 적이 있는데 저 기다란 막대는 뭐예요?"
> "기다란 막대 위에 오리가 앉아 있는 저것을 솟대라고 한단다. 우리 마을에 나쁜 기운이 들어오지 못하게 하고 풍년을 가져다 달라고 세운 거야."

✎ '나'는 예 솟대에는 마을을 아무 탈 없이 편안하게 해 주고 농사에서 풍년을 기원하는 의미가 담겨 있다고 생각한다.

🔬 어휘력 확인

1~2 다음 뜻풀이를 참고하여 십자말 풀이를 완성해 보세요.

1 ㉠ 곡식이 잘 자라고 잘 여물어 평년보다 수확이 많은 해

2 ㉡ 옛날부터 그 사회에 전해 오는 생활 전반에 걸친 습관

	㉠
㉡ **풍**	**년**
습	

3~5 다음 뜻에 알맞은 낱말을 글자의 첫소리를 참고하여 써 보세요.

3 시험이나 검사 따위에 합격함. → ㄱ ㅈ ___급제___

4 우리나라와 중국에서 관리를 뽑을 때 실시하던 시험 → ㄱ ㄱ ___과거___

5 돌이나 나무에 사람의 얼굴을 새겨서 마을 또는 절 어귀나 길가에 세운 푯말 → ㅈ ㅅ ___장승___

6~7 다음 밑줄 친 낱말과 바꾸어 쓸 수 있는 낱말을 골라 ○표 해 보세요.

6 우리 반 대표는 대표로서의 역할을 열심히 해나갔다. → 권리　(직책)

7 친구의 병이 빨리 낫기를 바라며 위로의 말을 전하였다. → (기원하며)　맹세하며

숨쉬는 옹기

🔲 핵심 내용 이해

Q. 다음 낱말 카드를 활용하여 이 글의 핵심 내용을 완성해 보자!

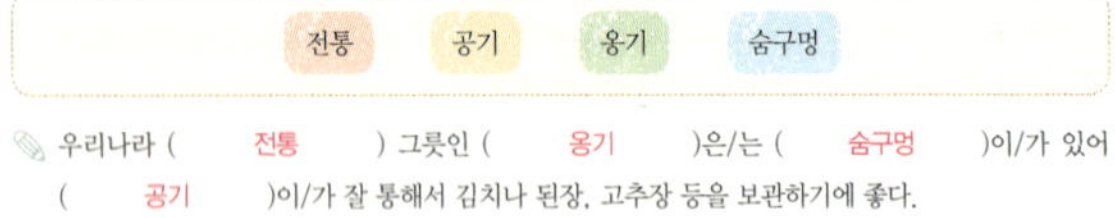

✎ 우리나라 (전통) 그릇인 (옹기)은/는 (숨구멍)이/가 있어 (공기)이/가 잘 통해서 김치나 된장, 고추장 등을 보관하기에 좋다.

✏ 새로 알게 된 사실

Q. 이 글을 읽고 새롭게 알게 된 내용을 적어 보자!

✎ 예 김치, 된장, 고추장, 젓갈 등을 담아 둔 옹기를 장독대에 놓아 두었다는 것을 알게 되었다.

☆ 나의 생각 정리

Q. 다음 글을 읽고 옹기에 음식을 보관한 까닭은 무엇일지 써 보자!

> 옹기는 흙으로 모양을 빚은 뒤에 잿물을 입혀 구운 그릇입니다. 흙 알갱이의 크기가 서로 달라서 구워지는 동안 옹기에 수많은 숨구멍이 생깁니다. 이 숨구멍은 공기는 통하지만 먼지와 빗물은 통하지 못합니다. 숨구멍이 너무 작기 때문입니다. 옹기에 음식을 보관하면 음식들이 발효하면서 생기는 가스는 이 숨구멍으로 빠져나가고 신선한 산소가 공급되며 공기가 순환됩니다. 그래서 옹기 안의 온도는 늘 일정하게 유지되면서 된장, 간장, 김치뿐만 아니라 곡식이나 과일 등을 담아 두기에 안성맞춤이었습니다.

✎ 예 옹기에는 숨구멍이 있어서 옹기 안과 밖으로 공기의 순환이 잘되고, 먼지와 빗물은 들어오지 못해 음식을 보관하기에 적절했기 때문이다.

🔬 어휘력 확인

1~3 다음 설명에 해당하는 낱말을 [보기]에서 찾아 써 보세요.

> **[보기]**
> 가마　유약　잿물

1 짚이나 나무를 태운 재를 우려낸 물이야. 예전에 주로 빨래할 때 썼어. → ___잿물___

2 도자기의 몸에 덧씌우는 약이야. 도자기에 액체나 기체가 스며들지 못하게 하며 겉면에 광택이 나게 하는 역할을 해. → ___유약___

3 숯이나 도자기 등을 구워 내는 시설을 가리키는 말이야. 예전에는 주로 장작으로 불을 때는 아궁이와 굴뚝 따위로 이루어져 있었으나, 요즘은 전기를 이용한 것 등 다양한 형태가 있어. → ___가마___

4~5 다음 뜻에 알맞은 낱말을 글자의 첫소리를 참고하여 써 보세요.

4 공기 가운데 수증기가 들어 있는 정도 → ㅅ ㄷ ___습도___

5 벼, 보리, 밀, 조 따위의 이삭을 떨어낸 줄기와 잎 → ㅈ ___짚___

6~7 다음 밑줄 친 말과 바꾸어 쓸 수 있는 낱말을 [보기]에서 찾아 내용에 어울리게 써 보세요.

> **[보기]**
> 발효하다　보관하다

6 동생이 나에게 장난감을 잘 맡아서 관리해 달라고 부탁했다. → ___보관해___

7 김치를 항아리에 담아 두었더니 미생물을 분해하여 이산화 탄소가 생기고 맛있게 익었다. → ___발효하였다___

약점 유형 분석표

- 일차별로 채점 후, 본문의 틀린 문제 번호에 ○표 하세요.
- 자신이 잘 틀리는 문제 유형이 무엇인지 확인해 봅니다.
- 틀린 문제는 해설을 통해 왜 틀렸는지 정확히 이해할 수 있도록 합니다.

일차	화제 파악	주제 파악	내용 이해	구조 이해	내용 추론	비판과 평가	상황에 적용
Day 01	①		②		③		④
Day 02	①		②		③		④
Day 03		①	②	③			④
Day 04		①	②		③		④
Day 05		①	③		②		④
Day 06	①		②		③	④	
Day 07		①	②	③		④	
Day 08		①	②		③		④
Day 09		①	② ③			④	
Day 10	①		②		③	④	
Day 11		①	② ③				④
Day 12		①	② ③			④	
Day 13	①		②		③		④
Day 14	①		②		③	④	
Day 15		①	②		③		④

일차	화제 파악	주제 파악	내용 이해	구조 이해	내용 추론	비판과 평가	상황에 적용
Day 16	❶		❷		❸		❹
Day 17		❶	❷		❸		❹
Day 18	❶		❷	❸			❹
Day 19	❶		❷		❸		❹
Day 20	❶		❷		❸	❹	
Day 21		❶	❷		❸		❹
Day 22	❶		❷		❸		❹
Day 23	❶		❷		❸	❹	
Day 24	❶		❷		❸		❹
Day 25		❶	❷		❸		❹
Day 26		❶	❷		❸	❹	
Day 27	❶		❷		❸		❹
Day 28	❶		❷		❸		❹
Day 29	❶		❷		❸		❹
Day 30		❶	❷		❸		❹

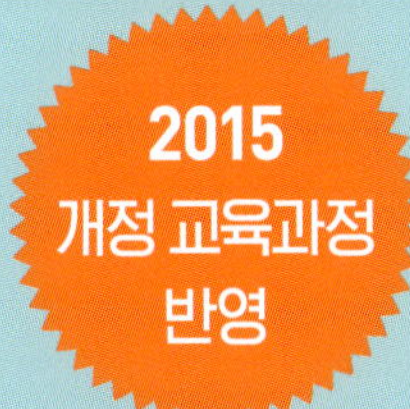

2015 개정 교육과정 반영

중등 수학 교재 선택의 新 기준, 기초부터 응용까지 완벽하게

新 수학의 바이블 중학시리즈

지금은~ 바이블 시대!

2015 개정 교육과정
新 수학의 바이블
개념
중학 2-2

2015 개정 교육과정
新 수학의 바이블
연산
중학 1-2

2015 개정 교육과정
新 수학의 바이블
유형
BOB
중학 3-2

新 수학의 바이블
내신 특강
중학 2-2

쉽고 빠르게,
개념을 완벽하게
마스터할 수 있는
新 수학의 바이블
개념

연산 문제의
반복 학습을 통해
기초를 다지는
新 수학의 바이블
연산

필수 유형만 선정하여
체계적으로
학습할 수 있는
新 수학의 바이블
유형

핵심 개념과
필수 유형으로
실전 감각을 기르는
新 수학의 바이블
내신 특강

• 이투스북 도서는 전국 서점 및 온라인 서점에서 구매하실 수 있습니다.
• 이투스북 온라인 서점 | www.etoosbook.com

이투스북

 똑똑 초등 국어 문해력은

문장 독해, 문단 독해, 지문 독해 훈련에
최적화된 교재입니다.

문장 독해 각 문장이 담고 있는 의미를 올바르게 해석해야
문단의 의미를 정확히 이해할 수 있습니다.

문단 독해 문단 간의 관계와 각 문단의 역할을 이해해야
글의 전체 흐름을 제대로 파악할 수 있습니다.

지문 독해 글의 전체 내용을 짧고 명확한 문장으로 요약할 수 있어야
글을 완벽하게 이해한 것으로 볼 수 있습니다.